会用人

看这本就够了

用人之道，博大精深，所有想长久在领导职位立志于凝聚人心，干一番事业的人必须练就的本领。运用之妙，存乎一心。作为领导者，周旋于各色人等之间，必须精于揣摩人性、把握人心，正确用人，为自己成就大事打下坚实的人力基础。

管理者要想达到理想的用人状态，关键是要与下属建立良好的信任关系。用人时，要敢于信任下属，善于授权，并做好对下属工作的监督指导，只有这样才能调动他们的积极性，并赢得真心拥戴。

会用人
看这本就够了

李世化◎著

图书在版编目（CIP）数据

会用人看这本就够了/李世化著．--北京：企业管理出版社，2014.7

ISBN 978-7-5164-0852-0

Ⅰ.①会… Ⅱ.①李… Ⅲ.①人才管理学-通俗读物 Ⅳ.①C962-49

中国版本图书馆 CIP 数据核字(2014)第 112501 号

书　　名:会用人看这本就够了
作　　者:李世化
责任编辑:杨苏敏
书　　号:ISBN 978-7-5164-0852-0
出版发行:企业管理出版社
地　　址:北京市海淀区紫竹院南路 17 号　　邮编:100048
网　　址:http://www.emph.cn
电　　话:总编室 68701719　　发行部 68467871　　编辑部 68701408
电子信箱:80147@sina.com　zbs@emph.cn
印　　刷:天津旭丰源印刷有限公司
经　　销:新华书店
规　　格:170×240 毫米　　16 开本　　18 印张　　240 千字
版　　次:2014 年 7 月第 1 版　　2019 年 1 月第 3 次印刷
定　　价:48.00 元

前言

军队里的元帅和将领，是不会亲自冲锋陷阵的，他们的才能在于调兵遣将、运筹帷幄；而现代企业的领导者，也没有必要事必躬亲，他们必须具备的是使用人才、调遣人才的能力，让下属在工作中充分施展自己的才能。只有这样，企业才能永远充满活力；也只有这样的领导才属于成功的领导。

管理工作能否圆满完成，关键因素就在于人。现代企业之间的竞争，越来越演变为人才之间的竞争。谁能吸引最优秀的人才，谁能使用最优秀的人才，谁能留住最精英的人才，谁就能在未来的竞争中赢得绝对的优势。只要善于汇聚众人的智慧，把各种各样的人用好，使人尽其才、各尽其能，你的事业便可兴旺发达，你将尽享成功的乐趣。这一道理对于那些做出卓越成就的领导者来说更是谙熟于心，并为之投入大量的时间，付出大量的精力。他们知道，作为一个领导者，最重要的工作不是制订目标，不是不停地修改规章制度，而是“用人”。做不好这一工作，所有的目标和设想都将是海市蜃楼。

很多精明能干的总经理和大主管在办公室的时间很少，常常在外旅行或出去打球；但他们公司的运营丝毫未受不利的影响，公司的业务仍然像时钟的发条机一样有条不紊地进行着。那么，他们是如何做到这样省心的呢？他们有什么管理秘诀呢？没有别的秘诀，只有一条：他们善于用人。

用人之道，博大精深，是所有想在领导职位上待得长久的人和所有立志于干一番事业的人必须练就的本事。运用之妙，存乎一心。作为领导者，周旋于各色人等之间，必须精于揣摩人性、把握人心，做到正确用人，为自己成就大事汇聚足够的人力资源。

为此，我们编撰了《会用人看这本就够了》一书。本书从十个方面，详尽地阐述了领导用人的高明策略。若能将这些策略铭记于心，那你一定会成为一个轻轻松松的“甩手大掌柜”。

目录 Contents

第一章 慧眼读心术：识人知人读懂人心

第二章 礼贤下士术：用感召力让人追随

第三章 铁腕立威术：做个有权威的领导

第四章 平衡掌控术：综合制衡掌控全局

第五章 赏罚分明术：有功必赏有过必罚

第六章 施恩团结术：将心比心以情动人

第七章 暗箱操作术：笑里藏刀背后手段

第一章

慧眼读心术：识人知人读懂人心

历朝历代的兴衰成败很大一部分取决于是否善于用人，而用人必先识人。在如今这个竞争激烈的社会，要借重人才发展事业，做到在竞争中所向披靡，用人者就必须掌握识人的技巧，以便在“鱼目混珠”的茫茫人海中挑出你真正需要的“千里马”。

把好“进人”这道关口

要想拥有所需要的人才，用人者就必须把好“进人”这道关口。用一个形象的比喻，你的团队就如同一辆开往目的地的汽车，不断地会有人上车、下车，要想顺利到达理想的目的地，就得保证有一群真正有用的人不断上车。那么，什么样的人是真正有用的人呢?

所谓真正有用的人，就是那些有能力也乐意为工作而“全力奉献”的人。你也许经常会遇到这种情况：有些人无论接手什么工作都会干得很出色，这似乎说明人在岗位上的成功不因岗位的不同而受到影响。原因究竟是什么呢？其实从人的内部剖析你就能很容易找到答案，这些人的成功很大程度上取决于他们在某些核心品质上的突出表现。一个合适的人选通常具有许多宝贵的素质，我们在选择过程中应就下面这些方面对相关人员进行重点考察。

（1）目标明确：应聘者是否为自己确立了具体而现实的个人目标。

（2）有组织能力：在工作过程中，他们是否能做到有条不紊，安排得当。

（3）勇于进取：应聘者是否能够完全独立地工作，并且能够应对不同的情况。

（4）能做出明智的决定：应聘者是否有能力解决难题，并且所做出的决定是明智的。

（5）建立良好的人际关系：应聘者是否能够建立起良好和持久的人际关系。

（6）与人沟通的能力：应聘者是否能成功地与人沟通，使对方接受自己的意见。

（7）领导能力：应聘者是否能够领导并且激励其他人为一个共同的目标努力工作。

（8）热爱工作：应聘者是否能对自己工作中试图落实的目标充满自信和热情。

（9）有魄力：应聘者的魄力是否体现在他对目标的关注上、办事的决心上和对待难题的锲而不舍的韧劲上。

（10）敢于面对挫折：应聘者是否能在大步前行追求目标时，也意识到出现的问题和挫折，并且从中吸取教训。

（11）充实自我：应聘者是否在有计划地、系统地提高自己的工作效率。

（12）安心工作：我们是否能够看到应聘者与公司之间存在着一种良好的合作关系。

上面这十二条是对一个人应具备的基本素质的分析。当然对于某一个具体的行动方案或职位而言，还有其他一些不可缺少的品质。例如，作为网络咨询员，必须要有超乎寻常的熬夜本领，要一直对着电脑工作；作为地区销售经理，则必须要坚毅果敢并具有一定的管理能力等。总而言之，我们必须将人力资源与战略目标结合起来去识别和挑选人才，确保有真正合适的人来开展工作。

从相马之道探究识人的着眼点

早在我国古代，人们在识人、相人方面积累了丰富的理论和实践经验。

在《列干·说符》中记载了伯乐与秦穆公论相马的对话，现摘录如下：

秦穆公（春秋时秦国国君，公元前660年—前621年在位）谓伯乐（泰国人，以善相马著称）曰："子之年长矣，子姓有可使求马者乎?"

伯乐对曰："良马可形容筋骨相也。相天下之马者，若灭若没，若亡若失，若此者绝尘弭。臣之子皆下才也。可告以良马，不可告以天下之马也。臣有所与共担缨果薪者，有九方皋，此其相马非臣之下也。请见之。"穆公见之，使之求马，三月而反，报曰："已得之矣，在沙丘。"穆公曰："何马也?"对曰："牝而黄。"使人往取之，壮而骊。

穆公不说，召伯乐而谓之曰："败矣，子所使求马者也！色物、牝牡尚弗能知，又何马之能知也?"伯乐喟然太息曰："一至于此乎！是乃其所以千万臣而无数者也。若皋之所观，天机也，得其精而忘其粗，在其内而忘其外；见其所见，不见其所不见；视其所视，而遗其所不视。若皋之相者，乃有贵乎马者也。"马至，果天下之马也。

上面这段对话的意思就是，秦穆公对伯乐说："你年纪大了，你的子孙中有没有可被派去访求良马的人呢?"伯乐回答说："良马可以靠外表的形态、骨架去鉴别。但是要说到天下最出众的马，却只能靠一种若有若无、若隐若现的神态气色来鉴别。这种马跑起来快得马蹄不沾尘土，驾车快得不留辙印。我的子孙在相马方面都是下等人才，他们可以鉴别出良马，却鉴别不出天下最出众的神马。有个和我一同担柴担菜的朋友，名叫九方皋，他在相马方面的功夫不在我之下，请让我引他来见您。”穆公于是召见了九方皋，派他去访求骏马。过了三个月后，九方皋回来报告说：“已经找到了一匹骏马，这匹马正在沙丘上。”穆公问道：“是匹什么样的马呢？”九方皋回答说：“是匹黄色的母马。”秦穆公便派人去沙丘上取这匹骏马，一看，却是一匹黑色的公马。

穆公得知后，十分不高兴，把伯乐叫来并对他说：“坏啦，你推荐来访求良马的人就连马的颜色、性别都不能区分，又怎么能鉴别出马的优劣呢？”伯乐听后深深地叹了口气说：“九方皋相马的技术竟如此高明啊，这正是他大大超过我的地方。九方皋所着眼的，纯粹是马的内在神韵。他只要看到了马内在所具有的出众品性，就可以完全忽略这匹马的外表。他只看重马的内在品质，而不看重马的外表。那些应当鉴别的方面，在他眼中暴露了无遗；而那些不值得在意的地方，在他眼中都隐匿了起来。也就是说，他只注意观察应该注意和重视的方面，根本不去在意那些无关紧要的地方。像九方皋这样的相马技术，还有比相马本身更宝贵的意义。”后来那匹马被送来了，穆公一看，果然是天下难得的骏马。

伯乐相马的神技历来为人所叹服，而他无私推荐贤人的品格更为难能可贵。秦穆公让他推荐一个善于相马的人代替他，他没有推荐自己的儿孙亲属，而是不遗余力地保举了相马技术高深的九方皋，从而确保了在自己身后，仍然会有真正的“天下之马”脱颖而出。

伯乐相马，注意马的内在本质，而不注重马的外形，九方皋相马更是如此，所以能够选出天下难得的骏马。相马同选人。现在，有些用人者，在选人用人方面，缺乏伯乐荐贤为公的精神，更缺乏九方皋的才能。他们只为自己着想，想的只是“位子、儿子、票子”，而不是组织的事业是否后继有人。

有的用人者选人只看是否“听话”，是否能“按自己的意图办事”，是否维护自己的“独立王国”；而根本不看其是否忠于组织，是否具有真才实学，是否能够创造性地开展工作，是否能为组织成员谋福利。这样，往往让一些心术不正的投机者得到重用，而使真正的人才被埋没，这是完全不可取的。你要得到真正的人才吗？那么，就请学习一下伯乐和九方皋。

谨慎对待“第一印象”

九方皋相马，只看重马的内在品质，而不看重马的外表，这说明他能透过现象看本质，而不是凭第一印象来判断马的优劣。识人也应该如此。诸葛亮曾对识人有过一番精辟的论述，他说人“有温良而伪诈者，有外恭而内欺者，有外勇而内怯者，有尽力而不忠者”，这些话对于今天的用人者来说，同样具有深刻的启迪。

现实生活中，难免会有眼高手低之辈鱼目混珠。他们常常打着高学历、名校毕业、经验丰富的招牌，很能唬人，但真正工作起来，却根本没有实际操作能力。如此一来，用人者本想借人才之力来快速发展企业，就变成了培训员工；当培训起不到效果时，又要花心思请他们走人。到头来，用人者等于是“赔了夫人又折兵”。

避免这种情况的发生对用人者来说不是件容易的事，谁都难免有看走眼的时候，但我们需要尽量避免，这就要求用人者拥有透过表象看本质的能力。

第一印象往往具有一些欺骗性，用人者应舍得花时间测试每位应聘者，尽力找出他们擅长什么，他们是否真正适合你的工作；他们具有什么工作技能，是否容易训练和改变他们。

在招聘时，不要完全指望第一次面试就能全面了解一个应聘者。多研究一下他们的应聘材料，了解一下他们有关的背景，充分地进行面试，才能更有效地避免被表面现象所迷惑。你可以带上你所挑中的候选人员去参观一下企业，观察他们对企业感兴趣的程度，询问他们一些问题，让他们讲一下自己所做的事情，并表述一下自己的愿景。这样，才有利于发现最合适的人选。

总的来说，用人者要想做到透过现象看本质，需要注意以下几个问题：

（1）要客观地看人。

识才最忌主观成见，戴“有色眼镜”。“疑人偷斧”使无辜者遭嫌，而“情人眼里”的“西施”并非就一定是绝代佳人。浓厚的主观色彩，往往造成情感上的误差，遮掩或扭曲人才的真实形象。

（2）要全面地看人。

“盲人摸象”，把局部当成了整体，犯了片面性的错误。识别人才切不可像“盲人”一样，以偏概全。看才识才要顾及德、才、学、识各个方面，而各个方面都要坚持一分为二。

（3）要历史地看人。

世上没有常胜将军，智者千虑，必有一失。我们不能凭一时一事定终身。现在犯了错误，要看过去的一贯表现；过去犯过错误，更要重在现实表现。

（4）要发展地看人。

“真理是时间的女儿。”人才总是在变化，特别是正在成长发育的青年人才，可塑性强，变化潜能大，不可能一看到底。正所谓：路遥知马力，日久见人心。大诗人白居易更是将其概括为：“试玉要烧三日满，辨材需待七年期。”

（5）要从大节上看人。

孔子主张：“赦小过，举贤才。”就是说要从大的方面识才，这很有道理。人才的优劣，要看大德，看在大是大非面前的态度，要坚持以德选才。

（6）要从本质上看人。

识别人才不仅要用眼和耳，更重要的是要用脑。透过表面现象，认真分析，去伪存真，才能识别“庐山真面目”。对“疑似之迹”，不可不察。

（7）要从长处看人。

“金无足赤，人无完人”。每个人才都有优点和缺点，而优点和缺点又具有“共向性”。二者往往相伴而行，峰高谷深，峰谷并存。如，勇于开创往往“自尊自负”，好学深思往往“孤僻离群”。

另外，凭一人之见来作结论常常有片面性。一个员工的优劣，既需要通过长期的工作实践来检验，也需要靠众多的人来鉴别，光靠用人者一个人来观察了解显然是不够的。只有依靠大家的力量、团体的力量，才能了解得更全面、更深刻。

慎用心理素质太差的人

心理素质是指人的认识过程、情感过程、意志过程的具体特征及人的个性心理特征与个性倾向性的具体特征。心理素质包括气质、性格、兴趣、价值观等。

由于现代社会激烈而又残酷的竞争，已经给每一个企业、每一个人才造成了极大的压力。企业能否在重重压力之下前进，能否在激烈的竞争中脱颖而出，不仅要看人才的技术水平和工作能力，还要看其是否具备良好的心理素质。

因此，我们在招聘新人时，必须考虑到如下一些问题：新招进来的人是否具有创造才能和创新精神，是否能用人和训练他人，是否能在团队中合作，是否能随机应变并善于学习，是否具有工作热情和紧迫感，在重压之下能否成功地履行职责等等。

心理素质不好的人，在面临较多的工作任务、较大的工作压力、较快的生活和工作节奏以及不同的待遇时，就会出现心理障碍。

所谓心理障碍，实际上就是“想不通”引起的一种心理状态。人们对来自外界的变化和信息“想不通”的时候，心理上就会产生脱离正常状态的变化，出现某种负面的心理状态。长期“想不通”，心理障碍得不到有效消除，就可能引发心理疾病，甚至引发严重的后果。因此，用人者必须对这些心理上的病症有所了解。目前在员工中普遍存在以下一些不健康的心理现象或不良情绪：

(1) 焦虑。包括着急、忧愁、恐慌、不安等情绪。焦虑严重者，甚至会出现坐卧不安、失眠等症状。焦虑不仅影响员工的心理健康和身体健康，甚至可能影响生产，引发安全或质量事故。

（2）抑郁。抑郁是对自己的命运感到悲伤或对自己的前途感到绝望而产生的一种精神状态，其大脑代谢、激素水平以及心脏功能都在起变化。严重者被认为患上抑郁症。表现为严重失眠、意志消沉、自我封闭、苦闷、没有激情，有的还酗酒、吸毒，甚至自杀。

（3）冲动。任何人都有冲动的时候，但一般人都把冲动控制在一定范围。长期积蓄于内的心理压力，如果得不到正常的发泄，一旦冲动起来，很可能造成严重后果。

这些不健康的心理情绪，会产生严重的后果：

首先是对企业的生产经营的影响。例如，拿产品出气，拿设备出气，员工没有积极性，公司的改革也好、经营也好，都会受到严重制约。

其次是对社会的稳定产生影响。近年来，公司中的群体性事件日益增多，甚至演化为一个地区或一个城市的大规模群体性事件，不能说与此没有关系。

对于心理素质不好的人，用人者在选人时一定要谨慎。为了尽量避免选取到有心理疾病的人，在选人时，可以尝试采用现代化的心理测试。不过，人的心理行为是很复杂的，难以直接测量而取得结果；因而心理测量就不像物理测量那样用直接测量的方式，而是采用间接的方式来进行的。这样测量就必然会受到评估的主客观因素的影响。外界的某些无关因素，如外来的声音和房间的设施等，都会给测验结果带来影响。因此，在测验中必须消除内外的无关因素。同时，为了使测验客观、准确，用人者可以让懂得心理学的企业人士来做测试。测验者必须经过专门的训练，全面熟悉测验的内容和方法，能够严格按照测验程序实施测验。即使一个非常熟练的测验者，在测验时也必须注意以下几个问题：

（1）慎重选择测验表。任何测验表，都有其应用的目的、适用的范围，都有一定的信度和效度。

（2）与被测验者建立直接关系。测验者与被测验者存在着一种特殊的关系，如果这种关系不太直接，就有可能出现两种影响测验的情况：一种是使被测验者对测验产生“阻抗”，不予合作；一种是被测验者出现“测验性焦虑”，使测验达不到他应有的水平。

（3）控制实施测验的误差。测验者在测验过程中的操作应严格根据测验的规定和要求进行实施，并善于安抚被测验者的情绪，掌握其他有关的注意点，让被测验者乐于把全部能力发挥出来，或把其他的特征表现出来。

（4）正确解释测验结果。一般地说，不应把测验结果告诉被测验者和他们的家属，而只是告诉他们对测验结果的解释。

（5）遵守测验的道德。一个测验者绝不能利用测验作为压制人的工具，也不能作为搞不正之风的手段。

（6）注意测验的保密。对测验的保密主要有两个方面：一个方面是对测验内容的保密。心理测验的内容，包括测验器材，是不可以向社会泄漏的，也不可以随意让不够资格的人员使用，以免使测验失去控制，造成滥用。另一个方面是对测验结果的保密。这是具有个人档案机密性的资料，是不应该随便让无关人员，甚至当事人知道的。

目前，在一些发达国家或地区，如美国、日本、英国等，已经越来越对人才心理素质的考察重视起来了，不少公司都通过一系列的心理素质测试来判定招聘对象心理素质的高低。他们认为，这是一个可以减少冒险，促进做出完美决定的过程。此举的目的就是为了找出心理素质较好的人才，以适应竞争的需要。

在闲聊中考察其知识宽度

今天的商业环境已经发生了天翻地覆的变化，我们生活在一个开放、繁荣、自由、融合的信息化时代；如果你所雇用的员工不具备一定的知识宽度，是很难在这个世界上找到长久稳妥的立足之地的。所以，一定要确保你的员工具备广博的知识，能够把人文科学和社会科学融入到专业技术领域。

那么，如何考察应聘者的知识宽度呢？大家都是揣着一纸文凭而来，学历相当，态度谦恭，笔试的成绩和工作能力也都相仿，因此在很多用人者眼里，考察应聘者的知识宽度变得和隔皮猜瓜的差事一样困难。

其实，这么想无异于小题大做。一般说来，掌握员工知识宽度的途径有两个：笔试和聊天。然而笔试的弊端有很多，比如，应聘者容易弄虚作假、纸上谈兵、考察不够全面等等；而通过谈话就可以在一定程度上避免这些缺陷，只要注意沟通，加强交流，你就可以大致了解应聘者的知识宽度到底如何。一般来说，你的谈话应该包括以下几个方面：

（1）时事政治。对时事的了解，可以折射出他本人的求知欲和好奇心。一个优秀的员工不一定非要“家事、国事、天下事事事关心”，但对我们生活的这个世界一定要有基本的了解。保持对国际国内重大时事的关注，对外面的世界有一个好奇心，这对提高一个人的整体素质、开阔视野是很有帮助的；否则，“两耳不闻窗外事，一心只为薪水忙”，其局限性是显而易见的。

（2）爱好与特长。了解应聘者的爱好与特长不仅能让你从中窥探员工知识面的宽窄，更能让你及时发现应聘者的长处，从而做到让合适的人做合适的事，有利于人力资源的合理配置。

（3）社科基础知识。一个顶级优秀的员工离不开完善的知识结构，而完善的知识结构当然离不开基本的社会科学知识。无论是理科还是文科专业，社会科学知识的完善都是必需的。

（4）行业动态。和一个人的知识面联系最紧密的就是看他是否了解自己的行业动态。如果他只知道在既定的工作岗位上像老黄牛一样辛苦劳作，无论他多么卖命，他所得到的评价都不应该太高。其精神固然可贵，但做法绝不可取。一个真正敬业的员工会时时刻刻对自己的行业发展动态和最新资讯保持高度的警觉，所以在你们的谈话过程中，你应该有意无意地触及到相关的行业动态。

只要你们的交谈包括以上几个方面，往往在家常似的闲聊中，应聘者不知不觉中就把自己的底细“出卖”给了你。这时候，你的谈话就是一种标尺，通过这次测量，你对应聘者的知识宽度就会有一个大体的认识了。

通过试用来认识其实际能力

学识并不等于能力，一个由蠢材和书呆子组成的团队绝不可能生机勃勃。在企业当中，员工的实际能力是企业的生命力之源，它直接决定了你的团队是否具有竞争力和生命力。所以，用人者必须确保你手下的员工有实实在在的真本领。

一个人的能力只有通过具体的事情才能体现出来，用人者一定不能为其表象所迷惑，必要的时候，可以通过试用来认识其实际能力。

其实，对人才进行“试职”，早已成为我国的传统做法。原始社会后期，明君唐尧在众人的推荐下，决定选择舜为其接任人，但在舜接任之前对他进行了一系列的实际考察。首先，尧将自己的两个女儿嫁给舜，替他筑了粮仓，分给他许多牛羊，通过他治家而看他治国的本领；接着叫舜“慎和五典”，看他能否胜任司徒之职；尔后又“遍入百官”、“宾于四门”，让他接触和接待各方面的大小官员，让这些官员来考察他、评议他；最后，尧叫舜深入山林川泽，去接受风霜雨露的考验，以观察舜的智勇。经过三年多的实践锻炼和考验，尧深知这位来自穷乡僻壤的虞舜，确具各方面才德，于是便传位给舜。舜接位后，天下大治，成为继尧以后的又一明君。

这之后，历代智能之士对“实际考察”多有总结、论述，并施之于行。春秋战国时，荀子就主张“听其言，观其行，计其功，抉其择”。

东汉班固在《汉书》中也提出：“论才选士，必试于职，明度量以程能，考功实以德。”著名思想家韩非也早已提出：“夫视锻锡而察青黄，区治不能以必剑；水击鹄雁，陆断驹马，则臧获不疑钝利。”韩非以鉴别剑为喻，说明了“试之以职”的必要。同理，“发齿吻形容，伯乐不能以必马；授车就驾而观其末途，则臧获不疑驽良。”“观容服，听辞言，仲尼不能以必士；试之官职，课其功伐，则庸人不疑愚智。”

唐朝明相魏征在与唐太宗谈论如何做到任人得当时，也曾提出“考绩黜陟，察其善恶”、“审访其行”的主张，强调通过考核政绩决定官员的升降。继后，武则天甚至把“试官”规定为一种制度。天授二年（691 年），她在朝堂亲自接见被荐举上来的人，并分别让他们先去做见习官，经试验合格后，再任命为正式官吏。明朝刘基在其《拟连珠》中更明确地指出：“物有甘苦尝之者识，道有夷险履之者知。”并且，他在明洪武二十六年规定：“在京官初入试者，且令试职，一年后考堪用者与实授，不堪用者降黜，量才录用。”意思是是否堪用从而给予正式任命，要通过一年的试用期考察。另据《明史》载“诸部寺所属，初止署职，必当考满实授”，当时署职期限一般为五年。署职并非正式任命，也有试用之意。

真金不怕火炼，更不怕一试；而用人者选人相人的眼光再老辣，一些重要的位置也要试后才能授人。可以说，试而用之不仅适用于中国古代，对现代社会中的企业也有着很大的现实意义。

在一次招聘会上，一位应聘者有足够的“硬件”，他还说自己做过学生会干部，有一定的工作经验和管理能力，直说得天花乱坠，把该用来形容自己优点的词几乎都用上了。他以为这是外资企业，一定会喜欢这种大胆且敢于自我推销的员工，但招聘的领导并没有被他的话所迷倒，而是把他派到一个小车间管理生产，试用期为三个月。结果试用期未满，这位应聘者把那个车间弄得一塌糊涂，不得不灰溜溜地逃之夭夭。这位用人者是聪明的，知道现实中许多人喜欢说大话，吹捧自己，但一到实干的时候就露馅了。因此，就安排一个棋局让他去走一着，能与不能自然就反映出来。

俗话说：是骡子是马，拉出来遛遛。用人者不妨通过这种办法，从而了解应聘者才能的大小，进而判断该不该用他，或者让他干什么工作。这既是用人者识人艺术的体现，也是识人用人的关键。

在提问的过程中认识其工作态度

在企业中，我们常常见到这种现象：一个人能力很强，但是了无绩效；而另一个能力平平兢兢业业者，却干得很不错。同一种工作，用不同的工作态度必然会产生截然不同的结果。用人者必须把那些缺乏干劲、缺乏工作热情的懒汉排除在自己的团队之外。

通过对下面这些问题的回答，主考官可以衡量应聘者对工作的热情程度以及对将来工作的投入程度，因为这些答案将反映他是否愿意、是否有足够的热情为企业做贡献。

问题1：你为什么觉得自己能够在这个职位上取得成就？

分析：这是一个相当宽泛的问题，它给应聘者提供了一个机会，可以让应聘者表明自己的热情和挑战欲。对这个问题的回答将为主考官在判断应聘者是否对这个职位有足够的动力和自信心方面提供关键信息。

消极的回答：我不知道。我擅长做很多事情。如果我能得到并且决定接受这份工作，我确信自己可以把它做得相当好，因为我过去一直都很成功。

评论：尽管表面上听起来这种回答可以接受，但是它在几个方面都有欠缺。首先，这种语言很无力。像“擅长做很多事情”以及“相当好”之类的话，都无法反映他的进取心，而如果不能表现出足够的进取心，他就很难取得足够好的成绩。另外，将过去做过的所有事情同这个职位联系起来，这意味着应聘者对这一特定职位没有足够的成就欲望和真正的热情。

积极的回答：从我的经历来看，这是我的职业生涯中最适合我的一份工作。几年来，我一直在研究这个领域并且关注贵公司，一直希望能有这样的面试机会。我拥有必备的技能，我非常适合这一职位，也确实能做好这份工作。

评论：这是一个很有说服力的回答，因为它可以告诉你，这个应聘者拥有足够的技能和知识来完成这项工作。他所讲的经历表明了应聘者的技能，也验证了他最初的陈述。最后，应聘者表示了“做好这份工作”的愿望，这证明了他具备对这份工作的热情和进取心。

问题2：是否有教授或者咨询师曾经让你处于尴尬境地，还让你感到不自信？在这种情况下，你是怎样回应的？

分析：这个问题考查的是应聘者在陌生领域工作的能力。通过这个问题，主考官可以了解到，当所给的任务超过应聘者目前的能力水平时，应聘者解决问题的意愿和能力。

消极的回答：我相信质疑权威是很重要的，但我不可能在学校里学到一切知识。很多人以为自己知道所有问题的答案，可实际上他们并不了解真实世界里发生的一切。你知道，那些都是象牙塔里的东西。

评论：这种回答的最大问题在于，应聘者把问题的焦点从自己身上转移了。严肃的主考官并不关心员工对高等教育的观点，他们想知道的是，当出现问题中给出的情况时，你将怎样处理。这种回答的另一个问题是，它会使主考官对他是否愿意服从领导产生怀疑。

积极的回答：在我当学生的这几年中，我尽自己所能多学习知识，经常选择一些不熟悉的课程，因此往往会受到教授的质疑。不管什么时候，当我觉得自己对这个科目知之甚少时，我就尝试预见一些问题，为回答问题做些准备。当我被难住时，我尽可能做出科学合理的猜测，承认我不知道的东西，并且从不懂的地方开始学习。

评论：这种回答的最大好处在于，它清楚地表明了应聘者会积极面对艰难处境；它也显示了应聘者有雄心和明确的态度，知道怎样处理离奇和模糊的问题。

问题3：你是否曾经得到过低于自己预期的成绩？如果得到过，你是怎样处理这件事情的？

分析：通过对这个问题的回答除了可以揭示应聘者的热情和进取心外，还可以揭示应聘者是否愿意为某一事业奋斗，是否愿意为追求公平而奋斗。

消极的回答：记得有一次，我觉得应该得 B 但却得了 C，我去找辅导员，他给我看了我在每个项目上的得分情况——我处在C级的边缘但很明显是C。我很高兴能核实一下而不是接受既定的分数值。

评论：这个问题开始时回答得很好，但最后却不尽如人意。从最初的情况看，应聘者似乎愿意追查到底。但是后来很显然，他（她）没有试图做出改变。

积极的回答：我曾经和一个研究地球科学的教授有过一段令人记忆犹新的经历。这个人一向以偏袒理科生而出名，而我偏偏又不是理科生。在我们班上，所有的非理科生都感到，他对我们的知识基础有着非常不切实际的期望。由于他的偏见，这些非理科生大多都表现不好。尽管我表现还算不错，但我还是和其他学生一道向系领导发出了一份声明，建议校方审查一下他的教学方式。

评论：这种回答能够表明，这名应聘者有能力克服困难处境，而且能够脱颖而出并居于领先地位。这样的回答还可以表明，这名应聘者高度重视公平感，同时也表明应聘者十分关心集体利益。

问题4：出于工作晋升的考虑，你打算继续深造吗？

分析：这是一个简单的问题，它可以用来衡量你的雄心，也可以判断企业对你的重视程度是否会影响你对自己未来的重视程度。

消极的回答：我不知道。我已获得了管理学学士学位，我认为自己已经受到了很好的教育。我觉得实际工作经验比在学校里学到的东西更有价值。

评论：尽管应聘者试图通过这种回答反映其积极的一面，而且这样回答从某种程度上也可以间接地讨好主考官（主考官就是“实际工作”的一部分），但是，它根本没有反映出应聘者追求上进的意愿。

积极的回答：作为一名大学生，我学到了很多知识。如果有合适的机会，我当然会考虑继续深造；但是，我会认真考虑这件事情，我觉得很多人回学校学习是很盲目的。如果我发现自己所做的工作确实有价值，而且也需要获得更多的教育才能在这一领域做得出色，我当然会毫不犹豫地去学习深造。

评论：这种回答显示了应聘者的雄心、热情以及动力，同时也表明，应聘者具有与众不同的头脑，而且对重大职业决策非常认真。

用多种方法认识其道德品质

员工道德品质的好坏直接影响到企业的整体素质。一个有才而无德的员工，迟早会给企业带来损害。当“缺德”员工到了一定比例时，企业文化就会显示出其病态来。倘若真的如此，那么这个企业也就离寿终正寝的日子不远了。

那么，如何了解一个人的道德品质呢？下面的方法颇为有效，用人者不妨一试。

（1）和他聊上司，看其素质高低。

从一个人对别人的评价当中，能窥探出评价者本人的素质高低。也就是说，一个人的语言能够在一定程度上代言他的品行。一个心理健康、品行端正的人能客观地评价别人；相反地，一个道德败坏、品质恶劣、心胸狭隘的人很难站在客观中立的立场上，友好地评价他人。所以，你可以从员工对上司的希望和评价中对他的道德品质有个大体的了解。

在这项考察中，你应当抓住以下三个问题仔细询问：

问题一：对你而言，什么是理想的上司，什么是讨厌的上司？

问题二：对于讨厌的上司，你到底认为他哪里“讨厌”？

问题三：看他能否客观地评价自己的“上家”。

（2）进行背景调查，看有无前科。

俗话说，江山易改本性难移。也许有些人会说，人虽然本性难移，但还是可以通过教育培养得到改善的；或者说考察人才的关键是要看才干和个人能力。这两点当然不可否认，但我们认为在注重这两点的同时，更应该注重的是这个人的本性和人品，尤其是比较重要的职位，更应该如此。不公平地说，优秀的企业是选拔合格的人才放在适当的位置上，而不是培养人才放在合适的位置上，尤其是考虑到企业运营资本和战略经营时机的时候。所以，我们建议选拔人才在先，培养人才在后。

（3）让第三者介入，了解职业道德。

所谓职业道德，就是同人们的职业活动紧密联系的符合职业特点所要求的道德准则、道德情操与道德品质的总和。职业道德是道德的最低限度，是对于从业者的最基本道德要求。

每个从业人员，不论是从事哪种职业，在职业活动中都要遵守道德。例如，教师要遵守教书育人、为人师表的职业道德；医生要遵守救死扶伤的职业道德等等。

若想真正考察一个人的道德品质，普通的考试或询问是很难达到效果的，最有效的办法是采用让第三者介入你们的共同利益圈的办法，在复杂的利益场上看他如何取舍。这时候，员工处于三方利益组成的包围圈中，即企业利益、个人利益和第三者利益，将会经历企业价值观和个人价值观的双重作用，这个时候才是考验员工道德品质的最佳时机。

在企业中，最常见的第三者就是消费者或客户。一个真正有良知、有道德的员工无论在什么样的利益漩涡的冲击下，他都能泰然自若，不会乱了方寸。所以，你尽管使出招数来考验他，无论是面对楚楚可怜的消费者，还是重金诱惑的客户，他都不会做出背信弃义的事情来。

（4）把秘密说给他听，观察他的德行。

有时候，用人者也可以故意向某个下属提供一些次要情报，只要泄漏了出去，马上就能知道他不能守口如瓶。如果一个人不能守口如瓶，那是不能办好事的。

所以，当你发现部下不能保守秘密时，千万不要把重大的问题交给他去处理，否则就容易把事情搞砸。

（5）故意让他经手钱财，看他是不是廉洁。

怎样判断部下是否清廉呢？最好是在实践中观察他。可以让他经手一些钱财，看他在办理这些事情的过程中有没有贪污的倾向。即使没有，也要看他是否会接受贿赂，因为钱财的问题可能会涉及到多方的利益，所以在这个过程中也就很有可能有人行贿。如果部下因此受贿而在处理钱财时故意偏袒某一方，则表明他并不清廉，而且说不定什么时候也会将公款中饱私囊，对这种人一定要小心提防。

（6）看他在声色场所如何表现。

有些人很在乎钱，有些人则常沉迷于声色。这二种人都会因此而败事，不能委以重任。对于意外事件，用人者不得不防，不要等到东窗事发时才懊悔。

（7）有机会从酒后失态中判断其品性。

有句话叫做“酒后吐真言”。一个酒品不佳的人，醉后就会胡言乱语，行为轻浮。这种人酒后容易失态，从他酒后的一言一行中就可以很清楚地看出他的本性。所以如果有必要的话，观察一个人酒后的样子，这对判断人物的品性有相当的帮助。

多注意应聘者的忠诚度

一个人无论学识多博、技术多精、学历多高，如果总是三心二意、频频跳槽，甚至吃里扒外，那他绝对是企业成长的大敌。为实现基业常青，用人者必须精心挑选出那些对企业忠诚、时时为企业着想、处处维护企业利益的员工。

谈及忠诚度考察，我们不得不首先来探讨一下员工的跳槽问题。

员工跳槽和他的忠诚度有很大关系。员工跳槽，特别是核心员工的跳槽对企业来说是一笔很大的损失。要建设节约型企业，防止员工跳槽不可忽视。

有些聪明的老板不喜欢雇用那些跳槽成性的员工。总部设在宁波世贸大厦的一家大型外企老总曾感叹道："跳槽与人的个性有关，习惯性跳槽的员工我们不敢要。"其言语中透露出对缺乏稳定性和忠诚度员工的反感和恐惧。可以肯定地说，习惯性跳槽是员工缺乏忠诚度的一种表现，如果他对你忠心耿耿，能说走就走吗？

如何拒绝不忠的"跳蚤"式应聘者呢？最好的办法是从源头上解决问题，在招聘之初就进行忠诚度测试。

招聘是企业获得人才最有效的方式之一，可是从新员工进入公司后的不同忠诚度表现来看，大多数企业在招聘时经常会犯一个非常严重的错误：纯粹以技能为导向而忽视了对员工忠诚度的测试。

其实，我们在决定是否录用一个员工时，除了专业技能测试外，还应该进行品德和个性的测试，不要因为时间紧而忽略。"磨刀不误砍柴工"，选对了人会给企业节省很多管理成本；反之，则会导致用人部门抱怨多、招聘主管压力大，可能因一个职位找不到合适的人选常年都在招聘而影响公司的声誉。

对应聘者的忠诚度测试方法通常有：

（1）结构化面试。将有针对性的检测员工忠诚度、个性方面的问题归纳为若干条，可以制成问卷让应聘者填写，也可以由主考官提问让应聘者回答。该测评工具因每个公司性质、行业、规模而异，但至少应包括以下带有共性的问题：离职原因，对原来公司的评价，对工作环境、工作机会及报酬福利的体会，请他说明什么是最好的工作、什么是最好的同事、个人职业生涯规划是什么等等。

（2）关键事例评价。针对员工忠诚度问题出现过的一些例子（可以是自己企业的也可以是其他企业发生过的），让员工发表个人看法。言为心声，你可以从其只言片语中发现其心理轨迹。

（3）心理测量。心理测量是由心理学从业者根据人的个体差异原理研制出来的专业测量工具，可对人的职业能力、职业倾向、人格品质和个性特征等指标进行客观评价，并有较好的诊断性和预见性。心理测量在国外被广泛用于公务员选拔、企业人员招聘、人员测评、高管录用等工作之中。心理测量的不足是较为费时且花费较高，不太适合劳动密集型企业的普通员工招聘，但是用于选拔高管和关键岗位人才时可以避免给企业带来震荡性的风险，性价比较为合算。目前国内一些人才测评专业网站也开始出现，给企业人才测评带来了较多的选择。

（4）背景调查。这是对员工忠诚度考核或了解必不可少而且相当有效的一个工具。我们在招聘过程中看到应聘者提供的信息并不一定是真实的，因为大多数的面试都是面对面或者看简历，这个过程中肯定有很多信息不能反映出来的，而通过背景调查则能达到这个目的。

现阶段，我们国家的背景调查还远远没有达到国外的发展水平。在美国，83%的雇主经常对高管人员和行政人员、专业人士进行背景调查，30%的企业也会对一般的员工进行背景调查，58%的企业会与候选人以前的雇主进行沟通，48%的企业会核实应聘人的教育背景。41%的企业经核实能够查明员工离职的原因，其中40%的原因是因为工作习惯，30%的原因是因为个人的特质。

（5）检验他为何到这里工作。要想保证员工的持久忠诚度，你一定要弄清楚他在这里是为什么而工作，是出于兴趣，还是养家糊口，或者另有所图？

一般来说，一个出于兴趣而工作的人很容易做到对自己从事的工作保持长久的忠诚度。当工作不能成为一种享受而成为一种循环往复的单调，确实会令人感到乏味，背叛也就不在话下了。所以“他为了什么而在这里工作”是需要用人者仔细思考的一个问题。只有真正热爱工作的人，才会对工作保持忠诚。

除了上述五种方法外，在员工入职前，人力资源部还应与应聘者保持坦诚沟通，因为很多时候应聘者与企业之间的信息是单向透明的，即企业对员工了解太多，而员工对企业的了解只是一种肤浅的感性认识。因此，在决定录用员工前要把企业的相关情况如实相告，并给应聘者一个再思考再选择的过程，如果让其盲目进入公司后才发现很多与他想象的不一样时，会对其绩效状况和稳定性产生不良影响。

还有，在企业有空缺职位时，我们不要老认为外来的和尚会念经，应把更多的机会提供给企业内有一定专业技能、学习能力强且有极佳可塑性的明星员工，这比外聘人员的忠诚度风险小得多。

第二章 礼贤下士术：用感召力让人追随

领导，就是影响他人合作从而实现目标的一种身份。对员工卓有成效的管理，必须靠用人者的无形感召力来实现。正所谓“桃李不言，下自成蹊”，赢得了众人的尊敬与信服之后，你会发现，管好员工其实并不是一件很难的事。

感召力是领导力最重要的特质

作为领导，你的领导力从何而来？如何使员工按着你的指令去执行？如何让他们信服于你？虽然你有权力，但强权并不能够解决所有的问题。用人者首先必须拥有“感召力”，一个浑身散发着感召力的领导，其影响力是无形而无穷的。

所谓感召力，就是感化和召唤的力量。它是领导力最为重要的特质，也是领导力的最高境界；是被用者对用人者的赞扬、尊敬和信任，是用人者高尚人格的展示。这是一种客观的评价，是一种心理现象，是用人者对员工的影响力、吸引力和向心力的体现。

感召力是在没有权力和金钱等利害关系下的一种影响力。它能有效改变和影响员工的心理与行为，使被领导群体达到思想与行为的相对一致，形成统一的群体目标与行动。

一个用人者是否具有感召力，这是领导有效性高低和事业成败的关键。现代管理科学之父彼德·德鲁克指出：“用人者的惟一定义是其后面有追随者。一些人是思想家，一些人是预言家，这些人都很重要，而且也很急需，但是，没有追随者，就不会有用人者。”可见，用人者与被用者是既对立又统一的两个概念，用人者最重要的能力就是感召被用者。用人者的感召力越强，吸引的被用者就越多。

感召力比职务权力影响力的作用显得更为重要，它是真正促使人发挥最大潜力，以实现任何计划、目标的关键所在。因为感召力是通过内在感化产生的，是完全建立在自愿接受前提下的，它不是一个简单的上行下效问题，而是垂范在先、感召在后的吸引，是敬仰与信赖、折服与模仿的内在动力。

有人说，只要有了领导地位，就等于有了感召力，就能实施领导职能，别人就得唯命是从。其实不然，千百年来，为什么有那么多高高在上，拥有至高无上权力的统治者们会敌不过农民手中愤怒的锄头？因为他们没有感召力。没有感召力的权力充其量只不过是一种淫威。滥施淫威的结果不可能让手下甘心折服，只会让自己的屁股坐不稳当。

带人要带心。做一位成功的领导，除非具备了相当程度的感召力，否则，很难实现领导所面对的一个重要课题：如何赢得员工的信赖和忠心。一个人之所以心悦诚服地为他的领导或组织卖力工作、奋斗，绝大多数的原因，是他们拥有一位具有感召力的领导。这样的领导就像磁铁般捕获了大家的心，激励大家勇往直前。

一位员工推崇他的领导说："你和他在一起 1 分钟，你就能感受到他浑身散发出来的光和热。我之所以卖命努力，是因为他身上有一股强大的力量深深地吸引了我。"

由此我们不得不感慨：感召力远胜过权力。成功的领导，的确不在于职位和权势，绝大部分取决于他有没有具备迥异于人并足以吸引追随者的感召力。

当然，不用过分担忧和怀疑自己有无足够的感召力，因为领导的感召力是可以培养和提高的。一位知名的社会心理学家瑞吉欧博士就说过这么一句鼓舞人心的话："每一个人都有一方有魅力的沃土，就等待你去开垦。"如果你希望成为一位成功的领导，要做的第一件事情，就是尽快培养发展那些吸引追随者的超凡特质。

（1）知识要素

知识本身就是一种力量。宽阔的知识结构和丰富的知识内涵能赋予用人者运筹帷幄的智慧与谋略，而特有的知识专长能造就领导的果敢和权威。被领导群体对用人者的信任程度，从某种意义上讲就取决于用人者的知识结构和专业化水平。因此，用人者可以不是全能的，但必须是善于更新知识，能够与时俱进的，敢于开拓创新的。

（2）能力要素

员工对领导的要求，不仅仅是停留在踏实肯干、任劳任怨上，他们在权衡你的能力，在观察你处理每一个问题的水准，他们需要从你的能力上找到信赖和希望。一个能力非凡的用人者会给工作群体带来成功的希望。而希望是一种心理磁石，它不仅能统一群体意志、坚定群体信念，而且能有效激发其追随愿望。

（3）品格要素

品格反映在用人者的一切活动中，并且不受工作环境和生活环境的限制。优秀的品格，应该是人前人后表里如一的印证，是信守正气辨明是非的准则，是为官、为人的基本信条。用人者良好的品格修养，会使被用者产生敬佩与折服，甚至崇拜和模仿。它所产生的潜移默化的作用，能使被用者在自觉与不自觉中受到吸引。

（4）情感要素

人的行为既受理智的控制，又受情感的支配。用人者在实施领导职能的过程中，进行正常的情感交流，是形成合力的关键。用人者的思想感情越贴近员工，员工就越拥护你，你的感召力就越强。如果背离了员工，摆错了位置，疏远则是必然的，感召力当然也就无从谈起。

独特的感召力是管理员工、凝聚向心力的基础。以一个比喻来说，背景、年龄、性格、能力各不相同的员工就像一堆沙子，而用人者的感召力就是水泥，水泥可以让沙子抱成一团。用人者的感召力，可以把员工们团结在身边。通过以上途径使自己具有足够的感召力吧，这样你就能够聚沙为山，成为一个成功的用人者。

以身作则胜过一切发号施令

管理员工，管理好员工，不是仅仅靠指手画脚就能做到的。要知道，在你发号施令的同时，员工也在盯着你的一举一动。虽然这在讲求领导与员工各司其职的现代管理背景下提倡以身作则似乎显得有些老套，但若切切实实地从员工的心理出发，这无论如何都是必要而且必需的。

在现实生活中，用人者总是员工目光的焦点。但是，振臂一呼，应者云集的感召力绝不是一个领导职位就能赋予的，没有追随者的领导剩下的只是职权威慑的空壳。也就是说，是追随者成就了用人者。而追随者的培养，要从用人者自身做起，凡事以身作则，养成良好的工作习惯和道德修养。你这样做了，你的追随者群体就会自然而然地形成。

绝大多数的企业用人者，都非常希望有一支高素质的员工队伍；但反过来，员工们更希望自己的领导能像个领导，是个事业上处处以身作则，靠得住、信得过的带头人。只有这样，员工们才会感到有奔头，死心塌地地跟着你。有些领导，疲疲沓沓，说话随便，打起麻将来，一玩就是半夜，上班迟到早退，自以为独霸一方，这样的领导谁会服呢?

“善为人者能自为，善治人者能自治。”作为企业的用人者，不能自律，就无法以德服人、以力御人；如果无法取得他人的信赖和认可，将必败无疑。好的领导人必须懂得，要求下级和员工做到的事，自己必须首先做到。只有严于律己的领导，才能调动下属的自觉性并影响他们良性发展。领导自己做不到的事，就不要要求下属去做。要求下属去掉坏毛病，首先自己就要去掉坏习惯。

要成为一个好的用人者，首先要管好自己，为员工们树立一个良好的榜样。言教再多也不如身教有效。行为有时比语言更重要，领导的力量，很多往往不是由语言，而是由行为动作体现出来的，聪明的用人者尤其如此。在一个组织里，领袖当然是众人的榜样，你的言行举止都看在众人的眼里，只要懂得以身作则来影响下属，管理起来就会得心应手了。

联想在柳传志的带领下，由一家只有20万元的企业发展为今天拥有上百亿资产的大企业，成为了中国电子工业的龙头老大，而柳传志也被人们看作民族精英，成为一个具有崇高威望的企业领导人。这一切靠的是什么？联想能有今天，与柳传志以身作则的人格魅力和高尚的品格是分不开的。

在联想的发展过程中，曾经有这样一件事：联想有一条规矩，开二十个人以上的会迟到要罚站一分钟。这一分钟是很严肃的一分钟，不这样的话，会没法开。第一个被罚的人是柳传志原来的老领导。罚站的时候他本人紧张得不得了，一身是汗；柳传志本人也一身是汗。柳传志跟他的老领导说，你先在这儿站一分钟，今天晚上我到你家里给你站一分钟。柳传志本人也被罚过三次，其中有一次电梯坏了，是因为他被困在电梯里。他咚咚敲门，想叫别人去给他请假，结果没找到人，于是被罚了站。就做人而言，柳传志有一段很有名的话：做人要正！柳传志是这么说，也是这么做的。在联想的“天条”里，有一条就是“不能有亲有疏”，即领导的子女不能进公司。柳传志的儿子是北京邮电大学计算机专业毕业的，但是柳传志不让他到公司来。因为他怕员工的子女们进了公司，再互相结婚，互相串联起来，将来想管也管不了。

正是柳传志的这种以身作则，联想的其他领导人都以他为榜样，自觉地遵守着各种有益于公司发展的“天条”，才使得联想的事业蒸蒸日上。

著名管理学家帕瑞克说：“除非你能管理‘自我’，否则你不能管理任何人或任何东西。”示范的力量是惊人的。用人者要想管好下属必须以身作则，事事为先，严格要求自己，做到“己所不欲，勿施于人”。一旦通过表率树立起在员工中的威望，将会使上下同心，大大提高团队的整体战斗力。

真抓实干比能言善辩更重要

提升用人者的感召力，很重要的一条就是用人者必须真抓实干。埋头苦干、脚踏实地，既是一种工作态度，也是一种管理思想。一个人如果没有实干精神，做任何工作都将一事无成。一个用人者如果缺乏脚踏实地的实干精神，工作浮在面上，成绩挂在嘴上，凡事浅尝辄止、蜻蜓点水，遇到矛盾绕着走，遇到困难就低头，是不可能把工作做好的，更不可能管好别人。

在事业的发展过程中，必然会遇到许多困难和矛盾，作为一个单位的领导，尤其是一把手，决不能含含糊糊、得过且过，更不能下压上推，必须要埋头苦干、脚踏实地，敢于碰硬，敢于冲破阻力，确保工作落实到位，措施执行到位。如果光说不练，既不利于用人者自身权威的树立，也不利于工作的开展。

“空谈误国，实干兴邦。”衡量一个用人者作风的优劣，不仅要看他讲得如何，更要看他干得怎样。一个合格的用人者，决不能坐而论道，电话里问情况，材料里找根据，而必须深入实际，亲自调查研究，将“实”字贯穿工作的始终，做一名真正的实干家。

那么，用人者应注意哪些方面呢?

（1）在危急时刻，用人者应展示坚定勇敢的形象，借以产生强大的号召力和凝聚力。这种作用在生死攸关的战场上，在抢险救灾的搏斗中，在条件恶劣的环境里，尤其显得必要。

（2）在平时，用人者应树立自律自重的形象，借以形成感召力，影响员工的行为。用人者只要按照他们要求员工做到的，自己率先做到，哪怕是一个不大的动作、一个细微的表情，都可能产生意想不到的效果；而且职务越高影响就越大。这些极平常的细微的动作，员工看了会产生亲近感，并由小及大，推测他们的为人品行，进而产生信任感。

（3）在特殊情况下，用人者应塑造同舟共济的形象，发挥激励作用。有时为了突击完成艰巨任务，用人者可以亲临现场，做一些力所能及的事情，有意识地通过自己的行动给员工以激励和鼓舞，其效果也是十分明显的。

例如，某单位的一项工程必须在暑期完成，工作相当艰苦。这时正值天气酷热，工人们在烈日下施工，个个汗流浃背，有的干脆光着膀子干，但工程进度依旧缓慢。负责这项工程的领导年纪比较大了，他本来可以在有空调的办公室里指挥，可是他没有那样去做。他在布置完工作后，便来到现场，就坐在工地上。天热，他也脱了上衣，有扇子也不扇，工人干多长时间，他就陪多长时间，工人们很受感动。奋战一暑期，终于使工程提前完成了。这样惊人的速度与用人者与员工们同舟共济是分不开的。

在现实生活中，有些用人者对于一些小事不屑一顾，以为只要把大事抓好就行了，其实这种认识是片面的，因为这些小事的影响并不小。再说要做好这些并不需要用人者花多大心思，有时只是举手之劳便可产生巨大的效果，何乐而不为呢？

话又说回来，用人者的实干精神并不是故意做给人看的。这些举动应是他们思想本色的体现、一贯作风的反映。只有展示自己的真实面貌和形象，人们才会心悦诚服，才能产生积极的影响力。如果当面一套，背后一套，一旦被人发现，他们在员工心目中的形象就会黯然失色。

做领导，功底越厚越好

俗话说，打铁先要自身硬。作为一名用人者，如果自身的能力还没有员工高，又怎么能让他们心服口服？需知，现在是一个凭实力说话的时代，没有真本事，在给员工下达命令时就可能会遭到抵抗。员工们嘴上不说，心里却会念叨：“他能力还不如我呢，凭什么命令我？”即使他们勉强接受了，也常常会消极怠工。这样一来，用人者的感召力又从何说起？企业又将如何生存发展？你还能在这个位置上坐多久？

做领导，功底越厚越好，具有的知识也越丰富越好。知识，尤其是与自身工作相关的专业知识，是用人者的宝贵财富。专业知识不但是征服困难的力量，也是征服人心的力量。你具有丰富的专业知识，能够回答员工不能回答的问题，特别是你丰富的知识能够给员工带来实惠时，员工就会对你产生敬佩感，你也就给自己增添了个人魅力。

但在这个科技迅猛发展的时代，下属在学历、知识更新以及上进心方面往往会比用人者要更胜一筹。在这种情况下，用人者要想成为“师者”，不进行广泛、深入的学习是不行的。

如今的信息更替频繁，也许昨天还是最新的情报，明天就会变得一文不值。用人者必须及时掌握行业动向以及本公司的实际经营状况，根据经营环境的变化，随时对组织内的人、商品及资源进行调整。这样，才能跟上时代的步伐，取得事业的成功。

一个用人者要随时随地地研究和注意自己领域的知识与技能，而且一定要研究得十分透彻。在这一方面，千万不能疏忽大意、不求甚解。有些事情可能看来微不足道，但也要加以仔细地观察；有些事情虽然有困难险阻，但也要努力去探究清楚。如能做到这一点，则管理过程中的一切障碍，都可以一扫而尽；你的魅力也会因此提高。

我们经常可以看到许多领导，做起事来总是喜欢避繁就简，对做事过程中的麻烦、困境、乏味的部分采取避而远之的态度。这好比要占领敌军阵地的士兵，不愿做出牺牲去破坏敌人的炮台堡垒，结果必定被敌人的炮火打得东躲西藏，难以安身。所以，一个职业上的成功者、胜利者一定会事无巨细地去悉数解决，征服困难，不畏困难，勇往直前。

在很多企业中，常常有人从用人者的位置上被赶下来。其中的大部分人都是因为自己没有进一步发展，驻足不前，被人超越，最后丢失了原有的位置。这些人也许一开始有深厚的专业知识，后来却没有毅力去积累经验，学习才能，遇到工作也是马马虎虎、敷衍了事。试问，这种人怎么可能在领导的位置上坐稳呢?

有些用人者时时注意身边的事务，随时随地学习研究，处处在意积累经验，他们能把自己的工作、自己的机构当作一所不断学习的学校。由于他们总是不断地努力钻研、刻苦磨炼，因此进步神速，成绩斐然。

一个明智的用人者随时随地都在注意提高自己的专业知识，任何事情他都想做得高人一筹；对于一切接触到的事物，他都会细心观察、留意研究，对重要的东西务必弄得一清二楚方肯罢休；他也随时随地把握机会来学习、磨炼、研究，更是看重与自己前途有关的学习机会。在他看来，积累知识远胜于积累金钱。

优秀的用人者总是随时随地都在注意学习管理的方法和技巧。有些极小的事物，他也认为有学好的必要；对于任何做事的方法，他都要详细考察，探求其中获得成功的诀窍。通过不断积累，他所获得的内在财富要比那有限的薪水和现有的位置高出数倍，而他的个人感召力也会不断提升。

所以，用人者一定要不断学习专业知识，这样才能在竞争激烈的职场中得以生存和发展，才能让自己拥有无穷的个人魅力，才能管理好自己的员工。

棘手的事应由领导亲自处理

“你自己试试看！”这句话在绝大多数情况下，表达的都是对用人者的失望，是对他们只会说不会做的失望。

在生活中，我们时常会看到这样的领导：当某件麻烦棘手的事情发生时，他总是不太愿意直接插手，千方百计地将其推诿给员工去处理；而在遇到体面光彩的事情时，却又恨不得自己冲锋在前。

某企业就有一位这种类型的经理。他认为领导的任务就是要指挥员工，通过他们的工作达到部门的目标，直接去做并不是领导的本职，即便要做也只能限于处理重要的事情。至于那些一般性的实际工作，当然只能让员工去做。他的这种观点实在让人不敢苟同。诚然，发挥人的积极性、主动性、创造性确实是用人者的本职，然而，是不是一个用人者所做的重要工作只有这些呢？要是这样的话，岂不是等于说，员工们只有做无关紧要无聊琐碎的工作才是天经地义的吗？想想看，这样被用人者定位死了的员工，对工作能不心灰意懒吗？对用人者只处理重要工作不直接处理具体工作这一点，即使要予以肯定，也不能把具体工作说成是令人讨厌的事或鸡毛蒜皮之类的事吧。更何况，工作重要与否与其是否令人讨厌是风马牛不相及的。如果作为用人者，你把一切麻烦的工作都推给员工，也不管其能否胜任，都一概不管，这种做法，必然会给做具体工作的员工造成一些困难，从而引起员工的不满。

从某种意义上说，大家都感到生疏困难的工作应该由你亲自出面处理，这应该成为用人者的第一准则。因为不这样做就不能体现你的实力，不能维系同员工的信赖关系。也许，诸如此类的工作，确实不能称为重要的，然而，在给大家心里带来不良影响这一点上，就成为非常重要的问题了。

也许有人认为，既然问题是出现在员工自己的工作中，那么，善后工作当然应该由员工自己去做。凡是有这种想法的人所持的理由是，通过让他本人去做善后工作，对他既是一种实际教育，又可以警示他不要重蹈覆辙。

然而，这种做法并不总是有效的。要是依照这种逻辑行事，也许偶尔会收到一些成效，但必须知道，这会挫伤员工的积极性，使之对今后工作失去信心，产生恶性连锁反应。一旦形成这种局面，则是无论用什么办法都不能挽回的了。不论你以什么样的借口把令人讨厌的麻烦事推给下边的员工，至少也可以说明你身上有种明哲保身、不负责任的思想在作怪。

很显然，这样的用人者是不会受到员工拥戴的，而毫无威信的用人者又怎么谈得上对员工进行有效管理呢？麻烦的事，要担风险的事，你要自己承担。大声地说上一句：“你们干不了的，让我来！”那种气魄，定会让员工刮目相看。另一方面，这种影响是潜移默化的，在无形之中使员工受到“此处无声胜有声”的教育，是一种极好的管理方法。它有助于你在你所管理的团队中建立起一种相互关照、遇事互不推诿的良好工作氛围。

公正无私才能响当当

明智的用人者最在意的是名声，有好名声才有感召力，才能做到众望所归。因此，作为用人者，不能不领会公正无私的内涵。只有顾及员工对自己品质的评价，只有在员工面前树立一个高大的形象，才能更好地立权树威，做到取信于“民”。

公正评价员工是优秀用人者正直无私的一个重要方面。为了客观评价员工，他们善于及时观察和做笔记。俗话说：“好记性不如烂笔头。”员工的表现要通过长期的工作才能体现出来，只有长期注意记录他们的行为，才能对他们真正有所了解。当你通过手头的记录去表扬某些工作干得好但又不被人注意的员工时，他会备感欣慰，从而促使他把工作做得更好；如果是批评某些员工干得不好，虽然他会在短时期内情绪低落，但很快就会了解你公正待人的做法，同时也会重新认识自己工作中的不足，变后进为先进。这样，员工才会逐渐消除对你的不满，更加配合你的管理工作。

深受员工欢迎的用人者还总是以大局为重，不以个人为中心，充分地调动多数人的积极性，通过尽可能公正地使用人才来激发员工为单位效劳的积极心理。

用人上的不公正，会引起大家的不满，这是一个组织能否实现平稳发展的重要问题。如果待人失当、亲疏不一，则会在不知不觉中重用了某些不该得到重用的人，而冷落了一些骨干，这样做的结果是严重打击了受到不公正待遇的员工的积极性和创造性，直接影响到组织的整体发展。因此，要想成为一名受员工欢迎并具有感召力的用人者，就应该对所有的员工一视同仁。这样，不仅积极因素可以得到充分调动，一些消极因素也会转化为积极因素。

用人者的公正无私还表现在对员工的“论功行赏”上面。受员工欢迎的用人者，往往在论功行赏方面做得相当完美，能够充分地调动员工的积极性，形成人人争上游的局面，给组织带来无限的生机和活力；反之，如果论功行赏做得不好的话，不仅达不到激励员工的预期效果，反而会造成灾难性的后果。例如，优秀的员工在工作中做出了相当大的贡献，但他并没有得到相对应的奖赏，工薪、奖金都没有与贡献成正比例增长；而那些并没有做什么实际工作的人却得到了加薪、分红，任何正常的人都会非常自然地感觉到用人者对他的不公平，从而产生种种抵触心理。这种使中坚力量产生抵触情绪的局面一经形成，组织的前途命运也就非常危险了。

另外，用人者在日常事务中要公私分明，切不可假公济私。

要了解一个人的品性很容易，只要看看他使用金钱的方式就可一目了然了。有些人乍见之下气度相当宏伟，可是一牵涉到钱，脑子里立刻开始盘算如何才能“报公账”，这种人的品性显然够不上水准。

最被员工瞧不起的用人者是对公家的钱挥霍无度而自己则一毛不拔的人。这种类型的用人者为数不少，而对组织更是有百害而无一利。严格说起来，他不但没有存在的价值，甚至会对公司造成危害。

所以，用人者在日常事务中要公私分明，切不可因贪图小便宜而使自己的形象受损。

受员工欢迎的用人者必定是公正无私的。无私才能无畏。当你成为一名公正无私的领导之后，公司的凝聚力就会大大增强，你就能成为一个响当当的用人者。

承担责任是用人者的天职

我们知道，在企业中，一个人的责、权、利是互相联系的，权力越大所承担的责任越大，获得的利益也越大。就像投资股票一样，相对于储蓄，它冒的风险大，获利的可能也大。从这个意义上说，承担责任也是用人者的天职。

优秀的用人者都会承认领导带有风险性。他们知道当工作任务失败时自己要负责，成功时自己也可以得到回报。他们一方面要勇于承担责任，另一方面也必须与大家分享荣耀。

然而有些用人者在工作失败时却立刻板起面孔责怪别人，把自己的责任推得一干二净，认为错全在别人。这种态度造成的结果是：别人下一次给他的支持就会减少。最后，这位用人者变得事事窒碍难行，支持先从下属开始减少，当上级看到下面的人都不支持他时，也开始不支持他了。

做下属的最担心的就是做错事，尤其是费了九牛二虎之力后却依然闯了大祸，因为随之而来的便是惩罚问题和责任问题。而生活原本就是一连串的过失与错误，再仔细、再聪明的人也有阴沟里翻船的时候。可翻了自己的小船便也罢了，而一旦不小心捅漏了许多人共同谋生的大船，也就真有可能弄个“吃不了兜着走”的下场。因此，没有哪个人不害怕承担责任。

大多数用人者在处理员工乃至自己的失误和错事的时候，总是想提出各种理由为自己开脱，惟恐遭到连累，引火烧身。殊不知，你既是他人的上级，那么下属的错就等于是自己的错，最起码是犯了监督不力和用人不当的错误。何况用人者的责任之一就是教导下属如何做事。

作为一个用人者，自己也难免会出现这样或那样的失误，这时，应该勇敢地作自我批评，真诚地向大家道歉、认错。

有的用人者在对待与员工的关系问题上走入了一个误区：不能让员工看到我的缺点和错误，否则我就难以受到尊重了。基于这一认识，有的用人者从不会在员工面前承认错误，哪怕是显而易见的错误；有的用人者甚至在自己犯了错误之后，将责任推诿给员工，试图给人造成一种“我的决定是正确的，只是下面的歪嘴和尚念错了经”的错觉，实际上，这都是极不明智的做法。

不管你口才多么好，权力多么大，有多么狡猾，如果你逃避责任，那他人就会认为你“敢做不敢当”、“没气度”。于是，员工们不敢信任你，更怕你哪天又犯了错，把责任推得一干二净，于是抵制你，拒绝与你合作。而最重要的是，不敢承认错误会成为一种习惯，使你丧失面对错误、解决问题和培养解决问题能力的机会。

美国著名管理顾问史蒂文·布朗曾说：“用人者如果想发挥管理效能，必须勇于承担责任。”勇于承担责任是用人者应有的一种天职和气度，也是使犯了错误的用人者反败为胜的良方。具体来说，在员工面前勇于承担责任，有如下好处：

（1）维护权威。没有权威的用人者不是真正的用人者。维护权威是每个用人者都必须重视的一大课题。有了过错和失误，显然影响了权威的树立，许多用人者或敷衍搪塞，或矢口否认，或避而不谈，其实这反而显出其拙劣和愚蠢。痛快地承认不足，认识过错，让人们看到你勇于面对的精神和坦诚，往往能奇迹般地增加其威信。

（2）显示胸怀。宰相肚里能撑船，这种胸怀也是一个用人者成熟的标志。一旦有了过失、犯了错误，用人者如能引咎自责，向被危及一方坦陈自己的过失，能给人胸襟博大、大度容人的印象。

（3）警策他人。有时，某项工作的过失是领导集团所犯，或与某领导无直接关系，而那些有责任的领导又偏偏心存侥幸，企图蒙混，不予承认，如果这时某领导勇敢站出，首先承认自己的责任，往往能令其他人自惭形秽，不得不承认错误。

（4）消除隔阂。领导与领导之间、领导与员工之间因为工作不可避免地会出现隔阂。这种隔阂或矛盾不及时消除，势必影响到工作。借助某项工作失误的契机，领导若向另外的领导和员工承认自己的过错和失误，甚至把不是自己的过错也揽过来，往往能很快消除偏见、隔阂和误会，增进班子的团结。

有效的用人者，总是会为自己职责范围内的事情的结果负起责任，不轻易把麻烦转给员工。美国总统杜鲁门曾在自己的办公室门口挂了一条醒目的标语："问题到此为止，不再传给别人。"每一位用人者都应该把这句话当作自己的座右铭。

付出尊重才能赢得尊重

人人都有追求自尊心与心理满足的需要，每个员工也都有其重要性，因此一定要尊重每个人。只有这样，员工才能尊重你，大家才能在一起很好地合作，用人者与员工之间才会有良好的互动。如果有一方被轻视了，双方的感情交流就不会有好结果。

有付出才会有收获。如果用人者不重视员工的感受，不尊重员工，就很难赢得员工的尊重。

对员工来说，他们在内心深处都渴望得到领导的重视和尊重。他们认为，在地位上的差异他们能够接受，但在情感上却希望自己的贡献、自己的价值能得到认可。这种认可的体现就是在企业中能得到别人的尊重，尤其是上级领导的尊重。一旦这种希望得到实现，他们的内心深处就会产生一种“不负使命”的责任感，工作意念和干劲儿就会促使他们尽力做事。上下级之间的相互尊重是一种强大的精神力量，它有助于企业员工之间的和谐，有助于企业团队精神和凝聚力的形成。

尊重员工也是人性化管理的必然要求。只有员工的个人身份受到了尊重，真正感到了被重视，做事情才会更加用心，才愿意站到用人者的立场，主动与领导沟通和探讨工作，完成用人者交办的任务，心甘情愿地为企业付出。

被列为美国企业界十大名人之一的 IBM 创始人托马斯·沃森常说：“作为一个企业家，毫无疑问要考虑利润，但不能将利润看得太重。企业必须自始至终把人放在第一位，尊重员工是成功的关键。”

IBM 公司提出的口号是“尊重个人”。如果员工不能在公司受到尊重，就谈不上期望员工能够尊重和认同公司的管理理念与企业文化。作为用人者，更应该身体力行，把尊重员工落到实处，而不只是停留在口头上。

尊重员工就必须尊重员工的言行。用人者应该最大限度地与员工进行平等的沟通，而不是对员工的言行不闻不问。让员工能够在上司面前自由地表达自己的意见和看法，这一点非常重要。只有良好的沟通，才能确保员工对公司的认同感和忠诚，使员工感受到自己是公司的一员，而不只是依令行事的雇工，这样才能发挥员工的积极性和自主意识。

对上级而言，一是要深入基层。自沃森起，IBM的领导人经常深入基层，以亲切的态度了解基层员工的愿望、不满和目标，从而提高士气。二是要注意批评的方式。要确保批评正确，不可乱批评，更不可为了批评而批评。批评之后一定要提出解决办法，使员工能够改正，恢复自尊并重建信心。

对于下级，则鼓励其员工向上级、向公司总裁陈述。这样，在公司内形成良好的民主气氛，不仅解决了具体问题，而且增强了团结。公司设立了意见箱，拓宽沟通渠道。员工对工作有意见和建议，可以通过意见箱与各部门主管直接联系。意见箱有专人负责，对于切实可行的建议，会对建议者予以重奖。这并不是一个形式，因为事实上，IBM每年可收到10万张意见卡。

通过这种方式，使员工确认自己在公司中的价值，是IBM成功的重要因素之一，因为对于企业来说最可怕的事情就是员工缺乏工作热忱。IBM通过帮助员工看重自己，从而为企业带来巨大利益。

“员工是我们最宝贵的财富”，“我们要使员工与企业一起成长”，类似的话被很多的企业写进公司手册里、宣传刊物中、公司网站上，但大都仅仅是标榜一下而已；然而沃森却真正地把“尊重员工”这个理念融入到了IBM的血液当中。沃森强调管理以人为中心，充分尊重员工的价值，重视人的需求的多样性，运用共同的价值观、信念、和谐的人际关系等，成功地激发了员工的工作热情，并持续地保持他们高昂的士气。

如果拥有了员工的心，他们就有了为企业做贡献的真诚意愿，这样，他们就会管理自己，并发挥出最大的潜力。而拥有员工的心的基础就是对于员工的尊重。“你敬我一尺，我敬你一丈”是一种普遍心理，你对员工尊重，员工也会尊重你，并认可你的领导才能。一旦员工对你产生一种尊重和崇拜，就会转化出一种强大的工作热情和动力。

得理而饶人更易征服下属

俗话说："理直气壮"，"有理走遍天下"，但这并不是得理不饶人。在得理的情况下退让一步，对方一定称道你的宽宏大量，对你感激备至。

俗话说：将军额上能跑马，宰相肚里能撑船。作为一名领导，应该有这种气度。有了这种气度，才会处理好周围的人与事。宽宏大量，才能保持一份好的心境，才会成为一个合格的领导。一个企业，人员形形色色，在工作和生活中的表现千姿百态，世俗之人说三道四是常见的，用人者如果不能正确对待，则会影响工作情绪和身心的健康。为此，我们应有宽宏大量的气度，减少思想压力，愉快地投入工作和生活。

宽容是一种涵养的体现。它指的不仅仅是上文提到的情绪控制，还包含了人与人之间最珍贵的谦让和理解。它要求人们在明白事理后，适当地放弃和忍让。

一名用人者，如果拥有宽容之心，就会让你的下属对你产生感激之心，进而更加忠实于你。

我国汉朝有一位叫刘宽的人，为人宽厚仁慈。他在南阳当太守时，小吏、老百姓做错了事，他只是让差役用蒲鞭责打，表示羞辱，此举深得人心。

刘宽的夫人为了试探他是否像人们所说的那样仁厚，便让婢女在他和属下集体办公的时候捧出肉汤，装作不小心的样子把肉汤泼在他的官服上。要是一般的人，必定会把婢女责打一顿，即使不如此，至少也要怒斥一番。而刘宽不仅没发脾气，反而问婢女："肉羹有没有烫着你的手？"由此足见刘宽为人宽容之度量确实超乎一般人。

还有一次，有人错认了他驾车的牛，硬说为刘宽驾车的牛是他的。这事要是换了别人，不将那人押到官府去治罪，也要狠揍他一顿。可刘宽什么也没说，叫车夫把牛解下给那人，自己步行回家。后来，那人找到了自己的牛，便把牛还给刘宽，并向他赔礼道歉；而刘宽非但没责备那人，反而好言安慰了他一番。

这就是有理让三分、得理而饶人的做法。刘宽的度量可谓不小，他感化了人心，也赢得了人心。

在现在的社会也同样如此，如果你身为用人者，当你绞尽脑汁、用心良苦地教导下属工作时，对方如果显出反抗的态度，你是否常常气愤地想整他一顿？然而对方如果没有接纳的心理，此举只能使对方更加反感罢了。

一般而言，有理没理，饶人不饶人，多是在是非场上、论辩之中，假如是重大的或重要的是非问题，自然应当不失掉原则地论个青红皂白甚至为追求真理而献身。但日常工作中，往往为一些非原则问题、鸡毛蒜皮的问题争得不亦乐乎，以至于非得决一雌雄才算罢休，就未免有些小题大做，得不偿失了。

当人们争吵时，由于满腔愤怒，所以往往出言不逊，争得面红耳赤。例如，当一名下属受到上司的责骂时，心里可能不断嘀咕：“这么小的过错，犯不着啰嗦个不停嘛！”甚至为了避免自尊心受到伤害，他会想方设法自圆其说。如此一来，再多说什么也是无益的。要知道，由于人的劣根性，原本就不容易承认自己的过失。所以恐怕很多人会在犯错而受到指责时，不承认自己的错误。

在此种情况下，如果有理的用人者表现得宽让，就能显示出他胸襟坦荡，富有修养，反而更能让他人钦佩，更易征服下属。

不管下属怎样冒犯你，或者你们之间产生什么矛盾，总之“得饶人处且饶人”。凡事能够宽厚一点，日后你有什么差错，别人也不会做得太过分，迫你走向绝境。

由此可见，为了工作和人际交往的顺利进行，我们需要把“得理也饶人”作为一种管理思想。下面介绍两条适时退让的方法，供大家参考：

（1）首先要冷静地思考

人也是动物，最基本的生理反应就是自卫。当我们一遇到对抗或者是攻击的时候，直觉就会让你首先要去自卫，要为自己找理由去辩护，这就是争论的开端了。因此，我们应该先冷静地听完对方所有的观点，客观地分析和思考，说不定就真的能从中获得极大的益处。不要急于作出第一反应，这时冷静是最好的。

（2）各退一步下台阶

日常工作和生活中，常有一些人固执己见，十分容易为些小事情同别人争论，而且火药味浓烈。这时候，得理的一方应当有饶人的雅量，可以一面解释一面折中调和，最好使用不带刺激性的语言形式，以避免冲突的扩大。

有一位主管公路修建的先生，一次去一位老技术员家吃饭，进餐时两人聊起了一条高速公路的修建问题。那位先生强调：公路的进度一再推迟，是有关方面的一个严重错误；而老技术员则不同意，认为公路本来就不该修建。两人你一言我一语，争论渐趋激烈。后来那位老技术员把问题扯到“年轻人自私心重，没有环保意识”上面，显然是在批评那位先生。那位先生怕再争下去伤和气，便开始缓和下来，他婉转地说：“可能我们的看法永远也不会合辙，可是，那没有什么。也许我们都是对的，也许我们都是错的，这也是不可知的事。”那位先生的一席话，不仅给自己搭了台阶，也给争论双方打了圆场，避免了双方争论不休，矛盾扩大，影响感情。

（3）耐心解释别发火

不少时候，人和人之间的相互发火，是因为互不了解、有失沟通造成的，这时候得理的一方切不可因对方的指责而以怒制怒。最好的方式是多加解释，想办法沟通或者道歉、劝慰，与对方达成谅解或共识。

宽厚和善是一种修养、一种气度、一种品德，也是一种管理艺术。如果用人者都具有了这种宽厚和善的心态，上下级之间的关系就会变得更加和谐与美好。

与下属一起分享快乐

有些用人者一遇到高兴的事，总是喜欢单独享受，其实，如果不需要保密的话，把高兴的事拿出来与下属一起共享，更会激起下属的工作热情，这其实也是管好下属的一个好手段。

海因茨是美国亨氏公司的董事长，亨氏公司以生产酱菜而著称，海因茨被人们称为“酱菜大王”。亨氏公司年销售额高达60亿美元，是美国颇有名气的大公司之一。海因茨与下属们的关系非常融洽，亨氏公司的劳资关系被公认为是“全美工业的楷模”。

有一段时间，海因茨的身体不大好，医生建议他到佛罗里达去度假。下属们得知后对他说：“应该好好玩一玩，你工作太累了，一年到头也难得轻松那么一回。”海因茨听了下属们的话便到佛罗里达去度假，可是没过几天他就回来了。“怎么这么快就回来了?”下属们惊讶地问。海因茨说：“我一个人玩也没有多大意思。”

接着下属们发现，厂区中央多了一个大玻璃箱。下属们好奇地走过去看，发现里面有一只短吻鳄，重达800磅。

“怎么样？这个家伙看起来还不错吧?”海因茨高兴地问。有些员工说：“从来就没有看到过这么大的短吻鳄。”还有一些员工说：“东西不在大小，而在于一片真心。”海因茨笑呵呵地说：“这个大家伙令我兴奋，给我这次佛罗里达之行留下了最难忘的记忆。请大家工作之余一起与我分享快乐吧!”

原来，这只短吻鳄是海因茨从佛罗里达特意为下属们买回来的。“与下属们一起分享快乐”，这不仅是海因茨快乐的源泉，也是他管理下属的一个绝招。

其实，人往往一有了快乐、荣耀就容易自我膨胀，用人者更是如此。这种心情是可以理解的，但下属就遭殃了，他们要忍受你的嚣张气焰，却又不敢出声，因为你是上司并正在风头上。可是慢慢地，他们会在工作上有意无意地抵制你，不与你合作，让你碰钉子。因此用人者有了快乐和荣耀，要更谦卑。要不卑不亢不容易，但“卑”绝对胜过“亢”，就算“卑”得肉麻也没有关系。下属看到你的谦卑，会说：“他还满客气的嘛!”当然就不会找你麻烦，和你作对了。谦卑的要领很多，但做到以下二点差不多就可以了：

①对下属要客气，快乐和荣耀越高，头要越低。

②和下属同享快乐和荣誉后就别再提你的快乐、荣耀，再提就变成吹嘘了!

其实别独享快乐和荣耀，说穿了就是不要威胁到下属的地位和利益，不要侵占下属的生存空间。因为你的荣耀会让下属变得暗淡，产生一种不安全感；而你的感谢、分享、谦卑，正好给下属吃下一颗定心丸，人性就是这么奇妙，没什么话好说。

如果你习惯独享快乐和荣耀，那么总有一天你会独吞苦果。

第三章 铁腕立威术：做个有权威的领导

过分的宽大仁慈必将导致用人失败。因为怀柔并不能解决所有的问题，不然国家机器中就不会有暴力机关存在。对待不太听话的下属，绝不能养虎为患，要适时地予以震慑，找准合适的切入点，给他一点警示。如此行事，才能让下属服从管理。

仁厚并非任何时候都可取

性格仁厚的用人者在情感方面常常低调，他们总是以忍为先，显得平静而坦然自若，对任何事情都很有耐心。这种性格特征的用人者仁慈善良，善于隐藏自己内心的情绪，总是一副乐天知命的好模样；他们很细心，做任何事都面面俱到，绝对不会让下属感到被冷落。

美国前总统福特就是个性格仁厚的人，别人称赞他常用的词语是“令人愉悦、谦逊、闲适、仁厚”等等。他所行使的中间路线，没有侵略性，让人感觉到他是一个可靠的朴实的人。

但是，对于关系自己或国家尊严的问题，福特却是十分较真。福特认为：仁厚并不是放弃尊严。生活中我们可以称兄道弟，但你如果不尊重我，或主动向我挑战，那我也绝对不会示弱。

在现实生活中也是这样，上下级之间必然会有矛盾和摩擦，虽然有些矛盾没有必要过分计较，何况有时还是由于误解造成的，但应该牢记的是：仁厚并不是放弃尊严，更不是永远都迁就下属。如果对一些侮辱性的、有碍于尊严的攻击一味地退让、忍气吞声，这就算不上谦让、大度，而是窝囊、怯懦。所以，用人者在进行了必要的忍让之后，该反击时一定要反击。一击成功，会让你马上建立起自己的威信，也会使对方一败涂地。

有的下属经常在同一个错误上反复，这时用人者也可适当生气发怒。所发之怒，足以显示用人者的威严和制度的严肃性。应该说，对那种“吃硬不吃软”的下属，适时地发火施威，常常胜于苦口婆心和千言万语。

对于那些不正之风，用人者也应当适时地发火施威，为民请命，为正义而战。这不仅是提高用人者自身威望的有效途径，也是“为官”者的职责和使命。

《宋史·包拯传》中记载：“旧制，凡诉讼不得径造庭下。拯开正门，使得至前陈曲直，吏不敢欺。”讲的是包公担任开封府尹，废除了许多不合理的规章制度。旧制，老百姓告状，不能直接走进衙门，必须把写好的状纸交给把门的衙役，再由衙役送上公堂。这样，衙役便乘机敲诈勒索，贪官也借此收贿行奸，造成许多冤、假、错案。包公了解此情后，极为恼火，命人把开封府衙朝北开了一个大门。包公倒坐南衙后，惩办了许多违法的皇亲国戚和无赖之徒，做了许多深得民心的事情。

用人者在适当的时候发火施威是必要的，特别是涉及群众利益和原则问题时。用人者适度发火或对有过错的人帮助教育无效，就必须以发火施威的方式来解决。

过度的怀柔会影响到权威

在用人的过程中，施恩、怀柔可在一定程度上使下属产生报恩心理；但凡事过犹不及，过度的怀柔会影响到你的权威，不利于组织工作顺利开展。

同样的鱼肉蛋菜，有的人能炒出香味扑鼻、吊人胃口的佳肴，有的人却只能做成平淡乏味、有失本色的饭菜，其中的奥妙和诀窍何在？有经验的厨师会告诉你两个字：火候。火候不到，不会香甜可口；火候过了，又会煮烂烧煳。只有火候恰到好处时，才会色香味俱全。炒菜如此，用人的道理亦然。掌握火候，把握分寸正是一个用人者要悉心注意的，否则，必将给自己带来麻烦。

西汉王朝最主要的社会积弊便是地主豪强势力发展，土地兼并日趋激烈，广大农民破产流亡。早在宣帝末年，胶东、渤海等地的破产农民，不断举行暴动，连宣帝本人也不得不承认当时“民多贫，盗贼不止”。

而继任的元帝柔仁好儒，他所好之儒，基本上是孔子所提倡的以“宽柔温厚”为主要特征的儒学。汉自武帝以来，虽然重儒，但实际上是王霸兼施。元帝即位后，“征用儒生，委之以政”，儒生贡禹、薛广德、韦贤、匡衡相继为相。元帝为政，动则引证《诗经》等儒典，迂腐地推行“纯儒政治”。应该说元帝一朝确实是实行了不少“爱民”的“仁政”，但是他却以“不与民争利”为名，放弃了对豪强地主进行打击、限制的政策，实行所谓的“宽政”。在这种情况下，土地兼并愈发不可遏制，吏治腐败等社会积弊也随之恶性发展。

元帝认为宦官少骨肉之亲，无婚姻之家，最可信可靠，因而尤其信重宦官中书弘恭、仆射石显。当时辅政大臣前将军萧望之在政治、军事方面颇有见地，他认为，中书参与国家大政，应选用贤明，不宜任用刑余的宦官，所以奏请元帝使用士人。弘、石二阉为了保住自己的权位，盗弄权柄，遂与外戚史高内外勾结，排挤、陷害萧望之等重臣。元帝迂腐昏昧，屡中弘恭、石显圈套，迫使萧望之自杀，把与萧望之共同辅政的周堪、刘更生等加罪免为庶人。不久，弘恭病死，石显专权，国家陷入混乱之中。

管理中讲究柔仁本没有错，现代管理不是也提倡人性化管理吗？关键是柔仁也是有限度的，只执其一端，必然导致另一端的失控，这一道理古今是一样的。在企业中，过柔的管理，会让工作无法开展。

某企业的总经理时时刻刻注意采纳下属的意见，希望尽可能使自己的决策与下属们的意见相同。每次在决定计划时，总是要开一系列的大会小会，请下属提意见。倘若大家一致认为目标难以达到，他便降低目标；如果手下的经理们要求增加自主权，他也尽量满足他们的要求。他原以为这么做会使企业上下一心，企业业务会得到迅速发展，但事与愿违，下属们总是指责计划不周或是想方设法找客观理由为自己所在部门工作的不力开脱责任。等到第二次部署任务时，用人者小心翼翼地融合各方面的意见，希望拿出一个各部门均无异议的方案，但还是无济于事。

这位用人者对下属过于怀柔，使自己的决策迁就于下属们的要求和意见，以至于失去了用人者的权威。在企业里，所需要的是用人者拿出魄力来率领整个组织。倘若用人者自己毫无自信，一味地曲意迎合下属，那往往会导致下属视用人者的好意为软弱可欺；于是他们敷衍了事、拈轻怕重、肆无忌惮、恣意妄为，使工作无法完成，效益无法提高，企业每况愈下。这样，用人者也只能自己背这口黑锅了。

到了这种地步，你若再继续“柔”下去，只能让企业变成一摊扶不起来的稀泥，你的麻烦也就越来越多了。在这种情况下，用人者只有使出一些硬手段，才能纠正过度怀柔所导致的弊端。

前文中的那位用人者面对一盘散沙的局面，后来终于意识到不能继续柔下去了。等到第三次布置任务时，他决定强硬起来，一阵狂风骤雨过去之后，下属们不再有二话，这一年企业的既定目标终于提前实现。

作为用人者，有一点应当记住，必要时的发火以及强硬态度，不是一种自然流露的反应，而是驾驭下属和促成目标得以实现的手段。例如，在联合国某次著名的会议上，前苏共中央总书记赫鲁晓夫为了表示对美国及其盟友的强烈抗议，竟然用皮鞋拍击桌子，全世界一片哗然。但是，在会议现场所拍摄到的一张照片却显示，赫鲁晓夫的脚上明明还穿着一双皮鞋，他手中的那只很可能是“专供敲击”的第三只鞋子。

作为用人者，有时也应该预备好“第三只鞋子”，在怀柔之后，狠狠地敲击一下，这样才不会引麻烦上身，才能让工作顺利开展。

不可宽恕心术不正者

用人者必须果断，一旦判断的基本信息已经具备，就要在准确判断之后立即决断，犹豫不得，该施展铁腕的时候，一定不能手软。如果对那些心术不正者宽仁不断，则必受其乱。

某有限公司的总经理，私欲膨胀，在亲自负责销售工作的几年中，不仅大吃回扣，而且为把儿子安排到某单位上班，不惜动用业务款几十万元，慷慨地大送人情。在企业内部，他独断专行，重用亲信，压制打击不同意见者，排挤有水平有能力的干部，致使企业生产失控，产品卖不出去而积压在仓库之中。这位总经理文过饰非，不仅对外哗众取宠，而且对上说大话、阿谀逢迎、推卸责任以嫁祸于人，在群众中影响极坏。企业几年之内，亏损达数千万元之多。

公司人事调整之后，新换了一位董事长。这位董事长大学毕业，为人仁厚，也有水平和能力。由于在该公司中，那位总经理管了多年生产技术，而别人都不如他的经历丰富，所以董事会仍然聘他担任公司总经理。

一开始，总经理热情积极，工作也着实抓了一些，也很讨董事长欢心，但由于改变公司经营状况，势必要涉及到过去的遗留问题，因此，可以推想，过去的问题是会暴露出来的。而且总经理本性难改，旧的思想意识和工作作风很快又在经营管理活动中体现了出来。

董事长勤于公司事务，当然很快就有所觉察，但他只是采取私下交换意见的方式，同总经理讨论分析。这样帮助的结果，他又觉得总经理的作为可以理解，而别人对总经理的不满意见是有成见的反映。于是，董事长就开始了长达几个月的会上和会下的协调，但是，公司经营却不见起色。

注入的几千万元资金快用光了，生产和市场未见实质性的好转。

董事长在出任董事长之前，曾专门请了一位顾问。按照这位顾问的计划：首先，确立公司新的发展战略；随后，培训管理干部，统一思想认识，提高士气，振奋精神；此后，调整机构，健全企业运行机制，完善有关规章制度；最后，即董事长任职约 6 个月的时候，实质性地调整人事和干部队伍，主要是中上层管理干部。这种布置是从该企业的历史和现状出发的。

由于总经理的所作所为，到了董事长任职三个半月的时候，尽管公司正忙于理顺机制和规章制度，可那位顾问沉不住气了，在深入调查研究之后，明确地向董事长建议：换掉总经理。

作为一个企业顾问，提出这样的建议，本身就是慎而又慎的事情，可见事情的严重性。

董事长同意顾问提出的所有问题和所有分析，但总在“换掉总经理”的决断问题上下不了决心。

董事长对顾问说过这样一段很动感情的话：“你看他（指总经理）熬了一辈子，好不容易才熬到正处级这个位置上，如果把他撤掉，他这一生就前功尽弃了。这对他是个很大的打击，咱们也不忍心那样去做。你看他都五十八岁了，还有两年就退休了，还是等两年吧，也让他画上一个圆满的句号。”

董事长的这番话，说得何等动人。他的心真是太仁慈了！

然而，由于企业经营迅速滑坡而不见起色，董事长被母公司撤掉了，为此，他也失去了在母公司上层领导眼里的地位。

奇怪但又不奇怪的是，在董事长受到母公司上层批评的过程中，那位总经理上蹿下跳，大说董事长的坏话，把一切责任全都推到了倒霉的董事长身上。

当然，那位心术不正的总经理，也没有能逃脱失落的命运，他离退休还有一年时也灰溜溜地被换掉了。

判断虽然是果断的起点，但判断正确仍然取代不了决断的英明。这里有一个很重要的问题，就是用人者的心理状态和观念。那位董事长有判断力，但由于宽仁之心在作怪，该采取行动的时候却犹豫不定，以致姑息养奸，养虎为患。

扭转局面时更需雷厉风行

对于用人者来说，有时候普通的方法并不能使局面得到扭转，特别是新领导受命于危难，要快速立威，不充分利用权力采用强有力的措施，恐怕很难奏效。

一些优秀的用人者，当不得不解雇某人时，他们并不因为内疚而变得犹豫不决，而其他人则做不到这一点。他们很可能平时很仁义，有爱心，关心人，可是一旦要采取坚决措施，便变得雷厉风行，不会顾及太多。

一家大的生产公司下属的一个分公司一直存在严重的经营问题，于是一名新用人者被派去负责，并告知要尽快“扭转局面”。新用人者用了几周时间对公司总部给他收集的大量有关工厂现状的资料进行研究后，决定必须马上进行重大改变，以挽救此分公司。他自己的第一次登台亮相便采取了大胆的且是必要的措施。

他带来四名助手和三个装满了有关分公司及其生产资料和分析材料的手提箱，在赶赴分公司之前的两小时之内才通知公司的管理部门，一到场便立即召集40名高层主管开会。会上，他简要地概括了他对公司现状的分析意见，他此行所负的使命以及他认为公司今后的基本发展方向，他明确指出公司目前的经营行为令人很不满意。接下来，他当场解雇了四名高级主管并限令他们两小时之内离开公司；他明确宣布如果谁试图阻挡他对公司的拯救行动，他将不惜一切毁掉他的前程。最后他宣布他的助手将安排他与公司每位主管会晤，从第二天早上七点钟开始。这样，会议在60分钟内就结束了。

在随后的关键的六个月中，那些留在公司里的人员都积极地与他合作。

这个用人者的雷厉风行作风扭转了公司局面，虽然他的“强权”政策可能导致他手下的主管们集体辞职，但他仍然那样做了，因为他觉得除此之外再没有什么办法能使大家立即配合他的行动。有时候，使用说服的方法太耗费时间，而且如果人们不听从劝说，说服的方法将完全失效。

当然，只依靠权力来表现雷厉风行很多时候是不够的，权力的影响具有“先天性”，有效期也有限。用人者是否具有雷厉风行的一贯作风，是非常重要的。用人者不仅是一个群体的组织者、指挥者，而且是各项工作的决策者和各种复杂关系的协调者，只有在充分利用权力的同时，不断加强自身修养，不断提高素质和能力，并且让雷厉风行真正成为自己的工作作风，才能树立起长久的威信。

大胆惩治个别典型者

用人者要贯彻自己的意图，发挥下属的整体力量，就需要有统一的行动、统一的意志。而统一的行动、统一的意志，需要靠严明的法纪去实现，靠威严的治理手段去巩固。倘若指挥不灵，兵不服将，将不从帅，整个组织系统就成了一盘散沙，管理机器就很难保持正常运转，实现管理目标也就成了一句空话。所以，必要时必须惩治个别典型，以警告其他下属，使他们遵纪守法，服从指挥。

《左传》记载：孙武去见吴王阖闾，与他谈论带兵打仗之事，说得头头是道。吴王心想："纸上谈兵管什么用，让我来考考他。"便出了个难题，让孙武替他训练姬妃宫女。孙武挑选了一百个宫女，让吴王的两个宠姬担任队长。

孙武将列队操练的要领讲得清清楚楚，但正式喊口令时，这些女人笑作一堆，乱作一团，谁也不听他的。孙武再次讲解了要领，并要两个队长以身作则。但他一喊口令，宫女们还是满不在乎，两个当队长的宠姬更是笑弯了腰。孙武严厉地说道："这里是演武场，不是王宫；你们现在是军人，不是宫女；我的口令就是军令，不是玩笑。你们不按口令训练，两个队长带头不听指挥，这就是公然违反军法，理当斩首！"说完，便叫武士将两个宠姬杀了。

场上顿时一片肃静，宫女们吓得谁也不敢再出声。当孙武再喊口令时，她们步调整齐，动作规范，真正成了训练有素的军人。

在现实生活中，用人者也时常会遇到这样的情况：纪律涣散，人心浮躁，甚至还有派系纷争，乌烟瘴气。铁腕用人者要对这样的部门进行治理，就必须有果敢的精神，对为首者加以严惩，而且事不宜迟，越快越好。倘若在这种情况下还顾念人际关系的影响，不愿面对人事冲突，任由局势继续恶化，最后还是难辞其咎，根本就不可能两全其美。假如用人者在这种情况下姑息养奸，只能说明他缺乏魄力，是一位不称职的用人者。

当然，对众多不听话的下属，用人者也不可能全部惩罚。有一句话叫做“法不责众”，而且打击面太大不是什么好事。此时，抓住一个典型开一开杀戒，就可以使众人为之警觉畏惧。

比如，有一个部门出现问题时，如果责备整个部门，将会使大家产生每个人都有错误之感而分散责任；同样地，大家也有可能认为每个人都没有错。而只惩戒严重过失者，可使其他成员心想：“幸亏我没有做错”，进而约束自己尽量不犯错误。所以，为了整顿部门内部涣散的士气，有时不妨刻意制造一点紧张的气氛，大胆地牺牲一个典型的越轨者。这是一个非常有用的震慑手段，也是一种有效的用人权谋。

在任何团体中，皆有扮演“典型”角色的人存在。这个角色绝非每个人皆能胜任，必须选出一位个性适合的人。他的个性要开朗乐观、不钻牛角尖，并且不会因为一点琐事而意志动摇，如此方能用于此项“任务”。

用人者应避免选用容易陷于悲观情绪，或者太过于神经质的人。若错误地选择了此种类型的下属，往后将带给你更多的困扰。

在用人过程中，运用“抓典型”策略，对树立用人者威严、增强对下属的控制力具有十分显著的效果。但是，在具体运用时也应该注意以下几条原则：

（1）严打出头者。

如果说办公室里已经暴露出了无序的苗头，用人者就应该注意观察，抓住第一个以身试法者，并从速从严予以处置。这样做有两个好处：第一，第一位只有一个人，容易处置；第二，第一位胆量大，影响坏，若不及时处理，便会有效仿者紧随其后。处理第一位能够起到杀一儆百的作用。

（2）敲击情节严重者。

如果同时碰到好几位违纪违规者，应当缩小打击面，重点惩处情节严重、性质恶劣、影响最坏者，其他的给予适当的批评教育就行。如果不加选择，一律照打，造成以下影响：第一，由于打击面过宽，达不到“警”的目的；第二，会影响工作；第三，树敌太多，影响你的威信。只有有选择地重点打击，才能切实收到效果。

（3）惩处资深人员或中层干部。

如果能够抓住一个资深人员或肩负重任的中层干部进行惩处，效果会更好，更能对普通职员起到警告作用。有实绩的人或部门主管都被惩处、指责，其他职员能不感到紧张而加倍努力工作吗？

（4）惩处要使对方心服口服。

既然是惩罚，肯定都是无情的。作为用人者，在使用这一手段时，也要考虑到对方的情绪。应当注意：第一，惩处方式不能过于偏激，要留有余地，能被对方接受；第二，惩处要有理有据，根据纪律规定、制度来执行，使被惩处者心服口服，无话可说。

（5）惩处要恩威并用。

“抓典型”只是管理上的一种手段，但不是唯一的手段，它不是以打击报复为目的的。所以，还须辅之以“恩”的手段，软硬兼施。这样，能使被惩处者在被“杀”的同时，又感受到一些关爱。对用人者而言，铁腕政策得到了实施，又笼络了人心，还树立起了一个可畏可敬的形象。

（6）要注意频率和次数。

此法不能用得太多、太频繁。否则，会引起下属们对你的不满，甚至认为你只会处罚人、挑别人毛病，缺乏管理能力，从而从内心里看不起你，影响用人者的形象和权威。

对狂傲的下属需适时威慑

狂傲者往往自命不凡，以为自己是旷世之才，前无古人后无来者。如果一个下属狂妄到了这种地步，那真是叫用人者头痛。对待这种下属，需要肯定他的成绩，适当安抚迁就，但也不能一忍再忍，一让再让，否则，他可能会忘乎所以。适当的时候用人者必须对其威慑一次，让他有所畏惧。

尉迟敬德，原在义军宋金刚手下，后归李世民，屡立战功，为唐朝开国大将。他为人鲁莽骄悍，却又忠正刚直。

一次，唐太宗与吏部尚书唐俭下围棋，唐俭抢先占据有利位置，与太宗发生争执。太宗一时动怒，就下令把唐俭调出中央，贬为潭州刺史。但仍余怒未消，便对尉迟敬德说："唐俭轻视我，我想把他杀了，你替我作证，就说他对我有怨气，出口不逊。"第二天，唐太宗便让尉迟敬德和唐俭当面对证，敬德叩头至地，说："我确实没听说过。"唐太宗反复再问，还是这样回答。唐太宗一怒之下把手上的玉板摔碎在地，拂袖入内。

尉迟敬德虽然忠正刚直，但他依仗自己有功，便骄傲放纵自己，经常盛气凌人，招致同僚们不满。曾有人告他谋反，唐太宗倒不轻信，找来问询是否当真。敬德说："臣随陛下讨伐四方，身经百战。如今幸存者，只有那些刀剑底下逃出来的人。天下已经平定，臣子会谋反吗?"说着把衣服脱下扔在地上，露出身上的累累伤痕。唐太宗李世民只得好言好语安慰敬德一番。

可尉迟敬德骄纵成性，毕竟难改。一次太宗大宴群臣，尉迟敬德和在座的人较短长，争论谁是长者，一时性起，竟然殴打了白城王李道宗，弄瞎了道宗的一只眼睛。皇上见敬德如此放肆，十分不悦而罢宴。唐太宗对敬德说："我要和你们同享富贵，而你却居功自傲，多次犯法。你可知古时韩信、彭越如何被杀？那并不是汉高祖的罪过。"尉迟敬德这才有些惧怕，从此以后，行为才有所收敛。

对尉迟敬德这样骄横却又正直的人，必须施之以恩，使其感动，但又必须抓住其弱点，给予其适当的恫吓，起到威慑的作用。感慨于唐太宗李世民驯服悍臣尉迟敬德之事，有诗叹曰："居功悍将气凌人，明主恩威驯莽臣。巧借韩彭喻今古，尉迟醒梦汗淋淋。"

像尉迟敬德这样的武将，虽正直不阿，但也往往有行为粗暴、头脑简单的缺点，根据其性情因势利导施法威慑，还是必须的。唐太宗可说管得恰如其分。

不妨在“借口”上做点文章

我们常常发现，有些下属由于自恃有一定专长，或短期内很难有人能替代他的工作，或自恃与公司大客户关系良好，往往难以管束，视公司规章如无物。对于这种人，一定要实施严格的管理，甚至可以找一个“借口”来给他一点颜色，以让他知趣改过。

对于组织中的重点人物即使仅仅发现一些类似的苗头，也要及早采取行动，在“借口”上做一做文章。在这一方面，我们可以从老祖宗那里学习一二。

西汉时开国功臣萧何一生始终谦恭谨慎，不矜功，不伐能，不图名，不争利；善于体察君王心意，委曲求全；甚至不惜以自污的方式化解主子的疑心。他总是战战兢兢、如临深渊、如履薄冰地忠主敬业，但即使如此，他在晚年还是蒙受了一次无端的冤屈。

有一次，萧何向高祖上了一道奏章，说由于长安都城人口增多，田地不够耕种，请求把上林苑的荒废空地拨给百姓开垦，既可以收获些粮食补充民用，豆麦秆叶还可作苑中禽兽的饲料。哪知汉高祖看了奏章以后，却怀疑他是有意讨好百姓，收买人心，便怒气冲冲地把奏章往地上一掷，骂道：“相国一定是受了商人的财货，居然敢来动我的上林苑地，这还得了！”立即传令把萧何抓起来，关进大牢内。可怜萧何二十多年如一日兢兢业业地办事，谨慎小心地做人，多次化解了高祖的猜疑之心，不料到了鬓发斑白的时候居然祸从天降。萧何心中感到无比的冤闷！但萧何深知高祖的为人，因此，他越是处在这样的时候，越是冷静，虚中自守，不上诉，不辩解。他知道，要不了几天，高祖就会放他出去的。

几天以后，一位姓王的卫尉当值。他见高祖背垫着枕头半躺着，心情比往日好些，便上前跪问："陛下，相国犯了什么大罪，被关进监狱？"高祖说："朕听说李斯作秦始皇的丞相，凡有善行就归功于皇上，有恶行就自己承担；可是萧何竟然私受商人的钱，为他们请我的上林苑去讨好百姓，收买人心，所以应该治他的罪。"王卫尉说："陛下，臣以为萧相国无罪。宰相的职责是为民兴利，萧相国请命开垦上林苑荒地正是他应尽之责。陛下怎么怀疑他是收受贿赂讨好百姓呢？况且当初陛下与项羽相争数年，随后又出讨陈稀、英布的叛乱，每次陛下出征在外，都是相国留镇关中。如果相国有二心的话，只要他当时稍一动作，整个函谷关以西早就不是陛下的了。但相国却从来不贪图私利，始终忠于陛下，难道今天反而贪求商贾的那点钱财么？至于秦始皇，他正是因为不听臣下批评，一意孤行才亡了天下。李斯就是能为他承担过失，又哪里值得效法呢！陛下未免把相国看成浅薄小人了。"

其实，高祖当然知道萧何素来谦恭，只不过找借口挫辱他一下，显示一下自己的权力，敲山震虎，树立自己的威严，并未真想治萧何的罪。但此心思怎好让人知道呢？高祖听完王卫尉一席话，嘴上自然不便说什么，沉默了一会，便命使者持节将萧何赦免出狱。

萧何出狱后来不及回家换洗，便衣衫邋遢，光着脚丫子跌跌撞撞地进宫谢恩。高祖说道："相国大可不必多礼了。相国为民请求垦种苑中荒地，我不允许，我不过是夏桀、殷纣那样的君主罢了，相国才是贤相。我关押相国，就是想让百姓知道我的过失啊！"萧何赶紧磕头称谢退去。从此，萧何行事更加恭谨了。

在这里，事实上萧何有无收买人心的企图是次要的；重要的是，通过这一捉一放，萧何以后是绝对不敢有这样那样的企图了，这也正是用人高手刘邦的真正目的所在。从这一事例中我们也可看出，现代企业管理过分讲究科学的一面，而对这种结合个人心理尤其是中国人心理的管理方式往往给忽略了。

对腐败分子不能手下留情

在一个组织、一个团队里，腐败就像人的身体长了毒瘤，各种机能都会降低，这就会不可避免地威胁到用人者的管理效率。如果对待腐败分子手下留情，必定会对自己和组织带来很大伤害。对此，用人者必须动真格的，做到除恶必尽。

在中国古代历史上，对腐败行为打击最严、手段最狠的当数平民出身的明朝皇帝朱元璋。

朱元璋自幼生长于民间，对元代官吏对待百姓的贪酷了如指掌，也认识到元末吏治的腐败是农民起义爆发的原因之一，认识到要保证他所建立起的政权不重蹈元代覆辙，就一定要肃清腐败分子，杜绝贪污。他因此为贪官污吏设立了严法酷刑，而且由于他个性的狠毒，在实际实行过程中，还专门为贪官设立了一些法外非刑，以此来警戒天下官吏奉公守法。

对于贪赃舞弊行为，他则绝不轻饶。朱元璋认为，吏治之弊莫甚于贪虐，而庸鄙者次之，所以他说："朕于廉能之官或有罪，常加宥免，若贪虐之徒，虽小罪亦不赦也。"

官吏犯赃的，罪行较轻，朱元璋处以谪戍、屯田、工役之刑，也就是充军发配。如徐州丰县丞姜孔在任时，借口替犯人缴纳赃款，挨家挨户敛钞，结果全都塞进了自己的腰包。朱元璋查知此事，将姜孔发配去修城。

洪武九年，"官吏有罪者，笞以上悉谪之凤阳，至万数"，其中绝大多数是犯赃官吏。而对罪行严重的，则处以挑筋、挑膝盖、剁指、断手、刖足、抽肠、劓、阉割、凌迟、发配广西拿象、全家抄没发配远方为奴、株连九族等等酷刑。户部尚书赵勉夫妻贪污，事发后夫妻二人同时被处死。工部侍郎韩铎上任不到半年，伙同本部官员先后卖放工匠2550名，得钱13350贯；克扣工匠伙食3000贯；盗卖芦柴28000捆，得钱14000贯；盗卖木炭80万斤，私分入己，事发被处死。

同历代封建专制制度的通病一样，明代贪污受贿的官员腐败案并不少见。例如，大名府开州通判刘汝霖，追索该州官吏代犯人藏匿的赃款，逼令各乡村百姓代为赔纳，被判枭首；凤阳临淮知县张泰、县丞林渊、主簿陈日新、典史吴学文及河南嵩县知县牛承、县丞母亨、主簿李显名、典史赵容安等收逃兵贿赂，使令他人代充军役，案发后两县官吏尽行典刑；福建东流江口河泊所官陈克素勾结同业户人，侵吞鱼课1万贯，又勾结东流、建德两县官吏王文质等，验了敛钞数万，被处身死；进士张子恭、王朴奉命到昆山查勘水灾，接受昆山教谕漆居恭、酋径巡检姚诚宴请，收受缎匹、衣服等物及钞币1300贯，将他们的22600亩已成熟田地谎报为受灾农田，朱元璋查知后，命锦衣卫给他们送去兵刃、绳索，勒令自尽。当时官吏贪污银两到60两以上者，均处以枭首示众、剥皮楦草之刑。行刑多在各府州县及卫所衙门左首供祭祀的土地庙举行，因而当时土地庙得名为皮场庙。贪官被押至土地庙，枭首挂在旗杆上示众；再剥下尸身的皮，塞上稻草，做成皮人，摆在公座之右，以警戒后任。

在洪武年间，除了一些较小的惩贪案外，还有几次大规模的对贪官污吏的集中清洗。其中以空印案和郭桓案最为著名；声势也最为浩大；两案连坐被杀人数也最为惊人，累积共达七八万人。

明初整肃吏治的斗争前后延续了二三十年之久，打击面极广，甚至一些皇亲国戚，若是贪赃枉法，也在劫难逃。为了达成吏治清明的政局，朱元璋六亲不认。开国功臣华云龙、朱亮相便因以权谋私、贪污受贿死于整肃吏治的斗争中。朱元璋的亲侄儿朱文正因骄侈荒淫，搜罗强抢民女，淫乐数十日后，将该民女堕井淹死，毁尸灭迹，也被朱元璋罢官安置于凤阳守卫先人坟墓。后来朱文正逃跑，朱元璋最终将他杀了。驸马都尉欧阳伦是马皇后所生安庆公主的夫婿，他指使家奴走私茶叶，牟取暴利，并纵容家奴胡作非为。朱元璋下令：“布政司官不言，并伦赐死，保等皆伏诛，茶货没入于官。”欧阳伦虽高攀为皇亲贵胄，玉叶金枝，终于还是保不住性命，和很多布政司官员一起身首异处。

明初整肃吏治的斗争，是朱元璋出于集权专制的目的进行的，因而带有一定的残暴特征。打击面大，处死极多，因此有时也不免产生一些先入为主的冤假错案，枉杀了许多无辜官吏。在一些大小案件中，罪有应得者固然很多，可无辜被戮者也大有人在，甚至有很多官吏，仅仅因为朱元璋看他不顺眼，便被杀了。可以说，朱元璋整肃吏治的手段虽雷厉风行，但由于自身性格缺陷的原因，在实际实行过程中，往往存在着很多偏差和失误，付出的代价是沉重的。明初官吏戴镣铐上堂办事，就充分说明了这一点。

可尽管如此，在无法解决制度问题的情况下，通过严酷手段整肃吏治、打击害群之马的斗争毕竟还是收到了前所未有的效果。朱元璋曾以为元代法令过于宽纵，以至人心懒散，江河日下，经过了半个世纪，人心都不畏法，所以他才主张峻法严纪。这一系列严法严刑确也使得贪官污吏望而止步。经过长期的严刑诛戮，做官的人终于认清了朱元璋立场的坚决，认清了本朝惩贪不贷，看清世道已经变了，开始人人自危，不敢恣肆妄为——郡县之官虽居穷山绝塞之地，去京师万余里外，皆提心震胆，如神明临其庭，不敢放肆。“或有毫发出法度，失礼仪，朝按而著罪之。”官场风气在一连串严酷打击下，逐渐发生了改变，日趋清明——“一时守令畏法、洁己爱民，以当上指，吏治涣然不变矣。下逮仁堂抚绪休息，民人安乐，吏治澄清百分年。”后世清官海瑞由此而赞洪武朝：“数十年民得安生乐业，千载一时之盛也。”

朱元璋不细加斟酌、枉加屠戮的作风当然是不可取的，而且也只能归结于他独裁的残暴，但他打击害群之马、整饬吏治的坚决态度，却有值得后人学习之处。

诛恶前要找到问题的症结所在

用人者要坐稳位置，达到令出有所从，就必不可少地要采用强硬的手段。有过不诛则恶不惧，然而，诛恶必须要抓住症结，该等的时候就要不动声色，等找到症结的时候再出手。

魏文侯时，任西门豹做邺都（在河南省）太守。西门豹上任后，见闾里萧条，人民很少，便召当地的父老前来，问民间有什么疾苦，弄成这样。父老乡亲异口同声说最苦的就是河伯娶媳妇了。

“奇怪！奇怪！河伯又怎能娶媳妇呢？”西门豹惊讶地说，“其中必定有故事，说给我听吧！”

其中一位说：“漳水自漳岭而来，由沙城而东，经过邺都，是为漳。河伯就是漳河之神。传闻这个神爱好美女，每年要奉献一个夫人给他，就可保风调雨顺，年丰岁稔；不然的话，河神一怒，必招致河水泛滥，漂溺人家。”

西门豹问：“究竟是谁搞的花样？”

“是那一班神棍搞的。这一带经常患天灾，人民甚苦，对于这件事又不敢不从。每年那班神棍串通一班土豪及衙役，乘机赋科民间几百万，除少许作为河伯娶媳妇费用外，其余便二一分作五，分入私囊去了。”

“老百姓任其瓜分，难道一句话也不说？”

“唉！”父老乡亲说，“试问在公势与私势的夹迫之下，谁敢说半个不字！何况他们打着为百姓服务的官腔。每当初春下种的时候，那班主事神棍及乡绅人等，便到处去寻访女子。见有几分姿色的，便说此女可以做河伯夫人了。有父母不愿意的，便多出些钱，叫去找另一个；没有钱的唯有把女孩送上。这样，神棍便领这女孩到河边的‘行宫’住下来，沐浴更衣；然后择一吉日，把女孩打扮一番，放在一条草垫上，浮在河里，漂流一会便自行沉下去做河伯夫人。这样一来，凡有女孩的人家都纷纷迁徙逃避，所以城里的人越来越少。”

西门豹一边听着，眉头越皱越紧，问道：“这里的水灾情况怎么样？”

“还好，自从年年进贡了河伯夫人之后，没有发生过漂家荡产的大水灾。但究竟因本处地势高，有些地方没有水源。虽然没有了水灾，可又有旱灾之苦！”

“好吧！”最后，西门豹说，“既然河伯这么有灵，当娶新夫人的时候，请来告诉我去观观礼！”

到时，那几位父老果然来告诉西门豹，说本年度的新夫人已选出，要定期行礼了。

这是一个隆重的日子，西门豹特别穿起官袍礼服，命令全城官绅民众等参加。远近百姓闻讯从四乡跑来看热闹，河边聚集了几千人，盛况空前。

一位“媒人”乡绅，把主事的大巫拥过来了。西门豹一看，原来是一个老女巫，一副了不起的傲态。她后面跟着20多位女弟子，衣冠楚楚，捧着巾栉炉香，侍候在左右。

西门豹开口问：“请把那位河伯夫人带过来给本官看看好不好？”

老巫不说话，示意弟子去把河伯夫人带来。

西门豹很仔细地审视起这位未来的河伯夫人，见她虽新衣在身，但也不是十分漂亮，而且愁容满面。西门豹便对老巫及左右的官绅弟子说：

“河伯是位显赫的贵神，娶一位绝色的女子才相称。我看这位女子，丑陋得很，不配做河伯夫人。现请大巫先去报告河伯，说本官再给他找一位漂亮的夫人，然后改期奉献给他。”

说完，他一声令下叫左右卫士把老巫丢下河去。左右的人大惊失色，西门豹若无其事地静立等候。

一会，他又说：“老妇人做事太没劲了，去报信这么久还不见回来，还是派一位能干的弟子走走吧！”

又让卫士把为首的一位女弟子抛下河去。不久又说：“连弟子都不回话了，再叫一位去吧！”

连续抛了三个弟子下去，一个也没有回头。

“哦！是了，”西门豹还像演戏一样，说，“她们都是女流之辈，不会办事的，还是请一位能干的绅士去吧！”

那绅士方欲恳求，西门豹却大喝一声：“毋容推搪，速去速回！”

于是，卫士左牵右拉，不由分说，“咚”的一声，将绅士丢下河里去，溅起一阵水花。旁观者皆为吐舌，靠近的不敢出声，远站着的在交头接耳。

只见西门豹整衣正冠，向河里深深作揖叩头，恭敬等候。过了好一会，他又埋怨道：

“这位乡绅简直泄气之至，平日只晓得鱼肉乡民，连这点小事都办不来，真是岂有此理！也罢，既然他年老不济事，你们这班年轻的给我走一走！”他顺手向那班衙役一指。

衙役们吓得面如土色，汗流浃背，一齐跪下去，叩头哀求。他们个个血流满面，都像打摆子发冷一样。

“且再待一会吧！”西门豹自言自语地说道。

又过了一刻钟光景，西门豹感叹一声，对大家说：“河水滔滔，去而不返，河伯安在？枉杀民间女子，你们要负起全部责任！”

“启禀老爷，我们是被骗的，全是女巫指使！”众人异口同声地说道。

西门豹正色斥责起来：“好人又怎会跟坏人做坏事？今日姑且饶你们一次，给你们重新做人的机会！”

“多谢大老爷！”

“可是，今朝主凶的神棍已死，以后再有说起河伯娶妇的事，即令其人做媒，往河伯处报讯！”

接着，西门豹把这班助巫为虐者的财产没收，全部发还给老百姓；将那批女弟子配给年长的王老五做老婆。此后，巫风邪说遂绝，逃避他乡的居民亦纷纷回故里安居。

这一段故事把西门豹诛恶的过程述说得活灵活现。我们看到，作为一个刚到任的用人者，西门豹迅速找到问题的症结所在，对制造问题的“首恶”采取了严惩不赦的果断举措，效果立现。

从外表强化自身的威慑力

一个成功的用人者必定能给人一种难以言表的威慑力，这除了用人者本身的权力和气质外，其外表如何也是一个不可忽视的重要因素。所以，你如果想在下属面前显得更威严，还需要在外表上有用人者的特色，即增加外表上的威慑力。

初看起来，这似乎是怪论，实际上这是有一定科学道理的。美国哈佛大学著名行为学家皮鲁克斯早就发现：用人者的外表威慑力胜过任何语言，是一种“外强力”的表现。

毫无疑问，绝大多数人都希望自己的外表有一定的威慑力。每位用人者应时刻意识到，确实有一些形象在不时地威慑着你，并且，你也希望用形象去威慑他人。

有不少人在一些场合受到过被威慑的经历。通常人们喜欢表现出自己对手上正干的事很在行，而事实上却知之甚少，或一窍不通，一旦被人点破就会受到威慑。最倒霉的、最常见的被威慑情形，就是在买家具、古玩或跟室内装修工打交道时。有时真不可思议，那些小小的室内装修工就敢在最有权威的商人面前要威风。其中最关键的一点就是，室内装修工对本行是专家，而最有权威的商人却知之甚少，因而有权威的商人受到威慑，而处于劣势。

一位心理学家说过：“当你在别人的地盘时千万要小心行事，否则，你将在众目睽睽之下丢人现眼。”这里没有提到，要是在你自己的地盘又怎么样呢？绝大部分时间，这才是你遇到的问题。这时你应当利用地利的优势。一旦别人涉足了你从事的领域，无论你从事什么工作，会计、医生、建筑承包商、花商、殡仪馆经理、药房老板或经营旧汽车的商人，你都必须记住，对于你的工作，你远比来找你的人懂得多。你是这方面的专家，而他不是。所以，你就应该充满自信，有把握地主动出击。这样，你就不会处于一种被威慑的境地。实际上，如果你愿意，你现在就可以威慑别人了。

很多人相信，医生是头号最具威慑力的人。一些医生命令病人干这干那，例如，他会说："我不管你有多忙，我要你现在马上来医院，我们将给你做彻底的检查，找出你头痛的原因！哪怕要整整一个星期才能查出结果来，我也不管！"当医生这样命令时，病人会完全照他说的去做。

一般而言，低声说话更有威慑力。低声讲话容易使人信服，因为它能显示说话人坚定的信心，而且少了虚张声势之嫌疑。当你的手下冒犯了你，别涨红了脸，而应像个自信的巨人般高视阔步。假使你觉得他想欺骗你，你就把有力的证据摆出来。一个人的声音愈大，他所表现出的力量就愈小。只有懦夫才又威胁又大叫的。

还有不少人运用精心谋划的技巧威慑人，比如：

（1）把办公室的家具摆放得让来人只能坐在一个较低的位子上，尴尬地仰着头看他，从而造成一种威慑的阵势。

（2）直视对方眼手等某一身体部位，给对方以压迫感。

（3）占据背光位置，可产生威慑效果。站在反光线的位置上，可给予对方目眩的物理效应，同时也能产生各种不同的心理影响，让对方无法认清你的表情。而对方的形象却被阳光照遍了各个角落，暴露了身体的每一部分，这在一定程度上会使其惶恐不安。同时，置于光后的形象，也能与光融合为一体，使对方对你产生比实物更大的印象。这种后光照射的状态，能使你在精神上压倒对方，确保自己优越的地位。

当然，类似这种人为的、刻意的通过外界因素增强自己外表威慑力的做法，我们并不一定完全提倡，而是主张从自身的内在气质和修养方面去强化自身的威慑力，从而由内到外起到威慑作用。这一点，是每个用人者必须明白的。

施展铁腕也不能过于蛮横无情

用人者为完成任务，被赋予一种强制别人的力量，这个力量就是权力。它可以用来指示、指导下属，也可以用来纠正下属的过失。对于一些不遵守规定或不尊重领导的下属，对其施展铁腕以维护制度和领导的权威，这是完全必要的。虽然如此，但如果太仰仗权力，采取强硬手段来压制下属，口口声声地说："我说这么做就这么做。"不厌其烦地一再向人们显示自己的权力，不但不能使下属信服，而且蛮横、高压地利用权力，还会引起下属的反对，虽然有时只是"敢怒而不敢言"。

对于大多数下属来说，就算不受到强制，也会有服从领导的心理，所以领导不能借助权力压人。即使权力再大，也不能过于蛮横无理和不近人情。否则，不但达不到用人应有的效果，有时还会给自己带来灾祸。

三国时期有这样一个例子：张飞生性脾气暴烈，动不动喝醉酒后打骂士兵，士兵们敢怒而不敢言。

关羽败走麦城之后，被东吴所杀。张飞为替兄长报仇，凭借权力提出了不合理要求，限令军中三天以内置办白旗白甲，挂孝讨伐东吴。负责制造盔甲的两员大将范疆、张达因为期限太急，就向张飞乞求宽限几天。张飞不但不听，竟然把二人打得满口出血，并命令道："一定要按期完成，若超过期限，就杀了你们示众。"

二人知道根本不可能按期完成，便商议："与其他杀我们，不如我们杀了他。"

张飞之所以被部下杀死，与他平时的高压、蛮横是分不开的。平常下属们就是“敢怒而不敢言”，更何况是在他急切报仇之时？

领导下达命令要符合实际情况，指责应该有充分的理由，而不应该因为被赋予了某种权力就滥加应用。把强制及使人服从的力量藏而不露，在必要时再施展铁腕，才是聪明的做法。

在当代社会，自尊心问题已经不容忽视。当用人者过于蛮横无情，让下属难以下台时，下属对用人者和企业的忠诚与信任感就会消失殆尽。一些管理者经常站在下属面前，凶狠地批评下属，并责令他们立即做出汇报。这种巨炮猛轰式的发火方式，无疑会伤害下属的自尊心，令其心生抗拒。这样一来，想管好他们，也就无从谈起了。

在某私营企业里，有一个十分独特的现象，上千人的企业只有一个高层主管，即身兼董事长和总经理的老板。即使部门经理，也只有三个，而且形同虚设，没有一个部门经理敢对本部门的事说了算的。这个老板成天累得直不起腰，一直想找几个高层管理者为他分忧，但却没有人愿意去他的企业，原因是他曾经在三个月内骂走了八位高层用人者。

这个老板性格火暴，动不动就大发雷霆，把楼板踏得直抖动，而且不论职位高低，只要有丁点事不如他的意，他就当众臭骂，用尽他所能想到的难听的词汇。

这个老板的施威方式，无疑是不给下属留有余地。这种无人肯助的企业，又能有多长的生命线？你应当切记，让下属下不来台，就等于是在拆自己的台，这种行为与给自己的企业挖一个坟墓没什么两样。

权力并不是万能钥匙，你不用多表现，大家也知道你是领导。威信比权力更重要，把精力放在建立威信上，效果会更好。聪明的领导很少会像封建社会那些专制的皇帝，随心所欲，以为世间万物为自己一人所支配；他们往往在工作中，通过展现自己来逐步建立自己的威信。有了威信，大家才会信服你；这时，你才具备了无形的感召力；你所做出的决定，才会得到大家的拥护。

施威时留点感情补偿的余地

用人者在工作中，不免有生气发怒的时候。发怒施威，足以显示领导的威严和权势，对下属构成一种令人敬畏的风度和形象。

上下级之间的感情交流，不怕波浪起伏，最忌平淡无味。有经验的领导者在这个问题上，既敢于发火震怒，又有善后的本领；既能狂风暴雨，又能和风细雨。

在平时的工作中，适度适时地施威是必要的，特别是在原则问题或在公开场合碰了钉子时，或对有过错的人帮助教育无效时，必须以发火压住对方。当领导人确实是为下属着想，而下属又固执不从时，领导发多大火，下属也会理解的。

但是，施威不宜把话说过头，不能把事做绝，那样的话就起不到说服的目的了，而应注意留下感情补偿的余地。领导人话一出口，一言九鼎，特别是在大庭广众之下，一言既出，驷马难追，而一旦把话说过头则事后骑虎难下，难以收场。

施威应当虚实相间。对当众说服不了或不便当众劝导的人，不妨对他大动肝火，这既能防止和制止其错误的行为，又能显示出领导人具有威慑性的力量。但对有些人则不宜真动肝火，而应以半开玩笑、半训斥的方式去进行。使对方既不能翻脸又不敢轻视，内心有所顾虑——假如上司认真起来怎么办?

另外，施威时要注意树立一种被人理解的“热心”形象。要大事认真，小事随和，轻易不发火，发火就叫人服气。长此以往，用人者才能在下属中树立起令人敬畏的形象。令人服气的发火总是和热诚的关心帮助联系在一起的，领导应在下属中形成“自己虽然脾气不好但心肠热”的形象。

日常施威，不论多么高明总是要伤人的，只是伤人有轻有重而已。因此，发火伤人后，需要做及时的善后处理，即进行感情补偿。因为人人不论地位尊卑，都是有自尊的。妥当地善后要选准时机，看好火候，过早了对方火气正旺，效果不佳；过晚了则对方积愤已久，不好解决。因此，以选择对方略微消气，情绪开始恢复的时候为佳。

正确的感情补偿，要视不同的对象采用不同的方法：有的人性格大大咧咧，是个粗人，领导发火他也不会放在心里，故善后工作只需三言两语，象征性地表示就能解决问题；有的人心细明理，领导发火他能理解，也不需花大功夫去善后；而有的人则死要面子，对领导向他发火会耿耿于怀，甚至刻骨铭心，此时则需要善后工作细致而诚恳——对这种人要好言安抚，并在以后寻机通过表扬等方式予以弥补；还有人量小气盛，则不妨使善后拖延进行，以天长日久的功夫去逐渐感化他。

恩与威相结合方能长治久安

综观历史上兴衰的更替，我们从中可以发现一些规律：在治国之路上，单以武治，刚且易折；单以文治，软弱可欺，只有文武结合，恩威兼济，方能长治久安。例如，秦、元所向披靡，却迅速灰飞烟灭；两宋文化鼎盛，却屡被异族欺凌；唯汉、唐重文韬武略，方绵延三四百载，号称盛世。

人分男和女，万物有雌雄，上帝在造世时，就已经安排了世界的对立和统一。单独存在的事物是没有的，这是宇宙间的规律。同样，用人者在用人时不能只采用一种方法，应该软硬兼施，恩威并举，宽猛相济，这样，下属才能按照你的需要去做事。

所谓威，就是必须要令行禁止。用人者不能始终客客气气，为了维护自己平和谦虚的印象，而不好意思直斥其非。你必须拿出领导的威严来，让下属知道你的判断是正确的，必须不折不扣地执行。

在领导与指挥业务上，没有令下属感到畏惧的威慑力，是不容易尽责称职的。单是靠有一张和蔼的脸、一番美丽动听的言辞所起到的推动作用，可以说是非常有限的。

当然，用人者训斥下属的目的不是为了发泄个人的不满，而是为了更好地开展工作，所以，对下属施威之前，要想清楚下列问题：

(1) 对方会立刻接受这个训斥吗？

他可能正处于困难时期，情感极其脆弱；如果你想和下属谈一些麻烦事，得先想想现在是不是时候。

（2）能耐心地等待他从打击中恢复过来吗？

用人者在做出严肃训斥的时候，必须了解对方的心情。他可能感到彻底绝望，难以继续工作；也可能要从你这里得到证实，证实他不是被当作不合格的人来看待，而只是某件事上出了差错。你要告诉他，在另外一些事上你觉得他干得更好，训斥必须要有表扬作为缓冲。

（3）此人以前听到过这种训斥有多少次了？

如果你感到只是自己在不断地重复这种训斥，再说一遍显然是没有用的。现在要注意了解的不是他犯的错误，而是为什么他仍无改进。是不是还有别的什么该做而没有做的事情呢？让下属来帮你解决这个问题吧。

（4）训斥之后，下属对此能产生你想要的反应吗？

你应该让下属知道，为了有所改进，他该做什么。

（5）是不是因为你自己的一些问题所致？

用人者有时可能感到来自下属的威胁，感到自己不受欢迎，莫名其妙地想惩罚他们。不要根据自己的情绪，而要根据实实在在的原因做出反应。

（6）此时是否适合施威？

无论什么集体，当下属犯下不可原谅的错误时，用人者都不可避免地要对其进行批评，然而，一旦批评次数过多，往往就不起作用了，甚至适得其反。因此，作为用人者应选择适当的时机，采取恰当的方式对下属进行教育。

所谓恩，不仅表现为对下属在物质上的奖赏和帮助，而且还表现为在精神上的理解、宽慰、尊重、信任和鼓励等。比如，亲切的话语及优厚的待遇。尤其是话语，要记得下属的姓名。每天早上打招呼时，如果亲切地呼唤出下属的名字再加上一个微笑，这名下属当天的工作效率一定会大大提高。他会感到：头儿是记得我的，我得好好干！另外，还要关心他们的生活，聆听他们的忧虑，对他们的起居饮食也要考虑周全。

总之，用人者在处理与下属的关系上，特别是在自己行使权力的过程中，要善于把恩的因素和威的因素有机地融合在一起，以收得下属既服从又感激之效。这里，以下三点值得提倡：

（1）软与硬高度地统一起来。

作为用人者既要温和、慈爱和无私，时刻给下属以真诚的爱，同时又对下属的各种不良行为绝不姑息迁就，使软与硬高度地统一起来。做到这一点，就会使下属对你既尊重和感激，又不敢违令擅行。

（2）命令与商量融为一体。

比如可以说："我是这么想的，你们的意见呢?"当对方把自己的想法说出来后，如果有道理，不妨这样说："我明白了，你说得很有道理，我想就这么办吧!"这样做，既可避免用人者的命令或指示的不周，也可使下属因受到用人者的充分信任和尊重而心情舒畅，从而以极大的热情去执行你的命令或指示。

（3）谴责、惩处与尊重、关怀融为一体。

对下属的谴责和惩处，要同时能体现发自内心的尊重和关心，从而使对方既诚服又感激。

说穿了，恩与威都是用人者驾驭下属的手段。若能把这两种手段结合起来，并依照实际情况灵活运用，在赢得人心、创造效益方面，便可取得不错的双丰收。

第四章
平衡掌控术：综合制衡掌控全局

平衡术是一种极为重要的用人权谋，也是用人者不可或缺的生存艺术。在矛盾无时无处不在、关系错综复杂的权力场中，没有人总能控制一切；更多的时候需要站在统筹的高度，以平衡牵制的手段利用矛盾，以达到保存自我并统揽全局的目的。

管理的本质就是一种动态平衡

管理是人类社会的一种活动，这种活动能使人和组织更为有效地开展活动和工作，而通常我们所说的管理主要是指组织的管理。管理的本质是一种平衡，即在组织发展中各种关系的平衡，这种平衡不是简单的静态平衡而是一种动态平衡，随着时间、空间、用人者和被用人者的不同，这种平衡也将有所不同。正是因为这种动态性，使管理充满着灵活性和创造性，所以，人们喜欢把管理学称为一门艺术。因为在人类生活中，艺术的最大特征就是充满了不确定性和创造性。

平衡的思想，最早源于老子的朴素辩证法思想。他认为："天之道，其犹张弓乎，高者仰之，下者举之。有余者指之，不足者补之。"他还说："曲则全，枉则直，洼则盈，敝则新，少则得，多则惑……夫惟不争，故天下莫能与之争。"这里都是说"平"者生存，"不平"者淘汰。自然界中力学的公理也表示两力平衡，才能稳定。水不平则流，人不平则鸣，懂得这个道理的，就能在两强的夹缝中生存下去，并求得发展；也能有效地控制两弱，使之均臣服于我。

用人者的关系网络不是单极而是多极的，在你和他人存在关系的时候，别人之间也会发生关系。因此，以自己为轴心平衡各方面的关系，使其更好地为自己服务，是用人者不能不做的事。春秋战国时代，华夏列国相争，齐、楚、韩、赵、魏、燕、秦等七强并立，而在大国夹缝中生存的有名无实的东周、西周，虽然握有象征着天子的九鼎等宝物，却无自卫的力量。于是，为了生存的利益，他们执行了一条均衡外交路线，即对各个强国在保持等距离的情况下，用比较灵活的外交手段，利用各国之间的利害冲突，竭力调整大国之间的力量平衡，从而维持相对稳定的战略格局，以求得自己的生存和发展。

有一年，齐国的大将田婴率领齐国的军队去帮助韩、魏两国攻打楚国；打败楚国后，又打算联合韩、魏两国去攻打秦国。因常年战争，力量消耗很大，田婴就派使者去向西周借兵借粮。西周天子犯难了：不借兵粮给齐国，就会得罪了齐、韩、魏三国；如借兵粮给他们，势必又会得罪强大的秦国。在这两难之际，谋士韩庆自告奋勇地前去说服田婴不向西周借粮。

韩庆到了田婴的帅营，拜见了田婴，对他说："将军您率领强大的齐军，用了五年的时间，替韩、魏两国攻下楚宛、叶以北的地区，而使这两个国家的国力得到了加强；现在如果再攻占了秦国的一些地区的话，那只会使韩、魏两国的力量更加强盛。这样一来，韩、魏两国南面没有楚国的忧患，西面不必担忧秦国的攻击。它们的国土扩大了，国家也会日益受到尊重；而齐国不仅劳民伤财，没有得到一点实惠，反而会受到它们的轻视。末梢盛过了根干，本末倒置，这就不合乎常情了，窃私下为将军感到不安。"

田婴听了，认为韩庆说得有道理，便问道："照先生的说法，我应该怎样做才是呢？"

韩庆献计道："依在下愚见，将军您不如让您的国家暗中与秦国合好而不去攻打秦国，这样您也就不必去向西周借兵借粮了。您可以兵临函谷关而不去进攻秦国，然后派您的使者去对秦王说：'薛公（田婴封地在薛，故又称薛公）一定要出兵破秦而使韩、魏两国强大，原因就是想要让楚国把东周（楚国的地名）割让给齐国啊。'秦王如果能放回楚王（此时楚怀王被扣留在秦国），而使秦、楚两国合好，您就可以使您的国家有惠于秦国，而使秦国感到能够完好无损，正是由于楚国割让了东周，才使得自己免遭进攻，秦国必定愿意这样做。楚王被放回了楚国，也必定会感谢齐国。齐国得到了东周而更加强盛，将军您的封地薛城也就可以世世代代没有什么忧患了。秦国没有受到大的削弱，处在韩、魏、赵三国的西部，这样，秦对这三个国家是个不大不小的威胁，这三个国家自然也不敢轻慢齐国了。”

田婴说：“说得好，就照您的意思办！”

于是，他派韩庆作为自己的使者去游说秦王，还说服了韩、魏、赵三国不再去进攻秦国。这样，齐国最后自然也就不必向西周借兵借粮了。

聪明的韩庆不仅善于就各方的具体矛盾来思考问题，而且还设身处地地为齐国及薛公本身的利益着想。他的设想对齐来说，又是一个均衡外交的战略，这是大国强国的等距离外交，即既不弱秦强韩、魏；又不弱韩、魏而强秦，使得这三者或五者（秦、韩、魏、赵、楚）均有求于齐。这种战略布局自然为田婴欣然接受。齐、秦弭兵，齐向西周借兵借粮这件事自然也就不用提及了。韩庆此举的高明之处就在于，他跳出了形式逻辑中的两难推理的狭隘局限，求得了一个全新的解决办法，从而挽救了僵局，走活了全盘。这个以平衡之法解决问题的聪明方法，很值得用人者们深思。

平衡各方势力可实现对全局的控制

在用人过程中，有时会遇到这种情况：你的下属分为不同的派别，每一个派别都拥有自己的力量。在这种情况下，如果你还没有实力将他们一一掌控，平衡各方势力以达到对全局的管理和控制就成了首要之选了。

晋愍帝在长安向匈奴刘聪投降后，西晋政权灭亡了。一年之后，安东将军司马睿在建康建立东晋，力主其事的便是一代名相王导。

在当时的情况下，复兴晋室只是内聚北方士人的公关手段，在王导的内心，能安定东晋已是极为不易的了。所以，主战派多次提出“北战收复失地”的主张，均未得到王导的支持。对于北伐名将祖逖等人，东晋王朝的态度也是消极的，因为从稳定的角度考虑，以北伐为国策并不符合南方望族的意愿，而且一旦大肆北伐，新形成的北方势力也可能危及东晋王朝。既团结北方士族又协调朝廷的关系，就此而论，王导的策略是成功的。

有一次，叛军攻打建康，将军温峤擅自将皇帝巡幸必往的朱雀桥烧掉了。皇上知道后暴跳如雷，但是温峤并不在意，连道歉的意思也没有。王导知道此事可能会造成的后果（或者它本来就是一种信号），于是匆忙赶来为温峤说情：“皇威之下，温峤不敢说话，请皇上面察。”这既保住了皇上的面子，也给了温峤一个台阶下。温峤也就就势道歉，化解了一场可能产生的内乱。

平时，对于各地的叛乱，王导尽可能大而化小。如此做法自然令人不满，但是王导也有其苦衷。对于一个虚弱的王朝来说，不顾一切，硬拼可能远不如忍耐一时，等待变化更为明智。当然，王导对军队力量也并不是毫无节制的。譬如，他极力强化贵族的威势。有时候，叛军甚至已经占领了都城，并想当皇帝，至少来个挟天子以令诸侯；但是，一掂量，感到军队的威势还远远不够，结果，还是得将王导抬出来，这不能不说是个奇迹。

对于东晋朝廷，王导的策略是极力推崇它的皇威，以此号召天下；同时限制皇族势力的发展，使政局不致失衡。在公开的场合，王导是诚惶诚恐，礼数周到；当他独自面对君王时，又敢于犯颜直谏，甚至直言无忌。一次，晋明帝问温峤，自己的司马氏祖先是如何统治天下的，温峤一时语塞，不知如何回答，王导道："温将军时值壮年，不熟悉这段历史，就由微臣代他回答吧！"于是，王导从司马懿如何清除异己开始，一直到司马昭是如何杀害魏王曹髦，诸般险事一一道来，毫无隐瞒。明帝听了不禁为之叹服，说："如此看来，朝廷的命运也是在天之数了。"

当然，王导之所以能这样做，除了高超的平衡策略，还在于王氏家族有着巨大的力量。当时谚语曰："王与马，共天下。"但是王导也知道，对王姓家族的势力若不加以限制，也会破坏脆弱的平衡关系。

东晋的建立，王导与其堂兄王敦出力最大。后王导任宰相，而王敦任大将军，领重兵在外。如此局面，又使得皇帝有傀儡之感，便有意削弱二王之权。王导不动声色，颇令士大夫同情；王敦则木然，他本来就有野心，干脆借口除奸而率兵杀向建康。

以当时的客观力量而言，朝廷远不及王敦；而且宫中也有议论，认为王敦造反有理。但是王导心里丝毫不愿与王敦合谋，他认为唯有司马氏才是安定的象征。王氏家族在安定的情况下，不必因此而失衡，否则王氏家族同样遭到迫害；何况以王敦的个性，一旦大权在握必定酿成大祸。

于是，就出现了这样有趣的一幕：一面是王敦的造反；一面王导却率领以四个族弟为首的20余位族人，每日清晨去中书省自请裁定。当时，朝廷虽然也有人上书要灭王门九族，王导也清楚，晋元帝不敢那么做。但是他仍通过各种渠道疏通关系，终于重新获得了元帝的信任。元帝赐其"大义灭亲，一代忠臣"的诏书，将国家大事重新委托给了王导。趁着王敦的叛乱，王导在朝廷中的地位反而变得更加稳固。两年以后，王导发兵灭了王敦，消除了危及平衡的大障碍。本来，王敦叛乱，王氏家族理应受罚，但是皇帝却做了非常处理：“王导大义灭亲，应恕其罪至百代之后。”王氏家族从而得以延续。

公元339年，64岁的王导去世。他先后担任三代宰相，自身没有任何积蓄，然而却以其独特的平衡权谋术，团结了各种社会力量，在风雨飘摇之中维持了东晋王朝的存在和社会的安定。在那样一个战乱时代，这一奇迹的发生，可以说与王导的平衡策略有直接的关系。对此，现代用人者不可不静下心来好好学习。

隔离牵制是解决问题的最好办法

如同医学上“防病重于治病”一说一样，平衡各方关系，不使局势失控的根本途径，不在于费尽心思地去处理问题，而在于防患于未然。因此，用人者需要用一些权谋防止上下“失衡”的出现。历史上留给今天的“隔离、牵制”的权谋术便是解决问题的很好选择。

（1）迁徙豪富和贵族。

周公征讨武庚叛乱之时，将殷朝“顽民”迁到洛阳去，是让有反抗情绪的原京都殷民远离周朝京都。离政治中心越远，其危害政权的势力越小。

秦始皇统一六国之后，将12万户天下豪富迁往咸阳，他错误地认为豪富威胁他的江山。其中有一户姓卓的豪富，是冶炼铁的专家。他们原是赵国人，被秦朝迁往四川，沿路遭受官吏勒索，最后到流放地时只剩夫妻二人推了一辆小车。但他们到了四川临邛（即今四川邛崃），见有铁矿，便组织民工开矿炼铁，又成为大富。其享乐程度，据史书记载，不亚于君王。后来爱上了司马相如的那个卓文君，就是这一家卓氏富商的后代。

汉高祖刘邦，在打下江山之后，害怕原六国贵族兴风作浪，便下令将他们迁往关中，让他们离开他们的基地。这些人脱离了有熟人关系的乡土，就很难组织起大的反抗力量，确保了汉朝的稳定。

（2）频繁调动军事将领。

朱熹说过：“兵权所在，则随之以兴；兵权所去，则随之以亡。”

历代君主对于兵权，常采用各种隔离和牵制权术，以防止军队发生哗变。

中唐以后，在军事上设置枢密使，掌管全国军队的招募、训练、供给和调动，但枢密使没有用兵权，不能统率军队出征；而统率军队出征的将领无权招募和调动军队，这就有效避免了将领擅自调军造反。

五代各朝还实行将兵与家属分离的办法，以此制约兵将造反。因为家属在皇帝的势力控制之中，相当于变相的人质。

五代时，帝王还用频繁调动节镇统帅的手段，不让一个将帅在一地一军中呆得太久，以防其培植党羽，形成朋党。你到某地某军中刚刚培植起一批党羽，皇上又将你调往另一地另一军，而且不准随带多个部下，这样你就很难形成反对势力。例如，后唐的张温，在庄宗、明宗两朝，曾做过几个地区的刺史、节度使。

而久任，是形成将相私人势力的重要条件。因此，北宋时，规定各级地方官由朝廷派遣文臣出任，原则上 3 年一任，到期就要更换。

许多封建王朝还规定了地方官的“回避制度”，即地方官不能用当地人担任，中央任命的地方官不能在本籍当官，以防止他们在本乡本土中形成私人势力。

袁世凯组建北洋新军，培养将士对他的感情，让将士只知有袁大人，而不知有大清朝；然而他对自己属下的统制（师长）却经常调来调去，以防止部下形成下一级的朋党系统。例如，号称“北洋三杰”之一的段祺瑞，虽然号称是袁世凯的心腹大将，但也被袁世凯调来调去，先后担任过第三、四、六等镇的统制。

实际上，时代虽有不同，权力领域也各有其特点，其道理却是相通的。在现实生活中，你可以使用各种理由将下属，尤其是能力出众，有可能形成权力网的部下在各个岗位上进行调动。你可以将其平级调动到各个部门，也可使用明升暗降的措施，以防不平衡隐患；你还可以将管理、财务等工作分开，使权力分散，彼此监督、牵制，这样局面失控的几率就会大大减少。

实行官职分离与制衡的制度

权力掌握在一个下属手中是危险的，所以要将其分散；将其分散也只解决了权力集中的问题，并不能保证权力的有效实施，还需要互相制衡和有效的监督，以互相约束。

用“杯酒释兵权”的办法解除了高级将领的职务后，赵匡胤开始对禁军和中央及地方官僚体制进行了一番改革。

对禁军，赵匡胤乘着石守信、高怀德、王审琦等禁军统领职务被免除之机，进行了改革，将原禁军两司之一的侍卫司一分为二，即分为侍卫亲军马军司和侍卫亲军步军司，与殿前司合称“三衙”；撤销了殿前都点检、副都点检；任命了一批资历较浅的军官为“三衙使”，地位都比较低。“三衙”将领各不相隶属，直接听命于皇帝；又规定“三衙”只有领兵打仗的指挥权，军政号令由枢密院颁发；后勤保障则又由三司负责，从而形成三足鼎立、互相牵制的军事指挥系统。这样，皇帝掌握了军政大权，将领们手中只有小权。从五代以来，禁军飞扬跋扈的风气被扫除，禁军只有乖乖地听从皇帝的指挥。赵匡胤在世时的统一战争进行了15年，其间没有一个将领起兵反宋，这主要应该归功于“官职分离与制衡”的整军权谋。

在中央，赵匡胤首先降低宰相的威望，不但使宰相不敢和皇帝闹对立，还得服服帖帖，一切听从于皇帝。在赵匡胤当皇帝的第二天，宰相范质、王溥登殿奏事。如按汉唐以来的老规矩，宰相奏事都是坐在殿上，同皇帝面对面地在一起商议国家大事。宰相位高望重，皇帝也要客客气气，尊重他们几分。

这一次，宋太祖当着文武百官的面，故意要煞煞宰相的威风。他威严地扫视了群臣一眼，然后斜望着别处，对范质、王溥慢条斯理地说："朕的眼睛有些昏花，请你们把奏疏送到前面来吧。"

范质、王溥两位宰相不敢怠慢，奉命走近太祖御榻前将奏疏呈上。宫廷侍从看着太祖眼色，立即把两位宰相的座椅搬走了。两位宰相只得站着，眼睛盯着皇帝，随问随答。打这以后，宋朝宰相再到皇帝面前奏事，都要毕恭毕敬地站着，成了定制。这就更加突出了皇帝高高在上的特权，宰相的地位大大下降了。

不仅如此，公元 964 年，范质等几位宰相退职后，赵匡胤又增设了"参知政事"一职。这参知政事就是副宰相，其目的是防止宰相专权。

五代时，枢密院掌管朝政，枢密使的权力很大，成了宰相之外的又一个宰相。宋太祖认为这样弊病太大，就明确规定枢密使专管军事，同掌管行政的宰相文武并列，中书省与枢密院号称"二府'（政府与枢府）。两府的大事分别奏明皇帝，彼此不相干预。

宋以前，"三司使"总管四方贡赋和国家财政，地位仅次于宰相，称"计相"。三司通领三部：盐铁掌管工商收入及兵器制造等事；度支掌管财政收支和粮食漕运等事；户部掌管户口赋税和榷酒等事。全国财政支出，都出自三司，权力甚大。宋太祖沿用了这些制度，但把三司的最后裁决权抓在了自己手里。

宋太祖还对御史台和谏院进行了改革。御史台是专管纠察官吏的机构，分为三院：台院、殿院、察院，御史中丞是御史台的最高官员。谏院设知院官，对朝政得失和大臣百官的过错，都可以提出谏言。宋太祖规定，凡是御史台和谏院的官员，都要由皇帝亲自选定，宰相和大臣们不得干预。从此，御史台和谏院的官员就成了独立于政府，顺从皇帝意向的监督工具。历来以向皇帝进谏为职，带有皇权性质的谏官，到了宋代一下子变为弹劾大臣，专门向皇帝负责的监督官员们的工具。

对于中央和地方行政官吏的任命，宋太祖采取了"差遣"的办法，也就是从中央六部二十四司、寺、监，到地方州县长官的实际职务，要由皇帝或中书省差遣。差遣，就是三年一任，或者两年一任，具有临时性质。

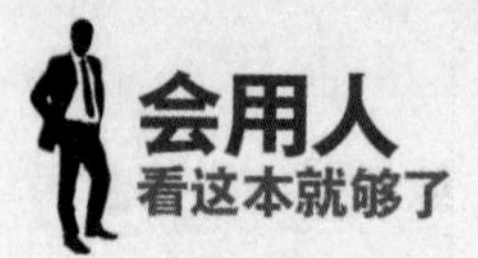

由于名义不正，做官的人缺乏长远打算，这就能防止官员们在任职的地方扎下根来。地方上的州县长官，统统由文官担任，不许武将插手。长官之外，另设“通判”，使他们互相牵制。这样一来，要实行反叛，实非易事。

唐朝灭亡之后，战乱不断，出现了五代十国，其主要原因就是君弱臣强。宋太祖对军队、中央和地方官僚体制进行了改革，实行了“官职分离与制衡”的办法，尽管有一定的弊病，但有助于赵匡胤的统一战争，而且对赵家王朝的长治久安起了重要的作用。北宋立国 168 年，南宋尚存 153 年，宋王朝前后相加共历时 321 年。其时间之长，是自秦朝以来在基本统一中国的王朝中，仅次于汉王朝的第二个封建王朝，这当然离不开大宋王朝开国皇帝赵匡胤对官僚体制的改革。

扶植新的权力中心以实现平衡

在中国古代，帝王对于权臣除用分隔手段削弱其权势外，还扶植新的权力中心，以削减、抵消原有权力的中心。这是“以臣驭臣”的平衡办法。

在封建社会，宰相是帝王的副手。秦汉时期，丞相权力很大，用一语概括：丞相辅佐天子，助理万机，上至天时，下至人事，无所不包，无所不管；丞相不但为国家最高官吏，还是辅佐皇帝补其缺失的唯一人臣。秦汉时期，君主若有差失，只有丞相能够谏阻，良相皆以此为己任。丞相对皇帝诏令如有不同意见，可以面折廷争，甚至拒绝执行。对此，皇帝很不放心。因此自西汉武帝以后，首先用尚书一职以分丞相拆读奏章的权力，继而提高太尉、御史大夫的地位，使之与丞相平级，并将此三职先后更名为大司徒（丞相）、大司马（太尉）与大司空，号称“三公”，从而改变丞相无所不统的局面，将一相变成三相。至东汉，原先由丞相执掌的政务，全归属尚书台，三公徒拥虚名。

三国宰相，有公官及省官。公官又有上公、三公、从公三类。太傅、太保、大将军，西汉已为上公，三国设置，难有更革，唯大体不改；至于相国或丞相及大司马为上公，则自三国首创，这点与汉有所不同。

南北朝的开头阶段，宰执虽有省官，为数甚少。见于史者，尚有尚书令一种，且只有蜀国有之。曹魏设有尚书台，但其权为中书监所攫夺。中书监是皇帝的亲近机构，负责草拟诏书，平议尚书奏事，参与政事，权力较大，拟于宰辅。由此宰相之权落于尚书台，尚书台权力又落于中书监之手。以此宰相权柄一再受制而逐渐减替。晋、南北朝以三省长官为宰相者，除尚书令，仍有中书监、中书令、侍中及尚书仆射等，共同参与评议尚书奏事。此类官员负责管理皇帝门庭之下诸事，故又设立门下省。至隋代，另立殿内省，包揽管理皇帝内务职掌，门下省成为一个参与政事的封驳机关，尚书台权力又一次受到制约。

唐代，承上启下，在前朝官制基础上，正式设立“三省制”。即由中书省掌制令决策，起草诏令；门下省掌封驳审议，对中书省所制定诏令如有不同意见，有权批改复奏，然后下达尚书省；尚书省负责执行，其下分设六部（吏、礼、户、兵、刑、工）分管各部政务。三省长官都可参与国计，均为事实上的宰相。同时，皇帝还可以让级别较低的官员，带上“同中书门下三品”、“同中书门下平章事”、“参知政事”头衔，参与三省长官联合办公，这些官员亦可视为宰相。这样，秦汉时一个丞相所承担的政务，已由三个机关与十数名官员分别担任，以期达到相互制约的目的。

到了明代，太祖朱元璋采取种种措施，既加强了中央集权，又使臣属不敢越轨。

洪武初年，地方政权基本沿袭元朝的制度，即设行中书省，统管一省的军政、民政、财政等大权，地位重要，权力很大。一个行中书省实际上就是一个独立王国。朱元璋本人就兼做小明王的行中书省丞相。作为行中书省的丞相，他拥有一方政权，压根儿就没把小明王放在眼里，故而对行中书省设置的弊端有透彻的体察。

随着明朝统治的渐趋稳定，君权与相权、皇权与臣权、中央集权与地方权力发生了一系列纠葛与矛盾。特别是洪武六年胡惟庸进升中书省丞相后，相权与皇权矛盾激化。洪武九年（公元 1376 年）朱元璋改行中书省为布政使司，地方的控制指挥权皆集中到中书省。胡惟庸控制中书省，专权用事，淮籍的军事宿将大多集其门下，形成一个淮人官僚集团，使朱元璋感到芒刺在身，觉得大权旁落。于是，洪武十三年，朱元璋以胡惟庸谋反为名，毫不留情地将其抄家灭族。

接着，朱元璋采取了一系列削弱地方政权、巩固皇权的措施：成立布政使司后，即设左右布政使各一人，掌管民政财政；同时，设提刑按察司，设按察使一人，统管刑法；设都指挥使司，掌管军事，与布、按并称三司。这三司互不相属，各自直隶中央。有重大政事，需都、布、按三司共同会议，上报中央。布政司下的地方政权是府（直隶州）、县。同时，在省与府之间划分若干道，作为省的派出机构。道不是一级地方特权，而是监察区。这种行政划分削弱了地方权力，加强了中央集权。

其次，废中书省和丞相制。朱元璋加强中央集权并不是要加强中央政府部门的集体权力，而是要加强皇帝个人的权力。于是，洪武十三年正月，朱元璋在制造胡惟庸案的同时，罢中书省，废丞相，提高中书省下属吏、户、礼、兵、刑、工六部的地位，使六部分理朝政，各部尚书直接对皇帝负责，奉行皇帝旨意。六部分任而无总揽之权，政务由皇帝亲自裁决。朱元璋实际上使皇权、相权集于一身，国务、政务掌于一手，中央、地方事务聚于一体。

明代仁宗以后，内阁大臣权力渐重，品级亦有提高，皇帝用内廷司礼监代替自己处理政务，使之凌驾于内阁之上，以制约阁臣。清代对军机处权力，亦有种种限制。军机处官印收藏于“大内”，凡需用印信时，必须奏事太监处“请印”，用毕即行归还；皇帝处理政事，除通过军机处外，还由皇帝与亲信密折往还；如有必要，皇帝可避开军机处，直接召见大臣，“面为商酌，各交该衙门办理，不待军机大臣指示。”

下属互相牵制，用人者不必事必躬亲，也不必过于担心下属营私背叛，只须扯着这根让大家互相牵制的绳子，时而轻轻拉上一拉也就万事大吉。

当然，封建时代帝王的分权、废权是为了保证一家一姓的百年大业，完全是为了一己之私，而且手握毫无节制的生杀大权，做起事来未免过于血腥。对于当今社会来说，这种霸道、随意的行径当然是不可取的。我们以史为鉴，就是要从中汲取有益的养分，而不可良莠不分。但是在对于权力平衡制约的思考上，这些历史上的做法对我们还是有一定启示意义的。

用特殊人物来平衡各种关系

用人者和被用者有不同的心理。作为用人者，必须仔细研究被用者在各个时期的心理状态，因时施方，详察众心，想方设法找到最有争议的人物，用他来消除众人疑虑、平衡各种关系。在这方面，刘邦是个中典范。

在秦汉之际群雄逐鹿的年代，天下的豪杰无不各自选择明主，既是为了更好地施展自己的才能，也是为了成功之后的荣华富贵。因而，当时的贤能之士游移于各路诸侯之间，去此就彼的事时而有之，屡见不鲜。刘邦为成就他的帝王之业，也是尽力招揽贤才，有很多人原在敌对势力或其他诸侯那里供职；有不少人在“各保其主”的情况下，曾做过十分令刘邦困窘的事。

雍齿在丰城降魏，使刘邦处于困窘的境地。刘邦攻打丰城，未能攻下。举兵之初的艰难之际，雍齿的叛变使刘邦最为寒心，忌恨终生。即使如此，刘邦后来还是宽容了雍齿，使他得以为刘邦立下不少功劳。刘邦时时想杀死雍齿以解宿怨，但总是念他功多，更主要的是刘邦从大局出发，这才使得雍齿并未被杀害。

刘邦平定天下之后的一天，在洛阳南宫边走边观望，只见一群人在宫内不远的水池边，有的坐着，有的站着，一个个看去都是武将打扮，交头接耳，像是在议论着什么。刘邦很奇怪，便把张良找来问道：“你知道他们在干什么？”

张良毫不迟疑地答道：“这是要聚众谋反呢！”

刘邦大吃一惊：“为什么要谋反？”

张良平静地说：“陛下从一个布衣百姓起兵，与众将共取天下，现在所封的都是以前的老朋友和自家的亲族，所诛杀的是平生自己最恨的人，这怎么不令人望而生畏呢？今日不得受封，以后难免被杀，朝不保夕，患得患失，当然要头脑发热，聚众谋反了。”

眼见自己的帝位不保，刘邦非常害怕，问道：“那怎么办呢？”

张良想了一会儿问：“陛下平日在众将中有没有造成过恨谁最深的印象呢？”

刘邦说：“我最恨的就是雍齿。我起兵时，他无故降魏，以后又自魏降赵，再自赵降张耳。张耳投我时，才收容了他。现在灭楚不久，我又不便无故杀他，但想来实在可恨。”

张良立即说：“好！立即把这个看起来似乎很有争议的人封为侯，就可解除眼下的人心浮动。”

刘邦对张良是极其信任的，他对张良的话没有提出任何疑义，他相信张良的话是有道理的。

几天后，刘邦在南宫设酒宴招待群臣。在宴席快散时，传出诏书：“封雍齿为甚邡侯。”

雍齿真不敢相信自己的耳朵。当他确信真有其事后，才上前拜谢。雍齿被封为侯，非同小可。那些未被封侯的将吏和雍齿一样高兴，一个个都喜出望外：“雍齿都能封侯，我们还有什么可顾虑的呢？”事态的发展果然不出张良所料。不仅雍齿，连其他武将都被这一手段牢牢地笼络住了。日后在吕后篡权，企图发动以吕代刘的政变之时，也多亏了这些武将赴汤蹈火，为再造汉邦立下了赫赫功勋，保住了刘汉王朝的正统血脉。

要想达到有效管理下属的目的，就得把被用者的心理研究得通通透透，这样才可以实施四两拨千斤的平衡和控制手段。

后来有人说：将军们所谈论的未必是有关谋反的事，他们果真有造反的念头，张良也不会等到高祖询问才说。张良只因高祖初即帝位，便以个人的爱憎行赏论罪，造成诸臣不安，所以才忠言劝谏，改变高祖的作风。

也有人说：张良为雍齿游说，造成高祖对功臣的不信任，致使日后三大功臣遭到诛杀，未尝不是张良一句话所种下的祸根。由前者看张良是忠臣；由后者看张良是祸首。

其实，与其说张良是个善于用谋的高手，不如说他是一个善于研究人的心理并妥加利用的高手。刘邦以平民称帝建立汉朝，所有的大臣都是当年并肩征战的伙伴，若人心不安必会谋反，高祖所忧虑的也在此。张良借高祖问话道破高祖心意，所以高祖能轻易接受张良的建议，平息群臣的疑虑，平衡武将的心理，协调上下关系，不能不说张良的手段高明。至于说日后韩信等功臣的被杀，又岂是张良能事先预料的呢？

以平衡术让违规的下属自相治理

用人者要控制局面，不见得什么事都要亲自动手，而在于利用矛盾达到控揽全局的效果。特别是在时势不稳的情况下，不妨先让一个人冲锋陷阵，然后再让另一人紧随其后，并唆使他们斗争起来，用人者就能以平衡术让违规的下属自相治理，产生四两拨千斤的效果。

北宋时期，发生了著名的朋党之争，此时掌权的是高太皇太后，她就是通过激励党争，以下制下的巧妙手段来稳固她的统治的。

宋神宗时，神宗任用王安石进行变法，但也引起朝廷内激烈的新旧党争。

冲突最先在苏轼和担任赵煦师傅的程颐之间展开。苏轼很瞧不起程颐一举一动都照搬书本的那种迂腐气十足的作风，常当众奚落他。从此朝内大臣以气相争，各立山头，分成了洛、蜀、朔三党。洛党以程颐为首，下有贾易、朱光庭等人；蜀党以苏轼为首，包括他弟弟苏辙和侍御史吕陶等人；另有刘挚、梁焘、王岩叟等结为一伙，号称朔党。各党之间，泾渭分明，互相攻讦。此党反对的，彼党必支持；彼党支持的，此党必反对，大家意气用事，不顾是非，乱哄哄闹成一团。

刘挚与吕大防同任宰相，两人很早就有矛盾，加之此次政见不一，矛盾更加激化。

虽然太皇太后曾经讲过“要一心为国，不要拉帮结党”的话，但总的来看，她对党争的态度是比较超然的，不像哲宗赵煦那样反感党争，也不像有的人那样对党争忧心忡忡。她不在乎党争如何激烈、如何荒唐，甚至有时还会给党争煽风点火，扩大党争的规模，使这班朝臣唯对自己俯首听命。

一次，朱光庭抓住苏轼给馆职考试出的试题一事弹劾苏轼，吏部尚书兼侍读傅尧俞和王岩叟也附和说试题不当，高氏说："这是朱光庭的私意，你们只是党附朱光庭罢了。"吓得傅、王赶紧要求辞职。然后她再下诏对试题批评一番，请傅尧俞、王岩叟、朱光庭依然上朝供职。这显然是在利用党争各方的矛盾来维护自己仲裁一切的权威。因此，她对党争各方孰是孰非的评判，始终坚持了一条标准，即任何一方只要不妨碍她垂帘听政，不蔑视她的权威，无论争得多么激烈、多么荒唐，她都能容忍。但如果某一党对她稍有妨碍，或者稍有指责，无论他是什么人，她都会立刻翻脸，给他点颜色看。

程颐是著名的理学家，司马光称赞他力学好古，安贫守节，言必忠信，动遵礼法，推荐他当了崇政殿说书，即赵煦的老师。元祐二年（公元1087年）八月，赵煦生了一场麻疹，好几天没有上朝，也没去迩英殿听课，这事宰执大臣们连问都没问，高氏也照旧上殿视事。程颐看不下去，就站出来问宰相吕公著："皇上没上朝坐殿，什么原因你知道吗?"吕公著回答："不知道。"程颐说："二圣（即赵煦和高氏）临朝，皇上不坐殿，太皇太后就不应该自己坐在那里。而且皇上生病，宰相居然不知道，说得过去吗?"第二天，吕公著等人才去向赵煦问疾。程颐则因这番过激的话得罪了高氏，不久就被罢官，被赶回洛阳老家去了。一个月后，贾易也被加上"谄事程颐，默受教戒，附下罔上，背公死党"的罪名，被贬出朝。到了元祐七年（公元1092年），宰相又建议任命程颐担任馆职，高氏仍怀恨在心，不肯答应。

高太皇太后不愧为"发中尧舜"，深居内宫，竟然用如此一个巧妙的办法，保证了自己权力地位的稳固。虽然这样做可能会造成内耗，但既能保住权力宝座又能避免造成政变，也算是利大于弊的权谋了。

不让任何一个下属占绝对优势

在时势不稳的情况下，正确使用“唆使自己的走卒诛自己的鹰犬”的平衡权谋术，可以起到很好的效果。但在这个过程中，绝对不要让某一个下属拥有绝对的优势，而应设法使各方力量处于均衡状态。如果一个下属势力太大，你的位置恐怕就有危险了。即使用了平衡术借力打力，成功地让其他人打倒了他，如果又让后来者再次拥有绝对优势，那也照样解决不了问题。

唐代安史之乱爆发，唐玄宗在西逃过程中，太子李亨在群臣拥护下，于灵武即皇帝位，这就是唐肃宗。在艰难之际，肃宗之子李俶、李琰立有大功；而其正妻张皇后及宦官李辅国因拥立有功而相表里，专权用事，谋杀李琰，拥立李俶为太子。

在争权过程中，张皇后与李辅国发生冲突。公元762年，肃宗病重时，张皇后召太子李俶入宫，对他说：“李辅国久典禁兵，制敕皆以之出，擅逼圣皇（唐玄宗），其罪甚大，所忌者吾与太子。今主上弥留，辅国阴与程元振谋作乱，不可不诛。”太子不同意，张皇后只好找太子之弟李系谋诛李辅国。此事被另一个重要宦官程元振得知，密告李辅国，而共同勒兵收捕李系，囚禁张皇后，惊死肃宗，而拥立太子即皇帝位，是为唐代宗。

李辅国拥立代宗，志骄意满，对代宗说：“大家（唐人称天子）但居禁中，外事听老奴处分。”听到这种骄人的口气，代宗心中不平，因其手握兵权，也不敢发作，只好尊他为“尚父”，事无大小皆先咨之，群臣出入皆先诣。李辅国自恃功高权大，也泰然处之，孰知代宗除他之心已萌。

在拥立代宗时，程元振与李辅国合谋，事成之后，程元振所得不如李辅国多，未免有些怨气，这些被代宗看在眼里，也记在心上。于是他决定利用程元振，乘间罢免李辅国的判元帅行军司马之职，以程元振代之。李辅国失去军权，开始有些害怕，便以功高相邀，上表逊位。不想代宗就势罢免他所兼的中书令一职，赏他博陆王一爵，连政务也给他夺去。此时，李辅国才知大势已去，悲愤哽咽地对代宗说："老奴事郎君不了，请归地下事先帝！"代宗好言慰勉他回宅第，不久，便指使刺客将他杀死。

代宗用间其首领的方法，很快地除掉李辅国，但又使程元振执掌禁军。程元振官至骠骑大将军、右监门卫大将军、内侍监、豳国公，其威权不比李辅国差，专横反而超过李辅国。程元振不但刻意陷害有功的大臣将领，而且隐瞒吐蕃入侵的军情，致使代宗狼狈出逃至陕南商州。一时间，程元振成为"中外咸切齿而莫敢发言"的罪魁。因禁军在程元振手中，代宗一时也不敢对他下手。就在此时，另一个领兵宦官、观军容处置使鱼朝恩领兵到来，代宗有了所恃，便借太常博士柳伉弹劾程元振之时，将程元振削夺官爵，放归田里，算是除掉了程元振的势力。

程元振除去，鱼朝恩又权宠无比，擅权专横亦不在程元振之下。如果朝廷有大事裁决，鱼朝恩没有预闻，他便发怒道："天下事有不由我乎！"这使代宗感到难堪，但鱼朝恩不觉，依然是每奏事，不管代宗愿意不愿意，总是胁迫代宗应允。有一次，鱼朝恩的年幼养子鱼令徽，因官小与人相争不胜，鱼朝恩便对代宗说："子官卑，为侪辈所陵，乞赐紫衣（公卿服）。"还没得到代宗应允，鱼令徽已穿紫衣来拜谢。代宗此时苦笑道："儿服紫，大宜称。"其心更难平静，除掉鱼朝恩之心生矣。借一宦官除一宦官，一个宦官比一个宦官更专横，这不得不使代宗另觅其他势力。代宗深知，鱼朝恩的专横，已经招致天下怨怒，苦无良策对付。正在此时，身为宰相的元载，"乘间奏朝恩专恣不轨，请除之。"代宗便委托元载办理剪除鱼朝恩的事，又深感此计甚为危险，便叮嘱道："善图之，勿反受祸！"

元载不是等闲之辈。他见鱼朝恩每次上朝都使射生将周皓率百人自卫，又派党羽皇甫温为陕州节度使握兵于外以为援，便用重贿与他们结纳，使他们成为自己的间谍，"故朝恩阴谋密语，上一一闻之，而朝恩不知觉也。"有了内奸，就要扫清鱼朝恩的心腹。元载把鱼朝恩的死党李抱玉调任为山南西道节度使，并割给该道五县之地；调皇甫温为凤翔节度使，邻近京师，以为外援；又割兴平、武功等四县给鱼朝恩所统的神策军，让他们移驻各地，不但分散神策军的兵力，还将其放在皇甫温的势力控制下。鱼朝恩不知是计，反而误认为是自己的心腹居驻要地，又扩充了地盘，也就未防备元载，依旧专横擅权，为所欲为，无所顾忌。

李抱玉调往山南西道，他原来所属的凤翔军士不满，竟大肆掠夺凤翔坊市，数日才平息这场兵乱。军队不听话，根源在于调动，鱼朝恩的死党看出不妙，便向鱼朝恩进言请示，鱼朝恩这才感觉到有些不妙，意欲防备。可是，当他每次去见代宗时，代宗依然恩礼益隆，与前无异，便逐渐消除了戒备之心。

一切准备就绪，在公元770年的寒食节，代宗在宫禁举行酒宴，元载守候在中书省，准备行动。宴会完毕，代宗留鱼朝恩议事，开始责备鱼朝恩有异心，图谋不轨，谩上悖礼，有失君臣之体。鱼朝恩自恃有周皓所率百人护卫，强言自辩，“语颇悖慢”，却不想被周皓等人擒而杀之。禁宫中的事，外面不知。代宗乃下诏，罢免鱼朝恩观军容等使，内侍监如故；又说鱼朝恩受诏自缢，以尸还其家，赐钱六百万以葬。尔后，又加鱼朝恩死党的官职，安顿禁军之心，成功地剪除了鱼朝恩的势力。

代宗借元载之力除掉鱼朝恩，元载“遂志气骄溢；每众中大言，自谓有文武才略，古今莫及，弄权舞智，政以贿成，僭侈无度。”久而久之，自然也招致代宗不满，代宗曾对李泌说：“元载不容卿，朕匿卿于魏少游所。俟朕决意除载，当有信报卿，可束装来。”

元载也非善辈，有所耳闻，深知代宗对他有成见，便深谋自固。他内与宦官董秀相勾结，借以刺探代宗的意向；外使百官论事自告长官，长官告之宰相，再由宰相上闻，欲控制各方面的信息，尤其是不利于自己的信息，更是上下其手匿而不闻。以此，元载居相位十五年之久，“权倾四海”之后，也不免“恣为不法”。于是，“货赂公行”，“侈僭无度”，家中“婢仆曳罗绮者一百余人”，贪污更甚，家中仅调味用的胡椒就有八百石之多。

元载做了十余年的宰相，其势力也是盘根错节的，代宗“欲诛之，恐左右漏泄，无可与言者”，于是找自己的舅舅吴凑密谋。在公元777年，代宗先杖杀董秀，断绝元载内廷信息通道；然后命令吴凑前往政事堂收捕元载及其党羽，逼令元载自杀，又成功地除去元载势力。

在几千年的历史长河中，每一个朝代都存在着权力的争夺，在争夺权力中，最高用人者都会面临如何平衡统治集团内部的派系的权力问题。一般说来，不管你用哪一个下属去剪除权臣，必须把握这样一个底线：不让任何一个下属占绝对优势。这样用人者才能稳居高位，相安无事；相反地，则可能弄巧成拙，不但解决不了问题，还会长久地危及用人者的安危。

广开言路是牵制部属的有效途径

言路，能对各职能部门和其领导人起到一定的监督约束作用，也能在各部门及其领导人之间产生互相牵制的作用。因此，高明的用人者从广开言路入手，在无形之中做好了平衡制约的铺垫，用一只看不见的手控制着各个下属。

在不同情况下，对臣下的谏言制定不同的政策，尤其对那些专门负责搞调查、提意见的“善官”的工作范围和方式提出不同要求，以此达到制衡执政大臣的目的，是康熙皇帝的一种重要平衡术。

康熙朝考察官吏的专门机构和专门队伍是六科（吏、户、礼、兵、刑、工为六科）给事中（言官、谏官）和各道（十五道，按省区划分的机构）的监察御史，简称科、道官。清代以前，御史曾属御史台，给事中曾属门下省，所以也简称台省或台谏。二者都是皇帝耳目之官，品级不算高，但职权却很重，由皇帝亲自选拔。

康熙对言官的要求，一向是严格的，要他们必须尽职尽责，不许敷衍塞责。他说：“设立言官，原为国家大事，兵民疾苦，内外官员贪酷等项，应许陈奏。朕夙兴夜探，一心图治，时刻惦记民生的艰难，加意抚绥慰劳，使各安居乐业，才能造成久安长治的局面。近年以来，水旱灾害不断，盗贼横行，加上贪官污吏放肆地剥削，以致百姓财尽力穷，民不聊生。朕感到非常难过并同情。你们各部院大臣、科道官员，或任要职、或有科察责任的人，应立即对拯救民生疾苦的事，确实有益的方面各抒己见，明白陈奏，以备采用。不准别生枝节，以无益的事，塞责陈报，辜负朕关心百姓、图治求言的愿望。如果有合乎情理的、有利于政治的方面，虚心听取并采纳，无不立竿见影。其言无益于政治、不可行的事，你们即以不准行上报，免去繁琐事务。”

随后康熙又对大学士们说：学士乃是内阁（总理府）参赞政事之立，如有所见应行启奏报告，近来并没有报告的。如果只是按本（文件）、送本，用一个笔帖式（文字翻译的下级人员）就够了，何必设立学士。此后各有所见，一定要陈述。即使微不足道的官员，也同样可以提意见。

后来，康熙发现参奏官有顾虑，参劾情况不实，或道听途说，或所参事件不和上意，故不轻易参弹。据此。康熙三十六年（公元 1697 年）二月乙酉日，上谕吏部、都察院（亦称御史台，系监察机关）：

国家设立都御史及科道官员，以建白（提意见）为专责。为的是达下情去壅蔽，责任重大。如果言官真能奉法秉公，实心尽职，那么民间的疾苦，随时都能上达朝廷；官吏们有贪污盗窃者、违法乱纪者，都可以得到处理。故广开言路，为图治第一要务。近来，言官条奏参劾的文字，寥寥无几。虽然间有人告的人，而能深切时政，似事实证据而直接陈述的人非常少，这难道是委任言官的初意吗？自今以后，凡事关国计民生、吏治好坏，但有确见，即应指出陈报。至于上报的材料，是否可行，裁酌判定自在朝廷。虽然是言有不当，言官也不坐罪。自皇子诸王及内外大臣官员，有人贪虐不法并互相勾结，结党营私，理应纤举之事，务必大破情面，据实指出参奏，不得畏怯贵要，瞻徇容隐。即使朕有失误之处，也应该进言提意见，朕决不责备。其中有官报私仇的人，朕根据言论判断是非细情，自能洞悉。凡是言官，都要抛去私心杂念，大胆地上报情况，这才不辜负朕的一片真情厚望。令朝廷各部院衙，认真执行。

这是一篇广开言路、图治要务的号召书。为励精图治，要大小官员必须讲话，使下情快速上达。

不久，康熙意味深长地说：臣下们是好是坏，是善是恶，朕居深宫之中为什么能够知道呢？因为我经常巡行各地，凡是所过地方，一定要访问老百姓，所以朕都知道。朕想开风闻言事的成例，科道官以风闻题参汇报。即商考察地方官们，贤者留之，不贤者去之，如此则贪污暴虐之官就可以收敛一些，用良之官就会更加尽职尽责，于民生吏治大有好处。嗣后各省督抚、将军、提镇以下，教官、典史、千把总以上官员，是好是坏，如有关系到民生方面，准许科道官以风闻人奏。倘有怀私怨，互相勾结，受人之托者，国法自在。命满汉言官知之。

这又开一条广言路的渠道。所谓风闻言事，即是将未经证实的情况或传言，上报给皇帝，作为考察官吏的参考，便于监督地方的大贪大奸之徒。

为更好地监督大小官员，康熙经常接见上自朝廷、下至地方的大小官员，下指示，征求意见，反映各方面情况，真正做到耳聪目明的地步。晚年他不无感慨地对大学士说：往代之君，不接见群臣，臣下之意，无由上达，何以为政啊？

开不开言路，开什么样的言路，也成为牵制臣下的有效方法，这在历代用人者中来说，也可算是一个平衡术的发明了。

不要搬起石头砸自己的脚

列宁同志在《共产主义》一文中指出："马克思主义的最本质的东西、马克思主义的活的灵魂就是：具体地分析具体的情况。"在用人过程中，用人者使用平衡术也需要具体地分析具体的情况，不能不分时间地点，也不分具体对象而乱加使用。平衡术虽有效，但并不是谁都能用得好的，也不是对什么下属都能用的。

用人需要平衡术，但也讲究放手用人。如果将可靠的部下定为平衡的对象，用不可靠的人来"平衡"他，只会搬起石头砸自己的脚。

我们对三国时期蜀国的第二代君主，刘备的儿子阿斗都不陌生，但是对他于诸葛亮去世后竟也用平衡术管理臣下恐怕知者甚少。只不过他的大脑实在是被刘皇叔摔出了毛病，以至于他"平衡"的对象竟是忠心护国的姜维，其结果也就可想而知了。

建兴十二年（公元 234 年），诸葛亮去世后，姜维回成都，升右监军辅汉将军，统帅诸路大军，加封平襄侯，与蒋琬、费祎一道总理军国要务。后来，蒋琬、费祎、董允相继去世之后，姜维成为蜀国的主要军事首领，带兵征战在外。

而此时，朝中后主刘禅不思进取，政治被陈祗、黄皓一班人把持。黄皓为宦官，与陈祗内外勾结，操持了后主。延熙五年，姜维率兵出汉中伐魏，但又被魏将邓艾打败。姜维拥兵讨敌，连年攻战，都没有取得突出的军事进展，于是黄皓等人便开始在朝中弄权，排挤姜维。

后主怕姜维力量过大会影响到自己的安全，就想限制他的权力。为了钳制姜维，他重用黄皓，黄皓又重用马忠的部下阎宇，擢升他为右大将军。他们内外呼应，黄皓要用阎宇代替姜维。姜维也觉察到此阴谋，就在延熙六年（公元243年）上书后主并期望后主杀掉黄皓，后主答说："黄皓只不过是一个奔走小卒而已，以往董允也切齿痛恨，我常常心中过意不去，你何必介意!"姜维见黄皓的关系网盘根错节，便缄默不再多说。后主饬命黄皓到姜维住处谢罪。姜维为了避祸，佯称到关中种麦，就引兵离开了成都。

由于黄皓的钳制、掣肘，蜀国前线一败涂地。姜维上疏后主说："据说钟会屯兵关中，准备进犯，我们应派大将张翼、廖化分别领兵护守阳安关口和阴平桥头，以防患于未然。"但是黄皓为了抑制姜维，居然诓骗后主，假托巫鬼迷信之道，称敌军肯定不会到来，让后主放心享乐。由于失去必要的防备，魏军很快就攻陷成都，灭了蜀国。刘禅虽用了平衡术，但不得要义，乱加钳制，结果灭国亡身，自食其果。

第五章 赏罚分明术：有功必赏有过必罚

赏罚历来是各种用人者必不可少的统治权谋术。赏罚分明，体现了褒扬与贬抑，指示了人们行动的方向：强化正义的进取，弱化错误的选择。无论是在政治、经济还是军事领域里，只要有统御和被统御关系存在，赏与罚就有它的实际意义。

用人不当多与赏罚不明有关

奖与罚是重要的用人手段之一。奖与罚一定要分明，该奖就奖，该罚则罚，否则就会给组织种下祸根。

在我国古代，对赏罚分明四个字早已经分外重视。人们认识到，国家兴衰、朝代更迭大半因用人，用人不当大半与赏罚不明有关。

对于奖罚要分明的重要性，早被战国时期的魏惠王与其大臣卜皮的一次对话充分说明了。

魏惠王问卜皮："你担任地方官的时间很久，和百姓接触的机会最多，应该听过百姓对寡人的批评吧?""百姓都说大王很仁慈。"魏惠王听后大喜："是吗？果真如此，说明国家一定能治理得更好。""不，相反，国家快要灭亡了。"魏惠王愕然："寡人以仁慈治国，这样有错吗?"卜皮回答："陛下只想给天下百姓仁慈的形象，就不能居人之上。所谓的仁慈包含怜悯、仁心、宽厚、慈祥。如今即使百姓、大臣犯罪，陛下在处罚他们时，也会踌躇不前。有过而不罚，无功却受禄，天下人都会看不起大王，百姓也会放肆。臣说国家快要灭亡，就是这个道理。"

北魏时，尚书驾部郎中辛雄为人贤明，对下属赏罚分明，处理政事公正无私。他还曾上疏说："一个人所以面对战阵却能忘记自身的危险，冒犯白刃而不害怕的缘故，第一是追求荣誉，第二是贪求重赏，第三是害怕刑罚，第四是逃避祸难。如果不是这几个因素，那么就算圣明的天子也无法指挥他的臣下，慈祥的父亲也无法劝勉他的儿子了。圣明的天子知道这种情况，因而有功必赏，有罪必罚，使得无论亲疏贵贱勇怯贤愚，听到钟鼓的声音，看到旌旗的行列，无不奋发激昂，争先奔赴敌阵。这难道是他们讨厌长久地活着而乐意快死吗？利害摆在面前，是他们欲罢不能罢了。自从秦、陇叛变，蛮左造反，已经过了几年，三方面的军队，战败多而战胜少，追求他们的原因，确实是由于赏罚不明。陛下尽管颁下明诏，随时赏罚，但是将士的功勋，经年不能决定；逃亡的士兵，平安在家，因而使得守节的人无所劝慕，一般的人无所畏惧。前进攻打贼寇，死亡临头而赏赐遥遥无望；撤退逃散，生命保全却没有罪刑，这是使得士卒看见敌人就沮丧奔逃，不肯全力打仗的缘故。陛下如果真能号令必信，赏罚必行，那么军中士气一定大增，贼寇一定会平定了。"

古人尚且明白这个道理，作为一个现代用人者，更应该认识到奖罚分明的重要性。如果奖罚不分明，其后果是相当糟的。

（1）会打击员工的积极性。如果一个用人者奖励了一个不该奖励的员工，而把应该奖励的忽略了，把优秀的员工晾在一边不管不问，这会严重挫伤他们的积极性，并且使人们形成在这个公司出色地工作还不如投机取巧的想法。

（2）奖罚不明会失掉优秀人才。在一家小型炼油厂里，有个肯钻研的小伙子，他通过理论摸索和多年的实践经验，总结出了一套改进设备以提高出油率的先进方法。他把这个方案提交给他的主管，主管却不屑一顾，并对他说："我招你来是为我做事，不是叫你去干那些不三不四的事，这样不是耽误我的事吗？回去给我好好干活吧！"

按理，主管应该提倡技术革新，对从事技术革新并做出成绩的下属要大加赞扬并且予以奖励，而这个主管不但没有给做出技术革新成绩的下属以奖励，反而把他臭骂了一顿，致使那个员工回去之后愤而离开，转投到另一家炼油厂去了。

在用人过程中，奖励和惩罚是两种不可缺少的手段，奖罚分明会对一个组织的有效运转起到非常积极的效果。对有功者的奖励必然应伴随着对无功或有过者的惩罚。二者不仅要相互结合，不可分割，而且要泾渭分明。用人者如果不能做到奖罚分明，还不如不奖不罚。因为奖罚不明所引起的不良后果远比不奖不罚大得多，甚至会使结果偏离初衷，从而导致人心涣散、组织混乱。

信赏必罚是一种重要的统御权谋

古人用兵，先明功罪赏罚。一个“先”字，道明了赏罚的重要意义。《孙子兵法》中开篇就在“五事”、“七计”中提出“赏罚孰明”的问题，可见孙武对此问题的高度重视。《韩非子·外储说右上》中记载，晋文公问狐偃，他给士卒和百姓很多好处，如缓刑罚、补不足等，不知能不能使军队勇于作战。狐偃明确地说：“不足为战。”晋文公又问：“然则何如足以战民乎?”狐偃回答说：“信赏必罚，其足以战。”即该赏者一定赏，该罚者一定罚。后来，晋文公依狐偃之言，执法严明，在战场上取得了一个又一个的胜利。“信赏必罚”就出自此处。

信赏必罚，是古今用人者极端重视的一种重要的统御权谋。《吴子兵法·治兵第三》中说“若法令不行，赏罚不信，金之不止，鼓之不进，虽有百万何益于用?”吴子把“信赏必罚”看作对敌作战、欲求制胜的首要条件之一。他还说：“进有重赏，退有重刑，行之以信。军能达此，胜之主也。”《三略·上略》中说：“将无还令，赏罚必信。如天如地，乃可御人。”《六韬·文韬·赏罚》云：“凡用赏者贵信，用罚者贵必。”“当赏不赏，是为沮善；当罚不罚，是为养奸。”就是说，该赏的坚决赏，该罚的必须罚。既已制定并公布了军法军令，该执行的就必须贯彻执行，决不能法而不信，令而不行。如果有一次不严行赏罚，失信于全军，则一切军法军令都难于继续执行。诸葛亮第一次出兵祁山失败后，不仅挥泪斩了失街亭的马谡，重赏了有功的王平，而且还引咎自责，上疏刘禅请自贬三等。这是“信赏必罚”的典型例证，也是蜀军战斗力的重要源泉。正如陈寿在《三国志》中所说，诸葛亮对“尽忠益时者，虽仇必赏；犯法怠慢者，虽亲必罚……终于邦域之内，咸畏而受之，刑政虽峻而无怨者，以其用心平而劝戒明也。”所以，诸葛亮死后，连受过他惩治的人也悲痛涕零。

“信赏必罚”作为一种统御权谋，应有一定的“度”。《神机制敌太白阴经》中说：“刑多而赏少则无刑，赏多而刑少则无赏。刑过则无善，赏过则多奸。”掌握好赏罚的标准，才能运用好赏罚两种手段治军、治国。

赏和罚这两种手段是相辅相成的，二者不但要分明，还要行之及时。《司马法·天子之义第二》中云：“赏不逾时，欲民速得为善之利也；罚不迁列，欲民速睹为不善之害也。”孙膑甚至要求：“赏不逾日，罚不还面。”这似乎太绝对，但赏罚的目的是鞭策警示他人，时过境迁就失去了作用。

一个组织有铁的纪律，才能令行禁止，有战斗力。所谓“兵当先严纪律，设谋制胜在后”，就是这个意思。在我国历史上，宋代的岳家军、明代的戚家军，都是由于赏罚严明，才不畏强敌，勇敢善战的。戚继光从自己的治军经验中提出，赏罚要合乎情理。情理者，众人之心声也。就是说，要奖励的人必须是群众所喜爱、佩服的，要惩罚的人也必须是群众所痛恨、厌恶的。善恶分清，功过分清，才能赏罚严明。或赏或罚，都需要先把道理讲清，使大家知道受赏受罚的原因，就会使众人真正受到教育而不会产生怨恨之心。

纪律应该是无私的。罚不避亲，刑不畏贵，法才有权威性，令才有号召力。在我国战争史上，流传着许多执法严明的佳话，孙武演兵斩美姬、司马穰苴辕门立表斩庄贾、周亚夫细柳行军令、曹操割发自刑、孔明挥泪斩马谡等等，都是值得后人学习的。

一个单位、一个部门，大家的积极性调动起来了，工作就容易达到好的效果。目前，在人的思想觉悟程度参差不齐的情况下，要调动大家的积极性，施赏罚是调动人的积极性的重要手段之一。要使赏罚发挥应有的作用和效果，必须像古人那样，不但做到赏罚分明、适度、有信，而且要做到赏罚及时，以取信于下属。对下属的赏罚及时兑现，不但使受赏者及时得到鼓舞，受罚者得到惩戒，而且可以在本单位、本部门弘扬正气，刹住邪气，形成团结向上的良好氛围。

信赏必罚不仅是一种重要的统御权谋，也是管理领域中最基本的原则。不能做到这一点，就没有资格用人，更别说成为一个高明的用人者了。

定制一套合适的奖惩制度

制度是组织成员行为能够全体一致的前提，也是奖惩真正地做到分明的基础。实际上，任何组织都一样。要使组织成员能够具有统一的行为，用人者首先需要做的工作就是“建章立制”、确定游戏规则的工作。所以，一个明智清醒的用人者，在组织建设上都把很大精力放到规则的制定上。

现在市场上流行的很多建立奖惩制度的理论，就如同大街上的衣服一样大都是“工业化”的产物。从商场买来的衣服没有特别合身的，只有差不多的；然而我们在制定奖惩制度时不能差不多就行，而应该像订做衣服一样要根据公司的实际情况逐步建立适合自身的一套制度。

由于奖惩制度的设计涉及多种因素，如生产力、科学技术发展程度、企业“产出”（即产品、服务）的生产技术特点及数量、企业的服务对象（顾客）的特点和数量，使设计本身具有很大的难度。不同的设计原则及用意会产生不同的制度，而不同的组织制度具有不同的影响作用，并适用于不同情况，所以用人者在设计企业的奖惩制度时，应从适合自己的情况来系统考虑，切忌未加考虑就随意引用他人的方式。

那么，用人者应当如何设计自己公司的奖惩制度呢？正如上文所言，“工业化”的制度不一定适合所有的组织，我们能为你提供的是如下几条可以遵循的基本原则。只要遵循这些原则，制定一套适合自己组织的奖惩制度并不是很难的事。

（1）制度不是孤立的。

任何奖惩机制都不是孤立存在的，它存在于企业文化这个大范畴之内。任何企业，在设计机制之前，都应该事先明白企业文化的系统结构，然后再分部分、分层次地来制定具体的有关制度；做完这些之后进行试验、试运行，经过一定时间的磨合和执行，使奖惩的力度、尺度等各方面互不矛盾，再正式颁布实施。

（2）制度高于一切。

一方面，制度的颁布者和批准者必须是被授权的人，或者说他必须有权发布规章制度。有些用人者常常随口说出一些规定和制度，这样做既不严密，也不科学，而且极大地破坏了奖惩机制的权威性。另一方面，一旦制度正式颁布，那就应该坚定地执行下去。如果对违反者采取不理会、不惩罚的态度，那就是对制度的藐视和破坏。如果有章不循或者执行不严，那制度只能算是一纸空文。

（3）执行制度要公平。

制度都具有“无例外原则”。有员工违反而不受惩罚，是对其他成员的不平等和不公正，也显示出制度本身的苍白无力和虚伪性。在规章制度面前人人平等，用人者对制度必须带头遵守；尤其涉及亲朋好友时，更需要用人者坚定地维护制度的公平性。

（4）制度的可行性。

任何条文都必须是可以执行的，不能执行的条文和规定必须立即废止。因为它在实际情况中不能执行会破坏制度的权威性。另一方面，制度应该使每位员工在执行过程中体会到一种力度，即都要付出努力。

（5）制度应该具体。

一个规章制度如果过于抽象、笼统，缺少具体的条文和实施细则，那么它将难以执行。一些企业的制度无法落实的教训之一，正是因为许多制度是包罗万象的抽象性规定，尽管内容丰富，覆盖面广，精神主旨正确，但一接触许多具体问题时，则难以对号入座。例如，有的企业管理部门规定上班时间“要严肃”，这就过于抽象，不容易具体实施。现实中基层工作是具体的，需要有一些具体的条例和实施细则。例如，规定“几不准”问题，只原则上规定不准做什么是远远不够的，这种制度即使有人违背了，也不能及时严肃追究。因此，必须明确规定由谁来监督执行，违反了制度由谁去惩处，以及处理的具体程序。

（6）制度的弹性原则。

规章制度都应有一定的精确度，在精确度允许的范围之内称之为弹性。因为不存在任何一种规定可以精确地限定每一种事物，所以，规章制度的弹性原则是必要的。但是，这种弹性又必须是有限的，是积极的。制度的弹性不能过大，要明确制度上量的尺度和质的依据，使之容易具体操作，避免执行时走样和变形，避免执行过程中的随意性。但制度的弹性也不能过小，那样会造成制度过于死板和苛刻。我们把握好这一原则，不是留一手，而是多准备一手，是为了增加解决问题的可能性。

奖惩制度设计得好坏，是关系到你能否有效管理下属的重要前提。只有让奖惩“有法可依，有法必依”，才能成为刺激下属工作热情的法宝。不要可惜你精心设计制度的时间，要知道，一套完美的奖惩制度所带来的要远远高于你用这段时间做其他事的收益。

制度的落实是奖惩的最关键环节

奖惩的制度制定得再好，如果不去实施还是一纸空文。如同以前有些单位一样，领导拿着文件在全体员工大会上慷慨激昂地读一遍，散会后就弃之脑后，人们形象地称这种现象为“放空炮”。我们应该尽力避免或少放空炮，切实把奖惩制度落实到位。

一般单位传统的做法总是制度制定多、检查落实少；突击性检查多、日常性检查少；口头要求多、实际落实少；表面严格得多、具体过硬得少。检查的随意性成为“表面文章”的典型代表。不检查、不督促，就难以保证制度的有效落实。

检查与考核是保证制度落实到位的一对孪生兄弟，只检不考，检查缺乏力度；只考不检，考核便失去行使依据。强有力的核查是推进各项制度落实的锐利武器。

考核就是用人者透过镜子，检查下属，同时也检视自己。考核是一种制度，更是制度得以落实的核心环节。如果考核流于形式，模棱两可，无论是对用人者还是员工，都是一种欺骗和成本浪费。

没有监督检查的制度就根本不能称其为是一个制度，那只是一种美好的想法。这是非常重要的一点，用人者应该把它写下来，压到办公桌的玻璃板下面。这样只要坐下来就可以看到它，它能提醒你随时站起来，走出去，到工作现场去检查工作。

对员工进行考核，最主要的内容是绩效考评。绩效考评是一种正式的员工评估制度，它是通过系统的方法、原理来评定和测量员工在职务上的工作行为和工作效果。

绩效考评是用人者与员工之间的一项管理沟通活动。绩效考评的结果可以直接影响到薪酬调整、奖金发放及职务升降等诸多员工的切身利益。绩效考评的最终目的是落实制度，并改善员工的工作表现，以达到公司的经营目标，提高员工的满意程度和未来的成就感。

对员工的绩效考核，要本着实事求是的原则。这就要求用人者在制定考核标准时，必须把握以下几点：

（1）标准必须具体。

标准是考核中用来衡量员工的尺度，它表示员工完成工作任务时需要达到的状况。因此，标准必须具体明确，不能让人感到模棱两可。对于那些可以直接用数字来表示成果的工作，比较容易理解。

（2）标准应该适度。

所谓“适度”，简单地说就是制定的标准既不过高，也不过低。再形象一点说，就是“跳一跳便可以摘到树上的桃子”。

标准制定得过低，员工不费吹灰之力就能够达到，这样考核就失去了意义；标准过高，员工无论怎么努力都不能达到，他们就会产生“破罐子破摔”的想法——反正也达不到要求，干脆不干了，这样还不如不制定标准。只有那些经过一定的努力可以达到的标准，才能对员工产生激励作用。

（3）标准应当可以改变。

考核的标准制定出来以后，并不是一成不变的，在必要的时候也可以略加改动。

（4）标准应当有时间限制。

这一条主要是针对业绩考核来说的。其实，在实际工作中，大家都自觉不自觉地做到了这一点，这里只不过再提醒一下罢了。

制度的落实是奖惩的最关键环节。无论多么好的制度，如果不能得到有效的落实，就无法发挥奖惩的功能；更重要的是，不注重落实一旦形成习惯和风气，将会影响整个组织的有效运转，甚至会导致组织的灭亡。

实施奖惩需把握时机与方式

一般而言，一件事情在什么时候做以及怎么做，往往会直接影响到做这件事的效果。奖与惩也不例外。如果不注意时机和方式，常常难以达到奖惩的目的，甚至还会适得其反。因此，用人者在这个问题上一定要多加研究，以充分发挥奖惩的功能。

那么，用人者应当把握哪些奖惩的时机与方式呢？

（1）奖励。

奖励，是指对某种行为进行奖赏和鼓励，促使其保持和发扬某种作用和作为。奖励的方法是多种多样的，一般分为物质奖励和精神奖励，以及两种奖励的结合。物质奖励满足人们的生理需要，精神奖励满足人们的心理需要。为了增强奖励的激励作用，实行奖励时应注意下列技巧性问题：

①物质奖励和精神激励结合起来。

进行奖励，不能搞“金钱万能”，也不能搞“精神万能”，应当把物质奖励和精神激励相结合。

②创造良好的奖励气氛。

要发挥奖励的作用，就要创造一个“先进光荣，落后可耻”的气氛。在获奖光荣的气氛下奖励，能使获奖者产生荣誉感，更加积极进取；未获奖者产生羡慕心理，奋起直追。而在平淡的气氛下奖励，降低了奖励在人们心目中的地位，很难发挥激励作用。

③及时予以奖励。

这不仅能充分发挥奖励的作用，而且能使员工增加对奖励的重视。过期奖励是“马后炮”，不仅会削弱奖励的激励作用，而且可能使员工对奖励产生冷淡心理。唐代著名的政治家柳宗元认为“赏务速而后有劝”，他主张“必使为善者，不越月逾时而得其赏，则人勇而有焉”。他说的“赏务速”就是奖要及时的意思。同时，奖励要及时兑现，取信于民。“信”是立足之本，言而无信，当奖不奖，职工就会有受骗的感觉，从而产生反感情绪。

④奖励要考虑受奖者的需要和特点。

奖励只有能满足受奖者的需要，才会产生激励作用。因此，奖励者应该注意摸清受奖者需要什么、不需要什么，根据不同需要给予不同奖励。

(2) 惩罚。

惩罚的作用在于使人从惩罚中吸取教训，消除某种消极行为。惩罚的方法也是多种多样的，如检讨、处分、经济制裁、法律惩办等。惩罚作为一种教育和激励手段，本来是一般人所不欢迎的，因为它不是人们的精神需要。因此，如果掌握不好，则容易伤害被惩罚者的感情，甚至受罚者为之耿耿于怀，由此消极和颓唐下去。但是，只要我们讲究惩罚的艺术性，不仅可以消除惩罚所带来的副作用，还能够收到既教育被惩罚者又教育别人、化消极因素为积极因素的效果。实行惩罚要注意以下几点：

①惩罚与教育相结合。

惩罚的目的是使人知错改错，弃旧图新，因此，要把惩罚和教育结合起来。这种结合的常用公式是“教育——惩罚——教育”。就是说，首先，要注意先教后“诛”，即说服教育在先，惩罚在后，使人知法守法，知纪守纪。这样做可以减少犯错误和违纪行为；即使犯了错误，因为有言在先，在执行法纪时，也容易认识错误，易于改正。如果不教而“诛”，则人们就会不服气，产生怨气。其次，要做好实施惩罚后的思想教育工作，使他正确对待惩罚，帮助他从错误中吸取教训，改正错误。

②一视同仁，公正无私。

惩罚对任何人都要一视同仁，要以事实为依据，以规章制度为准绳，不能感情用事。对同样的过错，不能因出身、职位、声誉和亲疏缘故而处理不一，表现出前后矛盾，甚至轻错重处，重错轻处。这样的惩罚只会涣散人心，松懈斗志，毫无激励的价值。

③掌握时机，慎重稳妥。

一旦查明事实真相就要及时处理，以免错过良机，造成更大危害。适时是指掌握恰当的时机，瞧准火候。什么是惩罚的最佳火候呢？其一，事实已查明，问题性质已分清；其二，当事人已冷静下来，对问题有所认识；其三，其错误的危害性已为群众所意识到。具备这三个条件，就是惩罚的恰当时机。这三个条件要靠惩罚者去创造，不能消极等待时机。惩罚，还应注意稳妥，不能一味蛮干，有时应适当放一放，以免激化矛盾。特别是对一个人的首次惩罚，更要慎重稳妥，要十分讲究方式、方法。当然，也不能久拖不行，否则，时过境迁，就会降低惩罚的效果。

④不能以功抵过或以过抵功。

功与过是两种性质完全不同的行为要素。功就是功，过就是过，不能混同，也不能互相抵消。因此，在实施激励时，有功则赏，有过必罚，功过要分明。用人者绝对不能因为某人过去工作有成绩或立过功，就对他所犯的错误姑息迁就，搞所谓的以功抵过。这样做对他自己、对集体都没有好处，只有害处。同样，也不能因为一个人有了错误，而一笔抹杀他过去的成绩，或对他犯错误后所做的成绩不予承认，不予奖励。这样做也是不利于犯错误者进步的。对于一个人犯错误以后做出的成绩，更应注意给予肯定和奖励，这样才能使他们看到自己的进步。

一手赏一手罚，两手都要硬

赏与罚的目的，都是为了调动人的积极性。奖赏是件好事，惩罚也很必要。对有功劳员工的奖赏和对犯了错误员工的惩罚是理所当然的，不能有半点儿的迟疑与含糊。赏罚的关键在于一手赏一手罚，两手都要硬，切实做到赏罚分明与赏罚公正，否则赏罚就会失去应有的效力，也就谈不上用人者的权威。

对该赏的人要赏，对该罚的人一定要罚；另一方面，对同一个人，该赏的时候要赏，该严该罚的时候也不能姑息。做到宽严相济、赏罚分明，才能更好地管理部属。

清代乾隆即位后，边疆叛乱不断，人民起义也相继而起。乾隆善文好武，自称文治武功为古今第一人。为振励戎行，巩固自己的统治，他重视驭将励士，注重明赏严罚，一改过去封赏较低的做法。从乾隆三十二年（公元1767年）始，概予以汉人封爵位，世袭罔替，追授了一批名将爵位。乾隆四十七年（公元1782年）追进赵良栋、王进宝一等伯，世袭罔替。昭梿在《啸亭杂录》里说：

“国初定制，凡旗员阵亡者，荫以世爵，汉员犹沿明制，惟荫以难荫，官及其身而已。纯皇念一体殉节而有等差，其制不无偏袒之势，下诏命凡汉员文武各员如有阵亡者皆荫以世职，虽微员末吏亦得荫云骑尉。故人皆感激用命，三省教匪之役，殉难以数千计，盖上之恩泽论浃之深也。”

为了明确赏罚之制，乾隆帝在四十九年（公元1784年）颁布了《行军简明军律》，严格规定下几十条赏罚条例，用以“整饶戎行”。《军律》

阐中明："赏与罚，皆为军令所重，兹以军令各条谨加登载，至于计功叙赏，亦有一定之典，所以鼓励戎行，振兴士气。"将士在战场上只要勇于作战，都可获得从赏银到授予世职的不等奖赏。魏源在《圣武记》中论述说："国朝武功之赏，至乾隆而始重。"在用将方面，乾隆帝也是"尤多破格用人，不次拔擢"，其中最为著名的要数对任举、高天喜二将的奖励。

乾隆十一年（公元1746年），固原兵变，夜攻提署。固原游击任举闻乱，单骑诣鼓楼鸣角，叛兵惧而退，追斩十余人，擒四十余人，击败攻城叛军，即擢参将。十二年（公元1747年）征金川，骁勇善战，乾隆帝谕谓："在军诸将狃于瞻对之役，庸儒欺蒙，已成夙习。今别用举等，皆未从征瞻对，无所掣肘，宜鼓励勇往。"总督张广泗也上奏说：在川镇将，忠勇无出任举右者。遂破格拔至重庆镇总兵。前后一年时间，任举由游击升至总兵，可见乾隆破格用人的气魄。任举战死于金川后，乾隆"阅疏为泣下"，并谕："举忠愤激发，甘死如饴，而朕以小丑跳梁，用良臣于危地，思之深恻。"命视提督例赐恤，加都督同知，谥勇烈，祀昭忠祠，以示厚爱之心。

高天喜是乾隆帝一手破格提拔起来的另一位清朝名将。乾隆二十二年（公元1757年），高天喜时任甘州守备，随参将迈斯汉与副将军兆惠击噶尔丹部于北路。风雪道梗单骑往探，奋欲赴援，为迈斯汉所阻，乾隆诏革迈斯汉职，即以高天喜代为参将。寻迁金塔协副将，再迁西宁镇总兵，授领队大臣。一年之内由守备升至总兵，连跳数级，在明清一代也实属罕见。高天喜在乾隆二十三年（公元1758年）回疆之役中战死。乾隆御制诗悼之，称其为"绿旗中第一人"，祀昭忠祠，予骑都尉兼云骑尉世职，图形紫光阁。乾隆御制赞曰："爪牙之将，用不拘资，感予特达，授命何辞？百战百进，义弗旋踵，怒则面赤，是为血勇。呜呼！听鼓鼙之声，则思将帅之臣；听磬声，则思死封疆之臣。"爱将之心溢于言表。乾隆帝破格用将，不次拔擢，重封重赏高天喜之例最为典型。在这种重赏拔擢政策下，乾隆一朝涌现出一批打仗勇猛、能征善战的将领，取得了一系列战争的胜利。

乾隆帝驭将，赏固信，罚亦严。对有功之将予以重赏，对于无功败将则处以重罚。平定大小金川之战，总督张广泗以三万清军在近两年时间里仅下五十余硐，进展迟缓，且死伤惨重。十三年（公元1748年），乾隆加派大学士讷亲，至川指挥作战。张广泗与讷亲闹矛盾，各持己见。进攻四月有余，损兵折将，仍毫无进展。乾隆将张广泗、讷亲撤职诛杀，以示军威。此悉统兵将帅出征不能努力作战，故意迁延，教训惨痛，为此乾隆帝于十三年针对将帅贻误军机而“刑律内玩寇老师有心贻误，毫无正条”的问题，特意研究讨论增军律三条：“①统兵将帅苟图安逸，故意迁延不将实在情形具奏，贻误军机者，斩立决；②将帅因私忿娼疾推诿牵制，以致糜饷老师贻误军机者，拟斩立决；③身为主帅，不能克敌，传布流言摇惑众心，藉以倾陷他人贻误军机者，拟斩立决。”乾隆帝强调：“此非朕欲用重典，实以昭示武臣肃纪律而励勇敢。”此三条针对将帅的军律制定后，乾隆帝对于那些再敢于不努力作战者，坚决严惩不贷。

一手赏一手罚是管理中“砺士”的一种艺术。从现代管理科学的角度来讲，赏罚为什么是管理团队的有效手段？就在于它的公正性。因此，惩罚要铁面无私、六亲不认；奖励更要实事求是、论功行赏。如果失去了公平性，会让小人得志、有功者寒心，会极大地损害团队的战斗力以及用人者自身的威信。

作为一个用人者，只有切实做到“一手赏一手罚，两手都要硬”，公平公正地实施赏罚，团体的纪律才能获得有效的维护，团体中的每一个人也才能尽心尽力地去工作；相反地，一手软一手硬或者两手都不硬，就会有人明目张胆地胡作非为，那么整个团队纪律及秩序都将遭到破坏，整个团队就会失去战斗力。

切实做到执法严明和不徇私情

要想达到赏罚的激励与惩戒效果，必须做到执法严明、不徇私情。这一原则在当今社会也许并不难做到，但在封建社会，讲究礼仪和刑罚要分对象，主张礼不下庶人，刑不上大夫。从某种意义上讲，作为特权阶层，贵族士大夫是被国家统治机器保护得最完好的一帮人。如果是皇亲国戚、皇子皇孙，更是被优容在王法之外。也就是说王法不仅不会去惩治他们，他们的一言一行甚至代表着王法。尽管如此，历史上仍有不少非凡之士秉公执法，清朝的乾隆帝就是最具代表性的一个。

乾隆惩戒违犯王法的行为时，常常从皇族开刀，以慑服广大朝臣人臣，从而维护以皇帝为中心的皇权统治。

爱新觉罗·弘昼是乾隆的弟弟，仅比他小几个月。雍正帝在位时，兄弟二人朝夕相处，同吃同住，同师同窗，手足之情甚笃。当时，兄弟二人经常互赠诗文以表情深。乾隆登位以后，兄弟二人的身份和关系发生骤变，兄弟与君臣的双重关系显得既亲切又威严。弘昼突然间由弟变成了“臣”，遇事都要向“哥哥”奏请，要在以往朝夕相处的哥哥面前叩头，这未免显得有点尴尬。更重要的是弘昼自幼性格骄奢，处处盛气凌人，贱视王公大臣，还贪财成性。乾隆弘历深知这个弟弟的性格，处处都让他几分。父皇雍正帝去世后，乾隆把雍亲王府的所有财产都赐给了弘昼。拥有雍正帝的私产，弘昼成为王公宗室中首屈一指的富豪，但他依然不满足，想进一步把整个府邸占为己有。为了防止弘昼过于贪纵，乾隆就以雍亲王府为两代龙飞之地为由，拒绝了他的无理要求。

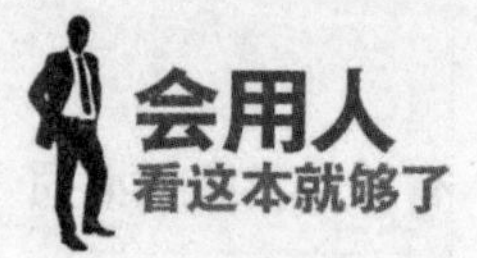

弘昼并未觉察皇兄对他的限制，依然骄横取闹。有一次，他和军机大臣讷亲因一点小事闹得十分不快，竟然不顾体面，在朝中公然殴辱，乾隆对弘昼采取了暂时包容的态度。还有一次，乾隆和弘昼一块监试八旗子弟，到了该吃饭的时候，乾隆仍不退朝进食，主要是担心八旗士子习性顽劣，夹带作弊。哪知此时弘昼竟然没有分寸地对他说："上疑吾买诸子心耶?"意思是你难道还怕我也被士子们收买了吗？按照当时的礼法，这根本不是臣子对皇上说的话。因为这显出臣下对皇帝权威的不恭顺。乾隆听了心里自然十分不高兴，就一言不发地退朝了。事后，有人提醒了弘昼。第二天，弘昼向皇上请罪，乾隆借此教训弘昼——说他说那句话虽然是出于友爱，但有违礼法，告诫他以后要谨慎言行。此后他仍然对弘昼友爱如初。

在日常生活方面虽然乾隆对皇室优厚的待遇，但在政治上的要求还是比较严格的。皇室大部分成员只要做错了一点小事，乾隆就要对他们加以训诫，甚至给以惩戒，提醒他们不要因为身份特殊就忘乎所以。

弘瞻是乾隆的另一个弟弟，从小就害怕皇兄的威严，甚至到了看到他就躲的地步，惹得乾隆十分不高兴。不过他认为弘瞻还是个孩子，不必吹毛求疵非要他行君臣之礼。弘瞻成人后，被封为果亲王，他的老师就是当时著名的诗人沈德潜。弘瞻受老师影响，尤善诗词，而且藏书颇多。由于弘瞻继承了原果亲王允礼的家产，因而也比较富裕。可是他为人处事十分吝啬，虽然积聚了许多货财，对下属却极为刻薄和严厉，以至于"每平披立起，巡视各下属，立杖责之，敌众皆畏惧，无敢为非者"。为了积累更多的钱财，弘瞻还开设煤窑，甚至强占平民产业。

伴随乾隆南巡时，弘瞻曾嘱咐两淮盐政高恒（乾隆的小舅子）替他贩卖人参牟利。高恒因此被捕吃官司，供出果亲王弘瞻因欠商人江某的钱，才托他售卖人参以偿债。乾隆认为这是有失体统的事，作为御弟，竟做出这样卑贱的市井之事，因此十分生气。经过进一步调查，发现弘瞻命人购买绸缎、武器、朝衣等物时，总是短少卖家银两。另外，弘瞻奉命前往盛京恭送玉牌时，竟上奏说先去打猎再去盛京；圆明园失火，弘瞻不仅不赶快去救火，后来去了还"嬉笑如常，毫不关念"。

弘瞻的一系列表现着实让乾隆大为恼火，为此他多次对皇弟进行训斥："种种谬戾乖张，难以毛举，朕皆以年幼无知，不忍遽治其罪，曲加训饬，冀可就俊，谋意庸妄日增，非法干求，亦更彰著，其所关于家法、朝纲、人心、风纪为甚大，又不得不与内外臣工恺切宣示者。"面对皇兄的训诫，弘瞻却认为这些过失都是不足挂齿的小事情。这显然是依仗特殊的身份自高自大的表现，认为他是当今万岁爷的亲弟弟，就凭这点儿小事，皇上是不会怪他的。

在清查弘瞻劣迹的过程中，乾隆还发现他私下竟然托军机大臣阿里表选用门下人做官。虽然阿里表拒绝了他的托付，但这种意图和行为已引起了乾隆的极大愤怒。为此他训斥道："其最可异者，朕特命大臣拣选官员，此何等事，弘瞻竟以门下私人，关主挑取，请托阿里表。""弘瞻冥心干与国政，毫无顾忌，一至于此，此风一长，将内阁府旗员之不已，外而满汉职官，内而部院司寺，势将何所不有？"又说："将来皇子若效其所为，谁复有奏朕者，朕实为之寒心。""弘瞻如此恣肆失检，朕不加儆诫，将使康熙末年之劣习，自今复萌，朕甚惧焉。"

弘昼和弘瞻一同去皇太后宫中请安，在皇太后座旁藤席跪坐，而此处正好是乾隆平时跪坐之地。为此，乾隆斥责两个弟弟"仪节替妄"，"尚知有天泽之辩哉！"其实，惹他发怒的根本原因还是两个弟弟的言行已触及了皇权。对其他日常生活中的小错误，乾隆尚能姑息纵容，一旦僭越行为渗入到政治领域，态度却是相当认真严肃，绝没有任何让步的余地，哪怕是亲兄弟也要严惩不贷。他命令几位亲王和军机大臣访削弘瞻爵位。最后，弘瞻诸罪俱发，被革去亲王爵，降为贝勒，解除一切差使，永远停俸。而弘昼也因"于皇太后跪坐无状"，罚停王俸三年。乾隆的态度对二人显然有惩戒作用，有力地维护了他的皇权统治。

厚待宗室而绝不容忍他们危及皇权，这对封建专制皇帝来说是个大是大非的原则问题，原本就不应有任何选择的余地。

乾隆初年，康熙帝第十六子庄亲王允禄是辅政大臣，地位在王公贵族中最为显赫。日积月累，以允禄为中心逐渐形成一个势力集团，这自然是有违乾隆意旨的。乾隆最初认为他们是一伙"庸碌之辈"，不会掀起什么大风浪；认为尽管允禄毫无顾忌地凭借特权援引勾结，但他们能力毕竟有限，对皇权的巩固也不会造成致命伤害，因而乾隆对这位长辈采取了睁只眼闭只眼的态度予以容纳。但到了乾隆四年，乾隆发现允禄集团已渐成气候。允禄和礼亲王弘晰以及火器营部统弘升、弘昌、弘皎、弘昔等人相互趋炎奉承，“私相交结，往来诡秘”，因而不得不提高警惕。他采取积极措施揭露了允禄一党的阴谋，以免“将来日甚一日，渐有尾大不掉之势”。

为了防止意外情况发生，乾隆采取果断措施，惩治宗室结党人员。弘升首先以“挑动事端，使我宗室不睦”的罪名被逮捕，交宗人府审问。紧接着，允禄以“结党营私”的罪名被革去议政大臣和理藩院尚书职务，不再享受亲王双俸的待遇，仅保留亲王称号。弘昌、弘普分别被革去贝勒、贝子封号。而弘晰所犯罪行十分明确，问题重大，他竟然在王府内仿照国家政权体制，设置会计、掌仪等司；还曾多次请巫师降神，问一些大逆不道触犯王法的事，例如，“准噶尔能否到京，天下太平与否，皇上寿算如何，将来我还升腾与否”。这表明，弘晰有企图篡夺皇位的阴谋。最后，乾隆命令将弘晰永远圈禁在景山东果园，一起被圈禁的还有弘升。

乾隆严惩宗室王公贵族，不仅仅是为了遏止他们结党营私，更有深刻用意。他以此告诫百官：即使皇亲国戚，只要触犯了王法，违背了皇权意志，也要受到国家、宗室律例的惩处，绝不姑息。希望朝廷上下官员引以为戒，一心忠心报国。

“递进式”处罚是一个不错的选择

对下属处罚的目的无非就是为了让他痛改前非，认真工作，知道“苦海无边，回头是岸”的道理，而不是将他一棒子打死。因此，在处罚下属时，要留一片让他们改过自新的空间。然而，成绩可以一取再取，错误却不能一犯再犯，否则影响到的将是整个企业的士气。如何将以上两点有机地结合在一起呢?“递进式”处罚是一个不错的选择。

假设一位下属在他开始工作的第一个月就迟到多次，你找他谈话后，他连续几个月都按时上班，但是上周又迟到了，今早也迟到了，并且没有恰当的理由，此时，你与他关于迟到一事的非正式谈话的效果，已经逐步递减为零。所以，现在你就应该对他使用递进式处罚。

（1）口头警告。

你可以把这名下属叫到一边并提醒他，你与他以前谈过迟到的事，现在他又连续上班迟到，公司是不能容许这种行为的；告诉他，如果他还继续迟到你将对他采取什么行动。

（2）面对面批评教育。

如果一位下属在受到口头警告之后又重犯错误，下一步就是批评教育。口头警告达成的解决问题的方法通常是口头的，面对面的批评教育所达成的解决问题方法应该形成书面形式。这不仅可以提醒你与下属双方记着所达成的共识，它本身也能起到文件的作用。面对面的批评教育通常应该经过精心准备，并应达成共识，以取得解决问题的方法。

（3）书面警告。

递进式处罚的下一步就是对犯错误的下属进行书面警告——记载下属所犯错误的一封信或表格，把它们放入下属的个人档案。书面警告通常比前两步更为严肃，人一般都不愿意在个人档案中留有污点，即使是书面警告，对他们也有威慑作用。

(4) 察看处罚。

到目前为止，你为了改善下属的工作业绩和行为表现所做的一切努力都是积极的，并且你还提供了相应的措施；如果仍然没有效果，下一步则应当是对这名下属进行察看处罚，并且，你应设定一个解决这个问题的最后期限。

你现在所做的是给你的当事人一个改正错误的机会，在你对他（或她）进行某种形式的处罚之前，他（或她）应该改正自己的错误。大多数人都认为察看是很严重的处罚，因为他们知道你把它是当回事的。

企业对察看处罚的做法各有不同，工会的合同、企业规章制定手册和一些不成文的习惯做法左右了这一行为的实施。通常察看处罚通知是书面形式的通知单，由部门领导或更高一级领导签名并通知下属本人。下属应持有一份通知，部门领导持有一份通知，人事部门也保留一份存档。

当下属再次违反了企业的规章制度，你就应进行处罚的下一步，通常为停职。

(5) 停职——第一步实质性处罚。

除了解雇，最严厉的处罚下属的方法是不付工资的停职。

发布停职通知的机制与察看处罚类似，因为停职是很严重的处罚，工会合同通常要求企业在做出这种处罚决定以前应与工会代表协商。大多数企业没有工会组织，这样在做出停职的处罚时，需要部门领导的上级与人事部门双方认可。应该制定详细说明停职原因的有关文件，文件应该说明停职的期限并由有关经理签名，还应通知受处罚下属本人。

如果一名下属受到停职处罚后被恢复工作，而后又继续犯错误，你对他（或她）实施的下一步处罚可能是更长时间的停职，甚至解雇。

(6) 解雇——最后一步处罚。

递进式处罚的主要目的是给犯错误的下属改正错误的机会，它的步骤一步比一步严厉，就是要督促下属改善不良行为，提高业绩，以免被解雇；但是，如果下属始终不能达到要求，那么就只好解雇了。

递进式处罚不仅给了你的下属改过的机会，而且能让他深刻地认识到自己的行为所带来的严重后果。使用这种手段，你可以让下属知道你已经仁至义尽了，相信他们接受处罚后能够洗心革面。当你遇到那种真正顽冥不化的死硬派，在给了他足够的改正机会之后，再将他予以解雇，别人也就无话可说了。

设法让下属“愉快地”接受处罚

下属违犯了规章制度，就必须处罚。不然，就等于有错不咎，赏罚不明。但如何罚？简单地照章办事，罚款了事？这是一般常规的做法。这样就有可能造成人才的流失，使人才跑到竞争对手那里去，弱己强敌。如果真是这样，在公司就会形成这样一种极为恶劣的影响：劣胜优汰。形成这样一种氛围的话，企业早晚非垮掉不可。

因此，在必须处罚的前提下，还要设法让下属“愉快地”接受处罚，变惩罚为激励，变惩罚为鼓舞，让下属在接受惩罚时怀着感激之情，进而达到激励的目的，甚至达到单纯奖励所不能达到的激励效果。这就是惩罚的艺术性，用人的艺术性。

有家单位发生过这样的事情：一位工作能力很强的员工，认为一项具体的工作流程是应该改进的，她向主管包括部门经理提出，但没有受到重视，领导反而认为她多管闲事。一天，她私自违犯工作流程，主管发现了就带着情绪批评了她。而她不但不改，反而认为主管对她有偏见，于是她就和主管吵翻了，并退出了工作岗位。主管反映到部门经理那里，经理也带着情绪严肃批评了她，她同样置若罔闻。于是经理和主管就决定严惩她，要扣她三个月的奖金甚至开除她。。这位员工拒不接受，于是部门经理就把问题报告到人事经理那里。

人事经理就把这位早有所闻的业务尖子叫到办公室谈话。他没有先上来批评她，而是让她先叙述事情的经过，并通过和她交谈，交换意见和看法。经理发现这位员工确实很有思路，她违反的那项工作流程确实应该改进，而且她还谈出了许多现行的工作流程和管理制度中存在的不完善之处。经理以朋友的方式平等地和她交流，而且真诚地聆听她的意见，使那位员工感觉受到了被重视和尊重，反抗情绪渐渐平息下来。从开始的只认为主管有错，到最后承认自己做得也不对。在经理试探性的询问下，她也说出了她的错误应该受到的处罚程度。最后高兴地离开了经理的办公室。

然后，人事经理与部门经理以及主管交换了意见和看法，经理和主管也都认同了“人才有用不好用，‘奴才’好用没有用”的道理，大家讨论决定以该员工自己认为应受的罚金减半罚款，让她在班前会上公开做了自我检讨，并补一个工作日。她十分愉快地甚至可以说是怀着感激之情接受了处罚。而且部门经理还以最快的速度把那项工作流程进行了改进。事情过后，大家发现这位员工一下子改变了原来的傲气和不服气的情绪，并积极配合主管的工作，工作热情大增。大家说她好像变了个人似地。

那位下属之所以愉快地接受处罚，最关键之处是她认为不正确的问题得到了改进，证明她的意见被采纳了，她的才能得到了肯定。最终的经济处罚比她心理预期的要轻，她感到庆幸。这就相当于她准备花 100 元买这次错误，而结果只掏了 50 元，在一定程度上等于奖励了她 50 元钱，她岂能不高兴、不感激呢？朋友式的交谈中，她自己认识到自己做错了（而不是用人者或他人指责她做错了），她能不改正吗？这是让下属自己改正自己的错误，是积极有效地改正错误，而不是用人者要她改正，而她不得不改、被动地改、消极地改。被动地改、消极地改不是彻底地改，有可能要留后遗症，随时有可能反弹。朋友式的平等地交流问题和看法，会使下属有被尊重感、有某种意义上的心理满足感，下属会感觉到这样的领导可信赖，能够解决问题，就会把自己看到的问题几乎毫不保留地倒出来，这等于让她积压已久的意见得到了倾诉，心理的压抑感解除了，能不轻松愉快吗？这样的处罚，难道不是在帮助下属、肯定下属、表扬下属、激励下属吗？下属岂有不高兴和感谢之理呢？这样的解决是化消极为积极、化被动为主动、化问题为机遇、化失败为成功、化干戈为玉帛、化处罚为奖励、化约束为激励、化严肃为活泼、化漫天乌云为晴空灿烂。

同样是处罚，措辞不同，其效果也会相差很大。

有这样一个主管，当公司决定重新制作处罚单的时候，他就一直考虑如何设计这个处罚单。当在原有的基础上把有关项目及形式做了合理改进后，准备复印时，他在思索能否加上一句话，以达到减弱处罚在下属心理上造成的负面影响。在认真讨论地想了之后，他就加了一句话，“纠错是为了更好地正确前行”，而且还把单子的抬头“处罚单”三字改为“改进单”。印出来之后，大家都说这句话妙、好。这样的“处罚单”比单纯的严肃的处罚单效果要好得多。以往所有的处罚单，都是清一色的严肃的面孔，一句多余的话都没有，而这位主管加上了富有人情味、文化味和教育性、启迪性非常强的一句话，处罚单的面孔立即由严肃、冷酷、无情，变得慈祥、安静、企盼和充满着希望。当下属接到处罚单的时候，看到这句话，心理上会发生一系列的变化，由本能的反感、抵触、反抗到理解、认知，再到接受、改正错误，因此，抬头叫“改进单”再合适不过了。在处罚单上做一处小小的改进，面目大为改观、境界迥异。处罚本是反面的教育，这样就变成了正面教育、鼓励改正错误，激励下属向正确的方向前行。

从以上两个案例中可以看出，处罚绝不一定要冷酷无情，只要大胆创新，处罚完全可以变得和正面的表扬一样激励人，甚至比正面的表扬奖励还要积极有效。在运用处罚这一反面激励手段的时候，如果加上其他正面激励的成分，会减弱处罚在下属心理上造成的负面影响，从而得到更积极的效果。

多一点奖赏，少一些惩罚

虽然我们强调赏罚分明，但这并不是说赏和罚必须一样多。毕竟，奖赏和惩罚自身并非目的。受奖赏者，励其用命之忠，使之感恩戴德，更加效力于己；受惩罚者，责其背义之行，用以警示部下深思。

奖赏是正面的激励手段，即对某种行为给予肯定，使之得到巩固和保持；而惩罚则属于反面激励，即对某种行为给予否定，使之逐渐减退。这一正一反都是用人不可或缺的重要手段。

用人者在运用奖赏与惩罚手段时，必须掌握两者不同的特点。一般说来，正面强化立足于正向引导，使人自觉地去行动，优越性更多些，应该多用；而反面强化，由于是通过威胁恐吓方式进行的，容易造成对立情绪，故要慎用，将其作为一种补充手段。

因为，对员工进行处罚时，他们首先想到的不是对其表现的反省，而是对自身利益受损的恐惧和戒备。企业靠组织目标与个体目标的趋同一致来吸引员工，更多情况下，需要一个积极的氛围来促使人们协作，实现目标。在这个过程中，以正面激励（奖励、表扬等）回应理想的绩效表现的效果，远胜于以负面激励（批评、处罚）来回应不理想的绩效表现。

心理学的测试结果表明，任何人只要头脑正常，都不想看到自己的工作一团糟。但为什么许多员工在刚进入公司时都表现得非常积极，工作十分卖力，一段时间过后就会消极、散漫、拖拖拉拉呢？最主要的原因是我们在管理过程中对“人性”的把握还不到位。做管理就是研究人，即对“人性”的分析、了解、引导、奖赏等，最终达到有效管理的目的。

每一位员工，他们的成长环境、年龄、文化程度、宗教信仰、气质及性格类型都不同，导致想法及做事方法都会具有一定差异。所以作为用人者，不能对工作不积极的员工一罚了事，而要不断地观察和沟通，了解、认知自己的员工，对症下药。只有知道员工心里所想的，才能知道用什么样的方式来刺激他们努力工作。

人所有行动力的根源都可以归结为一点，即追求快乐与逃离痛苦。员工不努力工作，往往是因为你还没有让他们更直接地感受到努力工作会有什么快乐，他们不知道为何而努力工作。而且也许你目前给他们造成的印象恰恰是——努力工作没什么快乐，至少不够多。因此在管理过程中，经常采用“多一点奖赏，少一些惩罚”的原则，从而让员工在工作过程中产生一定的“快乐”，提升员工的积极性。

因此，用人者在管理员工的实践中，对于正面和反面的驭人要有主有辅，有重有轻，不可同等对待，平分秋色。一般来说，正面激励的次数宜多，反面激励的次数宜少；正面激励的气氛宜浓，反面激励的气氛宜淡；正面激励的场合宜大，反面激励的场合宜小；正面激励宜公开进行，反面激励宜个别进行；在制定奖励和惩罚条例时，要考虑到人们的期望值和承受力。

以正面激励为主、以反面激励为辅的激励策略，可以延续组织目标与个体目标方向的一致性，为企业绩效管理工程的推行，为实现组织的发展目标提供强大的支持。

当然，这并不是说，在用人时只正面激励不反面激励。根据强化原理，对需要改进工作的下属，进行适当的“鞭策”还是非常有必要的。但鞭策应注意适度，只要认为他仍有通过改进达到要求的可能，适度的轻责，可以减低或避免因重罚而带来的负面影响。

舍得金钱，让人笑做“俘虏”

世界上除了已拥有足够的金钱的人，没有谁不爱钱的。为了金钱，许多人会做出身不由己的事。“金钱不是万能的，但没有金钱是万万不能的。”这句话我们讲了千遍万遍，早已成了公认的真理。即使宣称无欲无求的出家人，也是“虽不爱财，但多多益善”的。至于高坐庙堂的佛祖，亦不能免俗，要靠金装撑场面。你的下属不是神鬼仙佛，自然就更不可能无欲无求了。他们之所以在你手下做事，大多正是以得到财富为努力目标的。

成功的用人者都十分善于用奖赏金钱的办法“俘虏”下属，显得慷慨大方，而不是让人时时感觉到他在拼命地克扣和压榨他们。这种慷慨不是讨价还价。当他们给出去时，总做出不期待任何回报的样子；而他们得到的效果却是：越做出不求回报的样子，越会因此得到更多的回报。他们对人付之以慷慨，对方则会表现得更加慷慨。

明白了上面这个道理，作为想获得成功的用人者，我们就应该毫不犹豫地实施奖赏，该花费的就花费出去。人才，特别是有非凡能力的人才就像千里马，普通马吃的粗糙草料，千里马是看也不看的。要想让其为单位效劳，成就我们的大业，对于付出要有个心理准备。有些费用，我们必须频繁掏出。如果过于计较这些费用，他们迟早会迫于生计，另寻出路。

牺牲一点自己的利益，是向下属作出反馈的一种机会，而且我们将因此得到更多的回报。尽管我们花费的费用比他人要多，但毫无疑问的是，他们在你的“厚待”之下会拼命地为我们效力，最终为我们带来更多的回报。

慷慨也是自己的价值观的一种体现，其中也包括我们如何评价下属的价值。生活中不乏许多小气的人，他们尽量避免掏自己的腰包。作为有大志的用人者，我们当然不能成为这类人中的一员，否则，虽然看来省下了一点开支，但这种逃避行为给自己的梦想将造成许多问题。

当然，金钱不是百试百灵，永久有效的。金钱在有些人面前失效的情况有两种：

第一种情况是不爱钱的人。这种人又分为两种：只要能从事自己喜欢的事业就已很满足型和羞于谈钱型。前者大多是搞科研工作的人，他们以有可以继续科研的条件为满足。只要有试验室，再有一张床，他们就可以干一辈子。后者大多是文人，受传统观念的影响，觉得要钱损害了自己的骨气。不过，钱对于这两种人还是很重要的。只要以合适的方式送出去，他们也乐于接受。

第二种情况是对方已拥有了足够多的钱。赚钱对于这样的人不过是数字游戏而已。要使金钱在这样的人身上起作用，除非出一个“天价”，否则，还是换一种奖赏方式更好。

第六章
施恩团结术：将心比心以情动人

施恩术是人情关系学中最基本的策略和手段，也是管理学中开发利用人力资源最为稳妥的灵验功夫。人都是有感情的，让人生死相许的不是金钱和地位，而是一个“情”字。利用感情作杠杆，是控制和激励部属最有力的手段。此法不可不用。

至软之物往往也是至刚之物

我们知道，水是至柔之物，所以有“柔情似水”这一说法；但水又是至刚之物，它可以穿山破岭、奔流直下、勇往无阻，所以又有“水滴石穿”之喻。在文学修辞上，水的柔情不过是感情的一种比喻形式，水是最柔的，但它的柔又可以克刚；感情也是柔的，但看似柔软的感情同样可以起到摧坚化硬的效果。

用感情来“收服”人心，远比刀光剑影的威力巨大得多。有效地运用好感情这一手段，是用人者取得成功的一个关键。

世界知名的日本东芝公司，在成立将近百年的时候曾一度陷入困境。此时，士光敏夫出任董事长。士光上任后，经常不带秘书，一个人前往各工厂听取工人的意见，跟工人聊天。身为大公司的董事长，步行到工厂已非同寻常，更妙的是他常常提着酒瓶去慰劳下属，与他们共饮。对此，下属们刚开始时都很吃惊，不知所措。但士光这种不摆架子、慈祥关怀下属的姿态，赢得了公司上下的好感。下属反映，士光董事长和蔼可亲、有人情味、善待我们，我们更应该努力，竭力效忠。因此，他上任后不久，收支情况大为改观，两年内便把一个亏损严重、日暮途穷的公司重新支撑起来，使“东芝”成为日本最优秀的公司之一。

由此可见，感情因素对人的工作积极性影响巨大。它之所以具有如此能量，正是由于它击中了人们普遍存在着“吃软不吃硬”的心理特点。我们的用人者也应当灵活地运用这一手段，通过感情的力量去鼓舞、激励下属。

通过加强与下属的感情沟通，尊重、关心下属，让下属了解你对他们的信任、尊重与关怀；并通过一些具体事例表现出来，可以让下属体会到领导的关心、企业的温暖，从而激发出主人翁责任感和爱厂如家的精神。中国有一句俗话："受人滴水之恩，当以涌泉相报。"对于绝大多数人来说，投桃报李是人之常情，而用人者对下级、群众的感情之举，群众的回报就更强烈、更深沉、更长久。这种靠感情维系起来的关系与其他以物质刺激为手段所达到的效果不同，它往往能够成为一种深入人心的力量，更具凝聚力和稳定性，能够在更大程度上承受住压力与考验。

用情感来驾驭下属，不只可以调节下属的认知方向，调动下属的行为，而且当人们的情感有了更多一致时，即人们有了共同的心理体验和表达方式时，集体凝聚力、向心力即成为不可抗拒的精神力量，维护集体的责任感，甚至是使命感也就成了每个下属的自觉立场。

自古以来，那些战功显赫的将军们，无不是爱兵如子的人。现代的用人者若想创出辉煌业绩，赢得下属的拥护，就要关心下属，帮助下属。如果你能在严肃中充满对下属的爱，真心地替下属着想，那么他们也自然会替你着想，维护你、拥戴你的。

用感情的绳索才能绑住真英雄

“情”是这个世界上最为结实的绳索，它“割不断，理还乱”，甩不掉，逃不脱。每一个用人者都应当明白，让那些真正的英雄生死相许的不是金钱和地位，而是一个“情”字。一个关切的举动，几句动情的话语，几滴伤心的眼泪，往往比高官厚禄的作用大上千万倍。它所影响的除了受惠人，更有其他所有知晓此事的人。可以说，“情”是多种“笼络”人心的权谋术中的最佳选择。每个成功的用人者，以情让“真英雄”为自己卖命的本事都是炉火纯青，登峰造极。

李泌是唐朝中期一位著名的智囊人物，他历仕四代皇帝，尤其是安史之乱后，辅佐唐肃宗时，为平定叛乱、稳定政局、重建唐朝做出了出色的贡献。他不贪求功名利禄，在战乱平定不久，迫害的阴影向他袭来时，他见机而行，告退政坛，归隐衡山，遨游于林泉之间，与麋鹿为伍，同道士结伴，不食荤腥，过着一种闲云野鹤般的生活。

唐代宗继位以后，又派使臣将他从衡山接了出来。代宗对他十分礼遇，专门在宫中给他建了所书院。一年的端午节，王公大臣、后妃公主都有礼物献给皇帝，只有李泌，什么礼物也没有。他对代宗皇帝说：“我住在宫中，从头巾到鞋袜都是陛下所赐，我所有的只是自己的身体，我拿什么贡献呢？”

代宗说：“我所要你贡献的，正是你的身体。”

李泌说：“我的身体自然属于陛下，否则还能属于谁呢？”

代宗说：“当年先帝想委屈你出任宰相，却没能办到；现在既然你贡献出了自己的身体，那就要由我来安排，你做不了主了。”

李泌十分吃惊，忙问：“陛下想要我干什么？”

代宗说：“我想要你饮酒吃肉，娶妻成家，做官受禄，成为一个世俗之人。”

李泌流泪请求说：“我不食人间烟火达二十余年，陛下何必非要使我改变志向呢？”

代宗说：“你哭也没有用了，你住在九重深宫之内，还能到哪里去？”

于是，为他娶了名门望族卢氏姑娘为妻，所有婚事费用全由代宗支出。

皇恩如此浩荡，李泌再无别的选择，只好卖命了。

现代社会中，也有不少善用情感绑住人才的用人者。美国的斯凯特朗电视公司总裁阿瑟·列维就是一位体恤部下、爱惜人才，善于用情感驾驭部下的企业家。

为了研制闭路电视，列维聘用了一位颇有才干的青年技师比尔。比尔一上任，就一头钻进实验室，整整干了一个星期。在工作最紧张的时候，比尔一连几天都不离开实验台，连饭都是请人给他送去的。

实验告一段落后，疲惫至极的比尔好像老了十来岁。他倒头就睡，过了一天一夜才醒过来。

看到因休息不足而眼窝深陷、神情疲惫的比尔，列维深受感动。他拉着比尔的手，真诚地说：“我希望你改变一下工作方式，否则，我决定停止闭路电视的研制工作。”

“为什么？”比尔一时有些迷惑不解。

列维心疼地说：“因为像你这样不分昼夜、不顾性命地工作，不等新产品问世，你就垮了。我宁愿不做这种生意，也不能赔上你这条命。”

比尔为列维对自己的关心感到激动和宽慰。他说：“不会的，我已经习惯了，凡搞我们这种研究工作的人都是这样，已经习惯了。”

列维听了这句话，眼泪都快流下来了。他有些伤感地说：“是的，搞研究的人少有长寿者，但我希望你能节制一点。虽然我们相处的时间不长，可我知道你已经竭尽全力了。对我来说，这就足够了，就算研究不成功，我也不会责怪你，你也用不着为此而自责。”

比尔非常感动，萌发出一种愿为列维“赴汤蹈火”的豪情和勇气。这以后，他一如既往，夜以继日地工作。

不到半年，闭路电视终于研制成功。这项新技术的问世，为斯凯特朗电视公司的进一步发展奠定了坚实的基础。

虽然这是发生在美国的事，但相信很多人在读这个故事时都会感慨：多么厉害的列维！他用不需花一分钱的感情赢得了人才的心！我们有理由相信，此后，比尔绝对不会轻易离开列维的公司。

人是感情最丰富的动物，很难逃脱感情的束缚；人也是需要激励的，而最长久而深入人心的，往往是情感的激励。“感人心者，莫过于情”，真情能够充分地体现我们对能人的重视、信任、关爱之情。

对于能力非凡的人来说，最忌讳的就是被人当作工具，被当作一台赚钱机器。压榨与不加爱惜地使用会令他们心寒、辞职；只有多用真情，才能与他们建立默契的关系，并把他们牢牢地绑在自己身边。

有一点是要记住的：虽然说感情是一种很好的“绑人”手段，但这感情至少看起来是发自内心的。高级人才的感觉往往很敏锐，如果他们觉得你是以虚情假意来糊弄人，结果反而会适得其反。

感情投资是一种零成本激励

无论什么人，除了基本的物质需要外，还有获得情感的关怀和激励的需要。用人者只有满足了下属的情感需要，才能真正增强凝聚力，提高下属的积极性，让下属在工作中感到快乐。

感情投资是一种零成本激励。这里的感情投资是指用人者通过一些手段来传达用人者的诚挚感情，增强用人者与下属之间的情感联系和思想沟通，形成融洽的工作氛围，更好地实现管理的目的，让下属真正做到自动自发地工作。

日本企业的管理在这个方面十分重视。很多日本企业的人力资源管理的一个显著特点就是注重人情味和感情投入，他们主张给予下属“家庭式”的情感抚慰。在《日本工业的秘密》一书中，作者总结日本企业高经济效益的原因时指出：日本的企业仿佛就是一个大家庭，甚至是一个娱乐场所。日本企业所追求的正是这样一种境界。日本著名企业家岛川三部曾自豪地说：我经营管理的最大本领就是把工作家庭化和娱乐化。而索尼公司董事长盛田昭夫也说：“一个日本公司最主要的使命是培养它同雇员之间的关系，在公司创造一种家庭式情感，即经理人员和所有雇员同甘苦、共命运的情感。”

日本企业内部管理制度非常严格，但与此同时，日本企业家深谙刚柔相济的道理。他们一方面严格执行管理制度，另一方面又最大限度地做到尊重、善待下属，并且关心体贴下属的生活。例如，记住每一个下属的生日，关心他们的婚丧嫁娶，促进他们的成长和人格完善等。这种关心和善待不仅针对下属本人，还经常惠及下属的家属，使家属也感受到企业这个大家庭的温暖，从而彻底使下属无后顾之忧，能够全心全意地为企业而工作。

用人者应该认识到，相对于始终有限的物质激励来说，情感上的激励和所得到的回报是发自内心的，是真诚的，也是无限的。

日本三多利公司董事长乌井信治郎对属下要求十分严格，部下们都十分敬畏他，但私下里他却是一位对部下呵护备至的父亲。一天，乌井无意中听到店员抱怨说："我们的房间里有臭虫，害得我们睡不好！"于是夜半时分，店员都睡着后，他悄悄地拿着蜡烛，从房间柱子的裂缝里以及柜子间的空隙中抓臭虫。公司一名下属的父亲去世，他带着公司同仁前去致哀，并亲自在签到处向前来拜祭的人一一磕头。事后这名下属回忆说："当时我感动不已，从那时起就下定决心，为了老板即使牺牲性命也在所不惜。"

像这样的例子不胜枚举。在国外，管理学家通常把以情感交流为主要内容的管理模式称之为"软管理"，并且掀起了一股"软管理"的热潮。这从一个侧面反映了其不可忽视的作用。相对于过去那种劳资对立、尊卑分明、崇尚权威以及动辄惩罚下属的"管、卡、压"的管理方式，"软管理"无疑是无法阻挡的趋势。

甚至可以这样说，下属的能力大小与用人者对他们的感情投资的多少是成正比例的。为什么呢？

（1）用人者对下属的感情投资，可以有效地激发下属潜在的能力，使下属产生强大的使命感与奉献精神。得到用人者的感情投资的下属，在内心深处会对用人者心存感激，认为领导对自己有知遇之恩，因而"知恩图报"，愿意更加尽心尽力地去工作。

（2）用人者对下属的感情投资，会使下属产生"归属感"，而这种"归属感"正是下属愿意充分发挥自己能力的重要源泉之一。人人都不希望被排斥在用人者的视线之外，更不希望自己有朝一日会成为被炒的对象。如果得到了来自用人者的感情投资，下属的心理无疑会安稳、平静得多，所以，更愿意付出自己的力量与智慧。

（3）用人者对下属的感情投资，可以有效地激发下属的开拓意识和创新精神，使下属鼓足勇气，不会“前怕狼后怕虎”，所以工作起来便无所担心。人的创新精神的发挥是有条件的，当人们心中存有疑虑时，便不敢创新，而是抱着“宁可不做，也不可做错”的心理，只求把分内的工作做好就行了。如果用人者能够对下属进行感情投资，建立起充分的信任感、亲密感，就会有效地消除下属心中的各种疑虑和担心，从而更愿意把自己各方面的能力都发挥出来。

情动之后心动，心动之后理顺

古人云：“动人心者莫过于情。”情动之后心动，心动之后理顺。因为，思想决定行动，精神决定肉体。征服了人的心，就能征服人的身体，就能控制人、利用人，让其心甘情愿地为自己的单位效力。

战国名将吴起对部属爱护备至，他统率魏军攻打中山国时，有一个士兵身上长了毒疮，辗转呻吟，痛苦不堪，吴起巡营时发现后，毫不犹豫地跪下来，把这位士兵身上毒疮中的脓血一口一口地吸吮出来，解除了他的痛苦。士兵的母亲听说了这件事，大哭不已。别人说：“你儿子仅仅是个普通士兵，而将军肯为你儿子吮血，应是光荣之事，为什么还要哭呢?”士兵的母亲说：“不是这样呀，前几年吴将军为他的父亲吮吸疮口，结果他的父亲直到战死也决不回首。今日吴将军又为我们的儿子吮血，我真不知我儿子要死在哪里了，我因此而哭。”

刘备也深谙人心的作用，所以在征服人心方面苦练技艺，成了千古少有的演员。他不只善于发现部属的才能，对于人的品性也有很强的辨别能力，再加上一流的演戏能力，假的也让人当成真的。

诸葛亮施计火烧新野后，刘备尽领新野、樊县二县十余万百姓朝襄阳进发，一路上扶老携幼，将男带女，滚滚渡河，两岸哭声不绝。来到襄阳，刘琮闭城不接纳，刘备只得望江陵而走。行至当阳县，曹军杀至，刘备仓皇应战。赵云保护老小，张飞断后。

曹兵杀来，势不可挡。刘玄德死战，正在危迫之际，幸得张飞带兵杀开一条血路，救玄德望东而走。忽见糜芳面带数箭，踉跄而来，说道：

“赵子龙反投曹操去了！”玄德呵斥道：“子龙是我故交，怎么会反呢？”张飞曰：“他现在看我们势穷力尽，或者反投曹操，以图富贵啦！”玄德曰：“子龙与我是患难之交，心如铁石，非富贵所能动摇的。”糜芳曰：“我亲见他投西北去了。”

当时，赵云自四更时分，与曹军厮杀，往来冲突，杀至天明，寻不见玄德，又失了玄德老小，私下想：“主公将甘、糜二夫人与小主人阿斗托付给我，今日军中失散，有何面目去见主人？不如去决一死战，无论如何也要寻得主母与小主人下落！”赵云正走之间，见一人卧在草中，仔细一看，原来是简雍。赵云急问：“曾见二位主母了吗？”简雍答道：“二位主母弃了车仗，抱阿斗而走。”赵云便向长坂坡追去。忽一人大叫：“赵将军哪里去？”赵云勒马问道：“你是什么人？”那人答道：“我是刘使君（刘备）帐下护送车仗的军士，被箭射倒在此。”赵云便问二位夫人的消息。军士说：“刚才见甘夫人披头散发，跟随一伙百姓妇女，向南而走。”赵云听后，也不顾军士，急纵马往南赶去。只见一伙百姓，男女数百人，相携而走。赵云大叫说：“内中有甘夫人吗？”夫人在后面望见赵云，放声大哭。赵云下马插枪也哭着说：“让主母失散，是我的错！糜夫人与小主人在吗？”甘夫人曰：“我与糜夫人被追，丢了车仗，杂于百姓内步行，又撞见一支军马冲散。糜夫人与阿斗不知哪去了，我独自逃生到这里。”

赵云听了，连忙追寻。只见一个人家，被火烧坏土墙，糜夫人抱着阿斗，坐在墙下枯井旁啼哭。赵云急下马伏地而拜。夫人说：“得见将军，阿斗有救了。望将军可怜他父亲飘荡半世，只有这点骨血。将军可护持这孩子，教他得见父面，我就是死也甘心了！”赵云道：“夫人受难，云之罪也。不必多言，请夫人上马。云自步行死战，保夫人冲出重围。”糜夫人道：“不可！将军怎么可以无马！这孩子全赖将军保护。我已重伤，死何足惜！望将军速抱他前去，别让我连累了你们。”赵云道：“喊声将近，追兵已至，请夫人速速上马。”糜夫人曰：“我委实难去，不要两误。”将阿斗递与赵云说：“此子性命全在将军身上！”赵云三回五次请夫人上马，夫人只不肯上马，四边喊声又起。赵云厉声说：“夫人不听我的话，追军若至，可怎么办？”糜夫人便把阿斗扔下，翻身投入枯井中而死。

赵云见夫人已死，怕曹军盗尸，便将土墙推倒，掩盖枯井。然后解开勒甲绦，放下掩心镜，将阿斗抱护在怀，绰枪上马，夺路而走。曹军一齐拥至，赵云于是拔剑乱砍，手起处，衣甲平过，血如涌泉。杀退众军将，直透重围。曹操在景山顶上，望见一将，所到之处，威不可挡，急问左右是谁。曹洪飞马下山大叫曰："军中战将可留姓名!"赵云应声回答说："吾乃常山赵子龙也!"曹洪回报曹操。操曰："真虎将也！吾当生致之。"遂令飞马传报各处："如赵云到，不许放冷箭，只要捉活的。"因此，赵云得脱此难，这也是阿斗的福。这一场冲杀：赵云怀抱后主，直透重围，砍倒大旗两面，夺木朔三条，杀死曹营名将五十余员。

赵云冲破曹军围堵，追上刘备，呈交其子。刘备接子，掷之于地，愠而骂之：为此孺子，几损我一员大将！赵云抱起阿斗连连泣拜："云虽肝脑涂地，不能报也!"

好一个"肝脑涂地，不能报也!"刘备略施手腕，就把手下摆弄得服服帖帖，甘愿为自己卖命。为什么？因为刘备懂得，征服了一个人的心就能控制住这个人。

刘备摔阿斗的精彩处在于：既收买了赵云誓死随主之心，又教育和感化了当时在场的所有文武随从，起到一石二鸟的作用。刘备从一"织席贩履之徒"成长为一代枭雄，其权谋的确有令人拍案之处。因此，后人有诗曰："曹操军中飞虎出，赵云怀内小龙眠。无由抚慰忠臣心，故把亲儿掷马前。"

人的全部心理活动，都离不开情感的伴随，情感犹如强大的驱动力，是人们行为的内部力量。以情感的手段控制下属，在很大程度上，也可以说是情感的征服。善于运用情感技巧的用人者，能轻松地让下属跟着他走，心甘情愿地为之效力。

用自己的真心换取部属的忠心

在生活中，常常听见有用人者抱怨：“唉呀！也不知是怎么搞的，我的下属们总是缺乏忠诚度，整天怨气冲天，好像总也不满足，一会儿嫌太累了，一会儿又抱怨工作没意思。反正这也不是，那也不行，似乎外面的世界哪儿都比这儿的好。”也常常听见下属们在一起窃窃私语：“唉呀，我们的上司也不知整天在忙乎什么，怎么这么安排工作，也不替我们想想。”于是乎，用人者叹息：“现在这世道，人是越来越难管了，我整天都快累死了，他们却在一旁无动于衷，好像什么事都是我一人的。”

这种现象的存在恐怕不在少数，究其原因，用人者应负主要责任。要知道，管一群人可不像摆弄一个物件那么简单，主要的一点：人是有感情的动物，不是一发指令他就会丝毫不差地执行。用人这门学问实在是很深奥，要不怎么说管理是一门艺术！

固然，管理作为一门科学，有其共性的规律性的东西，但其中非规律性的，可以供你发挥的地方太多了。

我们知道，大多数人都有一种“你敬我一尺，我敬你一丈”的心理，作为用人者，如果能在人性的这种特点上做点文章，收效将是令人满意的。用人者要想让自己的事业蒸蒸日上，蓬勃兴旺，就一定要在控制人心上下工夫。下工夫要虚实结合，既唱高调，又哼小曲儿。尤其是对那些知识分子而言，只给他们高薪是不够的，有一位珍惜他们的付出，又善于体恤他们的用人者，才会激发出他们源源不断的激情。

虽说“有钱能使鬼推磨”，在人们广泛追求物质利益的现代社会，金钱能激励部属干好工作，但却不能换来下属的忠心。用人者唯有诚心诚意地对待部属，才能让其死心塌地地跟着你走，为你谋利益。

人非草木，孰能无情。只要有爱兵如子的统帅，就会有尽心竭力的士兵效命疆场。“生当陨首，死当结草”“女为悦己者容，士为知己者死”，无一不是“感情效应”的结果。作为用人者，要想调动起部属的积极性，就要不失时机地进行感情投资，用真心去换取忠心。

交朋友的时候，只有真心才能换得真心；在与下属相处的过程中，也只有真心才能换得忠心。

李虹是一家餐厅的下属，一天下班的时候不小心摔了一跤，然后她挣扎着想自己站起来。她的经理看到了，快速起身跑了过去，扶起她关切地问：“摔得重不重？要不要给你找辆车去医院看看？”

李虹感激地回答：“不用，没事的。”“你看腿都摔破皮了，还是去餐厅搽点药，歇歇再走吧。”经理小心地扶着她回到餐厅，然后就去找药；找到药后，又亲手替她搽上；还对她说如果不舒服，下午就不用来上班了，算公假。经理的做法让李虹非常感激，从此以后逢人就夸经理人好；她还说自己偶尔想偷懒的时候，一想到经理，立马就会打消这个念头。

如果用人者都能像这位经理一样表现出对下属的诚挚的关切，那么企业何愁不能发展呢。要知道这种做法比发几百元钱奖金更能赢得职员对公司的忠心。

富有人情味的上司最能获得下属的衷心拥戴。在现实生活中有许多身居高位的大人物，会记得只见过一两次面的下属的名字。在电梯上或门口遇见时，点头微笑之余，叫出下属的名字，这会令下属感到受宠若惊。

人在良好的情感环境中生活，会产生很大的热情和积极性，所以，在竞争日益激烈，人与人之间的感情日益淡化的今天，情感已是用人者不可或缺的资源和财富。人是有情感的生灵，用人者适时地对下属进行感情投资，往往会收到春风化雨的奇妙效果。

投之以桃，报之以李，中国自古以来讲究礼尚往来。所谓滴水之恩，当涌泉相报正是这个道理。所以，凡是卓越的用人者，都善于用自己的真心去换取部属的忠心。只有表现出真心关心下属的样子，才能使下属感到自己受到了领导的重视与关爱，感受到心灵的温暖，因而愿意踏实工作、尽己所能，充分发挥自己的潜能。

“知遇之恩”也是可以人为策划的

中国人普遍都有“士为知己者死，女为悦己者容”的心理。用人者如果对这种心理加以利用，让部下视你为知音、为伯乐、为恩人，就能使他们以死相报，任你调遣，甘心情愿地为你、为单位效力终生，无怨无悔。

当然，真正的“知遇”毕竟为数不多，如果你和下属之间还不足以构成伯乐与千里马之间的关系，不妨策划一下。只要安排周密，一样可以让下属产生“知遇”的感觉。

在这一方面，李世民的手段就不同凡响，别具一格。

李世勣为李唐王朝的建立立下了汗马功劳，深得唐太宗李世民的宠信，是名列凌烟阁上的二十四大功臣之一。李世民晚年又将辅佐太子的重任交给了他，对他说：“我想找一个托孤的大臣，想了再三，没有谁能超过你。当年你没有作对不起李密的事，现在又怎么会辜负我呢！”

李世勣一听，感激涕零，咬破了手指，以那殷红的鲜血表示了他的忠诚。

可是，李世民病危时，却将李世勣降职贬官，赶出朝廷。他对帝位继承人李治说：“你对李世勣没有什么恩德，我现在将他贬到外地，我死以后，你立即将他调回来，授他为宰相，他必然感激你的大恩，一定会为你拼死效力的！”

李治继位以后（史称唐高宗），按照李世民的办法做了，果然得到了李世勣的竭诚拥戴，唯命是从，对李家更加忠心了。

唐太宗一世英明，驭人有术。其“托孤”方式也暗含机智，抑扬顿挫之间，父臣便为子用了。古今中外善用权术的用人者，往往故意设局来拉拢对方，方法也多种多样。

袁世凯手下有个叫阮忠枢的人，才华出众，是袁世凯的一个机要文书。此人颇有几分古代才子怜香惜玉的心情，他嫖妓到了不能自拔的地步，爱上了天津妓院里的名妓小玉，一时竟难舍难分。

他们山盟海誓，表示要永随相伴。

可是身为军官，又怎敢娶妓。

阮忠枢不敢隐瞒袁世凯，他将实情说明，恳请袁世凯允许他们二人成婚。

袁世凯假装十分生气，他说："军人应有军人的品德，背父母而婚，是为不孝；娶妓女为妻，更是内辱家门，外辱军荣。"

阮忠枢一听，十分泄气。

然而，袁世凯心里另有打算，他先派人将小玉从妓院里赎身，成了"良家女子"，再置新房，使阮能明媒正娶。而这一切准备都是背着阮忠枢进行的。

婚娶之日，袁推说与阮到天津办事，同车前往。马车直奔一深宅大院，悬灯结彩，红烛高照。不久从里屋搀出一位新娘子，非叫阮忠枢揭去盖头纱不可。阮莫名其妙，定神一看，"哎呀"一声，新娘原是近日里昼思夜想的小玉，一时惊喜万分。此刻方知这一切都是袁世凯为自己苦心安排的，感激之情，无以言表。于是，阮死心塌地地为袁世凯效犬马之劳。

雪中送炭强于锦上添花

俗话说：“天有不测风云，人有旦夕祸福。”出于各种各样的原因，下属的生活偶尔会出现这样那样的困难。你应该知道，这是一个感情投资的良机，这种温暖下属的心的机会可不能让它从你的手中溜走！因为，雪中送炭能使“施恩”的效果倍增。

据说古时候有个文人自叹自己的身世时，说出了一句名言：“都来锦上添花，谁肯雪中送炭?”确实，人们往往喜欢好上加好，却不愿意将目光放长远些，用“雪中送炭”的方式进行感情投资。

诚然，“锦上添花”的事是不能不做的，但“雪中送炭”的事更是要做，对部属尤其要如此。

雪中送炭和锦上添花都是常用的“施恩”手段，虽然二者都是“施予”，都是感情投资，但由于施予的对象不同、东西不同、时机不同，效果也自然不同。两者相比，前者更好，因为：

（1）对施予者来说，相对成本低。一篓“炭”的价钱比一篮“花”的价钱要低，如果是金枝玉花，花就更贵了。所以，雪中送炭要比锦上添花更划算。

（2）对被施予者来说，相对价值高。这个相对价值，主要是实际效用大小的问题。炭对于雪中人来说，实际效用很大；而花对于锦上人来说，实际效用就小得多。

（3）对施受双方来说，道义价值都高。锦上添花，有趋炎附势之嫌，道义价值是负的。对下属锦上添花虽谈不上负的道义价值，但并没有太大的意义；雪中送炭，有扶危救困之名，得仁人义士之誉，道义价值之高，可想而知。

（4）受者对给者的回报高。雪中送炭的回报有多高？历史上的例证，是投入一碗米，回报一千金。这是汉代名将韩信对漂母的回报。这个回报还算是小的，吕不韦得到的回报更大。他花费了一批金银、一个宠妾就夺来了一座江山，这是聪明人的大生意经。

（5）对受者的约束力强。一旦一个人在雪中被人送了炭，他向送炭者无论回报多少东西，都不为多。他如果不回报或不能按要求回报，就会背上不仁不义之名。

雪中送炭的一个变种是制造“英雄落难”的做法。宋江一伙最擅长这一手段。先把英雄拉下水，快淹死的时候，再来救你一把。让你无路可走，只好跟他们上梁山。一百单八条好汉并非都是被官府逼上梁山的，好多是被他们的同伙逼上去的。让人们都陷入贫困，然后再加以救济，也可以看作是这种权谋的运用。

雪中送炭还有一个变种是“存亡继绝”。以孟尝君为首的战国四公子就是靠这一招起的家。越是有问题的人，他们越要招揽。罪犯和逃亡者，他们都欢迎。不仅救本人，还救他们的亲戚。这就叫做“养士”。这些被养的“士”，能为主子效命。这一招很高明，花了国家的钱，养了自己的士，进而“养”了自己的名。当时，人们不知有其君，只知有四公子。

人们对雪中送炭的人总是怀有特殊的好感。雪中送炭、分忧解难的行为最易引起下属的感激之情，进而形成弥足珍贵的“鱼水”之情。

用人者要想有效地关爱下属，正确地给下属雪中送炭，需要把握以下三个要点：

（1）平时注意“天气”，摸清哪里会“下雪”。

用人者要时常与下属谈心，关心他们的生活状况，对生活较为困难的下属的个人和家庭情况要心中有数，要随时了解下属的情况，要把握下属后顾之忧的核心所在，及时发现哪里有“雪”，以便寻找恰当的时机送出“炭”。

（2）“送炭”时要一脸真诚。

任何人都不喜欢别人虚情假意地对待自己，下属也一样。如果他发现用人者“送炭”不过是想利用自己时，就算接受了“炭”，也不会产生感激心理。假如是这样的结果，那你的“炭”岂不是白白浪费了？因此，用人者在“送炭”时必须一脸真诚，让当事人和所有周围的旁观者都觉得，你是实实在在、诚心诚意的，觉得你确实是在设身处地地为下属着想，真正地为下属排忧解难。

（3）要量力而行。

用人者对下属送炭要在力所能及的范围内进行，不要开出实现不了的空头支票。送出的“炭”可以是精神上的抚慰，也可以是物质上的救助，但要在用人者本人和团队财力所能承担的范围内进行。对于困难比较大的下属，要尽量地发动大家集体帮助，必要时可以呼吁社会伸出援助之手。同时，用人者还要处理好轻重缓急，要依据困难的程度给予照顾，不能“撒胡椒面”似的搞平均主义。

雪中送炭，是感情投资的一种重要方法。如果你拥有并用活了这种权谋术，不仅接受“炭”的人会感激不尽，还会感动其他的下属。这样，下属必然会怀着感激和尊敬的心，心甘情愿、死心塌地地为企业效力。

关键时刻要敢于为下属撑腰

在某种程度上，下属跟随你，不是因为你的权力，而是因为你能够为他撑腰，有了祸勇于为下属承担责任。下属出了问题有人替他挡驾，此时的关怀更会令下属感动，更会增加对你的感激和依赖感。

在《动物世界》栏目里，我们都可以看到这样一组镜头：一群猴子正在玩耍，突然某种凶猛的动物来到近前。危险来临之际，猴王总是率领公猴挺身而出，保护那些老幼猴子。民间把这种现象叫做“护犊子”，意即保护自己手下的人。作为用人者，也应当有这种“护犊子”的理念。

某科长由于动不动便指责下属，而深受科员的鄙视。某天，科长的上司——也就是处长，怒气冲冲地跑进科长办公室里，无视科长的存在，指着写报告的人说：“写的什么报告?”此时，那位经常指责下属的科长却适时地站了出来说：“是我要他这样写的，责任由我来负!”

从此以后，该科的气氛完全改变了，科长虽然仍如同过去一般动辄破口大骂下属，但科员对科长的态度却已与从前大为不同。因为，他们意识到：“科长是真的在替我们着想。”并产生上司与下属间的信赖关系，整个办公室因此充满朝气。

令人惊讶的是，经过此事后，处长更加重用这位科长，并对他说：“你早该这么做了!”据说，后来这位科长是在同时期进入公司的职员中最快升为处长的人。

现代社会，下属就好比只是挂名在公司的自由契约者，其很多利益和尊严都得不到保障。而当发生这种意外时，如果能够得到上司的庇护，他们在心理上无疑将获得莫大的安慰。

用人往往需要具备极大的耐性，这是一件吃力而不一定讨好的工作。一个人的地位愈高，往往愈无法了解下属们对你的看法。由于下面的人总是小心谨慎地观察上司的一言一行，虽然是在训话，下属也可敏感地猜疑：“上司到底是为了保护自己，还是为了下属而训话？”

有的用人者在遇到工作的进展不甚顺利时，难免会发牢骚，并将责任推给下属，此种用人者必然无法获得下属的尊敬；相反地，一位愿意承担一切责任的用人者，则必可赢得下属的信赖与爱戴。身为用人者，这一“护犊子”的权谋不可不知。

当然，“护犊子”不是无原则的，而是受一定的条件制约的。那么，用人者处于怎样的情况下，方可对下属进行“护短”呢？

（1）严格地掌握“护”的临界线。

用人者袒护下属，其用意当然不是喜欢或者纵容下属，而是另有所图。在多数情况下，用人者图的是以下几方面的好处：第一，为了更好地发挥和利用下属的长处；第二，赢得人心，进一步密切上下级的关系；第三，极大地提高自己在群众中的声誉，有意将自己塑造成宽厚、豁达的领导形象；第四，为了实现某个既定的管理目标。因此，在权衡利弊，决定取舍时，用人者必须本着得大于失的行为准则来行事。只有当“护犊子”这一行为本身不超过某条临界线时，采取“护犊子”的方法，才是有价值的，才是可行的。

在通常情况下“护犊子”时应严格掌握以下四条临界线：

①必须有利于充分发挥和利用下属的长处，而不是纵容、诱发下属的短处，以至于影响和限制了下属的长处。

②必须有利于实现用人者制定的管理目标，而不是有碍于实现这一目标。

③必须能被周围的人所理解、所接受，而不是激起多数人的反感和愤慨，加剧人与人之间的矛盾。

④必须有助于提高用人者在群众中的声誉和威信，而不是降低和损害用人者的声誉和威信。

在上述四条临界线中，最重要的是第二条。在正常情况下，用人者应该兼顾这四条临界线，尽量从严掌握。但在情况危急的特殊时期，也可以只考虑其中的第二条，而对其他三条暂不考虑，待事后再采取其他补救措施。

（2）灵活掌握“护犊子”的度。

在不超越临界线的前提下，用人者在具体运用这一权谋时，面临着十分广阔的选择余地。这时候，作为一个精明的用人者，就应该充分利用手中执掌的选择权，灵活掌握“护犊子”的度，放手大胆地袒护自己的下属。例如：

①在可宽可严的情况下，只要下属认识较好，群众和上级领导又能谅解，就应从宽处置。

②在可早可晚的情况下，对于下属的过失，不妨拖一拖、搁一搁，待事后再作处理；或者给下属一个将功补过的机会，视其表现如何，再作处理。

③在可高可低的情况下，不妨将下属的缺点评估得低些，将下属的过失性质评估得轻些，充分利用“伸缩度”向人们提供的选择自由，作出偏袒下属的抉择。

④在可大可小的情况下，对于下属的短处或过失，不妨大事化小、小事化了，尽量缩小处理的规模以及处理后产生的影响面。

灵活掌握护短的度，是在合理的选择圈内进行的，它利用的是人们的认识伸缩度和行为伸缩度，而不是人们的认识误差和行为误差。用人者在具体运用这一手段时，应该充分注意这一点。否则，就会步入误区，出现重大失误。

（3）要让下属知道你在“护”他。

获取理想的“护犊子”效果，不仅需要严格掌握临界线，灵活掌握选择度，而且还需要巧妙地运用各种最有效的方法，恰到好处地将你的用意传递给下属，使下属既能明白你为什么要偏袒他，以此极大地激发起他的积极性和创造性；又能使下属在不感到难堪的情况下愿意接受你对他的偏袒，从而最大限度地保护下属的自尊心和自爱心。这就需要在你“护短”

之后让他知道你在护着他。当然，也不一定非要用语言来点破，或主动找下属谈话，让下属感激自己。在若无其事中传递了这种信息，往往更能收到施恩无痕迹的最佳效果。

（4）认真看清、选准最有“袒护”价值的下属。

不看对象盲目护短，乱发慈悲，是用人的大忌。“护犊子”与严格要求、奖惩分明，是用人者实行有效管理的两种手段。只有你认定某下属确有袒护价值时，才能去偏袒这个下属。

总之，“护犊子”的学问深奥莫测，其技法也多种多样。随着现代管理活动面临的情势日趋复杂，被使用对象的自主意识日趋强烈，各级用人者更应该结合自己的用人实践，细心琢磨，不断探索，尽力掌握高超的“护短”本领和灵活的“施恩”艺术，为最大限度地调动下属的积极性和创造性而努力。

把握给下属施“小恩小惠”的时机

适当的“小恩小惠”，可以体现对下属的关怀，可以“笼络”人心，战国时期以养士著称的齐国国相孟尝君，就很会用这一手法。当有客人来访与他交谈时，他就让近侍躲在屏风后面，记录他与客人的交谈内容，将客人的家庭及亲戚住处记录下来。客人回家前孟尝君已经派人问候了他的亲戚并给予了帮助。客人从亲戚那里知道了详情，自然感激万分，于是，都自愿成为孟尝君的追随者。

“小恩小惠”的好处在于：由于“小”，它可以经常给予。这种时间上密集的感情轰炸弥补了漫长的年度和季度奖励的等待。“小恩小惠”的好处还在于它贴近下属心理的个性化。

“小恩小惠”不仅仅是实物，善于驾驭下属的用人者，总是从点滴做起，让下属在不经意间感受到你的关怀，使他产生无限的温暖。

其实，只要时刻抱着关爱下属的信念，你就会发觉，一切都可能是你给下属施予“小恩小惠”的机会。比如：

（1）留意每个节日与每个下属的生日。

节日庆祝与生日礼品不仅仅意味着对下属的关怀，还可以调剂日常的工作氛围。在传统节日到来的时候，可以依据节日内容的不同搞一些适当的活动，如春节的红包、儿童节时送给下属孩子的礼物、中秋节的月饼等等，将关怀一点一滴地送出。

现代人都习惯祝贺生日。生日这一天，一般都是家人或知心朋友在一起庆祝。聪明的用人者善于“见缝插针”，使自己成为庆祝的一员。有些用人者惯用此招，每次都能给下属留下难忘的印象。或许下属当时体味不出来，而一旦换了领导有了差异，他自然而然地会想到你。

（2）关注下属的健康状况。

对下属健康情况的关注已不仅仅局限于“医务室”的设立，很多知名企业为本公司下属聘请专业的健康咨询公司，其任务就是定期检查下属的身体及精神健康状况；并为每个下属量身定制其自我的健康计划；从健康讲座到公司全员的健身计划。有些企业还与健身中心或当地的健康俱乐部进行联系，为下属的个人健身活动提供便利。

（3）下属住院时，亲自探望。

一位普普通通的下属住院了，他的上司亲自去探望时，说道：“平时你在的时候感觉不出来你做了多少贡献，现在没有你在岗位上，就感觉到工作没有了头绪、慌了手脚。快安心把病养好吧！”结果，这个下属感动不已，出院后十分卖力，为他的公司赢得了更多的利润。

有的用人者就不重视探望下属，其实下属此时是“身在曹营心在汉”，虽然住在医院里，却惦记着领导是否会来看看自己。如果领导不来，对他来讲简直不亚于一次打击，不免会嘀咕：“平时我干了好事他只会没心没肺地假装表扬一番，现在我死了他也不会放在心上，真是卸磨杀驴。没良心的家伙！”

（4）不要忽视工作餐。

午餐对于下属来说，是一日三餐中最重要的。很多下属早上吃早餐匆匆忙忙，晚上可能还要加班，将晚餐拖后，所以，午餐的营养如何对下属的身体健康至关重要。现在很多公司都为下属提供免费的工作午餐，有的公司将午餐业务外包，有的公司设有专门的配餐部门，但无论哪些形式，公司对午餐的营养搭配、品种选择都要予以关注。必要的时候，应该请专门的营养师进行营养调配，当然，个性化的营养摄入指导是再好不过的了。

（5）保证下属的工作安全。

强调安全工作是对下属生命的尊重和关心，光在口头上空谈安全的重要性是远远不够的。安全信息必须不折不扣地传达到一线并设立规章制度确保执行。一般来讲，一线领导对于安全责任制度应予以明确。“人”才是公司最宝贵的财富，当工作效率与安全问题发生冲突的时候，要坚持安全第一的指导思想。

（6）提供舒适的工作条件。

下属选择工作的时候，工作条件是否舒适是重要的参考因素之一。办公地点的选择，办公环境的布置，上下班班车舒适与否，下属专用停车位的设置等都是所要考虑的因素。在公司的某个角落修葺一个小小的吧台，柔和的灯光下可以看看新近的杂志，对于下属来讲也是很大的诱惑。其实大多数下属对工作都怀有一点小小的虚荣，很多公司在招聘过程中突出工作条件的优越，也是抓住了大家这样的心理。

(7) 关心下属的家庭和生活。

家庭幸福和睦、生活宽松富裕无疑是下属干好工作的保障。如果下属家里出了事情，或者生活很拮据，用人者却视而不见，那么，即使用人者对他再好也可能显得假惺惺的。

(8) 抓住欢迎和送别的机会表达对下属的关心。

调换下属是工作中常常碰到的事情，粗心的用人者总认为不就是来个新手或走个老部下吗？来去自由，愿来就来，愿走就走，这种思想很不可取。

善于体贴和关心下属的用人者与口头上的“巨人”的做法会截然不同。当下属来报到上班的第一天，口头上的“巨人”也会过来招呼一下：“小陈，你是北大的高材生，来我们这里亏待不了你，好好把办公用具收拾一下准备上马！”

而聪明的领导则会悄悄地把新下属的办公桌椅和其他用具收拾好，而后才说：“小陈，大家都很欢迎你来和我们同甘共苦，办公用品都给你准备齐全了，你看看还需要什么尽管提出来。”

同样的欢迎，一个空洞无物，华而不实；另一个却没有任何恭维之词，但用人者的欣赏早已落实在无声的行动上，孰高孰低令人一目了然。

下属调走也是一样，彼此相处已久，疙疙瘩瘩的事情肯定不少，此时用语言表达用人者的挽留之情很不到位，也不恰当；而没走的下属又都在眼睁睁地看着要走的下属，内心里不免想着或许自己也有这么一天，用人者怎样评价他呢？此时领导如果高明，不妨做一两件让其满意的事情以表达惜别之情。

在人的精神世界里，那些最大的波澜、最响的雷声，往往是由最细微的行动引起的，这就需要用人者从平常的一点一滴做起，从小处着手，用心去做好每一件小事，以达到“润物细无声”、“四两拨千斤”的效果。如果用人者能够在许多平凡的时刻，经常用“毛毛细雨”灌溉下属的心灵，那么，让他们在感动中为你效劳绝对不会是一句空话。

给落后的下属一些关怀

人在什么时候最容易心存感激呢？是在他被别人看不起，而得到你的帮助的时候。一旦你在此时给予他帮助，哪怕他明知你只是举手之劳，他都会发自内心地感激你。

在办公室里也是一样的，如果用人者能给予落后的下属以关怀和帮助，那么，下属就会心存感激，并通过更加努力的工作来回报你对他的关爱。

下属中总有那么一些人，尽管工作态度很认真，能吃苦，听指挥，但工作总是干得不如别人好，有些力不从心。其中有些人常常变得精神颓废，没有干劲，自暴自弃，见人不敢抬头。如果放弃不管这些人，无论是对团队还是对他们个人，都是极大的损失。

某厂一位老组长就是运用关怀的办法，使一些后进职工成为先进者的。

当班组重新组阁时，一名青年工人成了各班组推卸的包袱。原因是他入矿 450 天，旷工 137 天。老组长主动接收了这位小青年。虽然老组长抓得很紧，想了许多办法，小青年还是旷工。一天，组长外出开会刚回矿里，见这位小青年没精打采地躺在床上。一摸他的脸，感到很烫手，便马上把他背到医院检查，全组的同伴也一块去看望他。当大家把罐头、水果和香喷喷的热面条送到他面前时，他紧紧握着同伴们的手，泣不成声地说：“我真对不起组长和大伙的这一片心哪！”他病愈就上班了，在这一天，他自入矿以来出色地完成了任务，效率提高了 50%。从此，这位小青年不仅遵守纪律，而且出满勤、干满点，成了小组里的生产骨干。

这个小组对失足青年也十分关心。有位青年工人因盗窃劳教3年，回矿后，该小组要求领导把他调来。大家四处奔波，为他找住房，利用休息时间帮他搬家拉煤，为他申请了困难帮助。他体质较弱，大家帮他打柱，每天4根柱的任务，帮他干一半，一连就是3个多月。大伙儿的一片真情，终于温暖了他的心。在小组会上他激动地说："以后我一定干出个样子给大伙儿看看。"从此，他和全组同志，追求上进，成了一名生产上的虎将，连续两年被评为先进生产者。

这就是关怀的力量。

一般的领导往往只垂青于那些才华横溢、有突出成就的人，经常表扬、提拔他们，而很少注意某些能力低、成绩差的人。但是，在一个团队里，才能出众的毕竟只是少数，而才能平庸和低下的则是多数。如果扔下这些人不管，整个团队素质就很难得到提升，也不能指望团队成员广泛拥护你。所以，用人者要给予落后者一些关心和帮助。这样，既能更好地完成工作，又能得到他们的支持。

除了故事中这种帮助落后者的方式以外，用人者还需要怎样帮助这些人呢？

（1）消除他们的自卑感。

人有了自卑感后，即使有能力也难以发挥出来。其实，除了少数能力特别突出的人外，其余人的能力相差并不大。如果能让他们增加信心，消除自卑感，他们甚至可以取得与能力强的人一样的成果。所以，领导要关心这些人，多与他们进行交流，列举他们的优点和成绩，证明他们并不见得比别人差多少，也一样可以干得很出色，从而激发他们的上进心和自信心。

（2）为他们开小灶。

对这些下属，需要比对别人多花一点精力。给其他下属布置工作，交代清楚就可以了；给这些人布置工作，要更明确、具体一些，不仅要交代任务，而且要教给途径、教给方法。在其完成任务的过程中，要加强指导，帮助他们克服困难，清除障碍，使之不断增加经验，满怀信心地发挥自己的才干。

需要指出的是，身为领导，你不能手把手地教他们一辈子，必须在提高他们自身能力上下功夫。也就是说，对能力低的人，最好的办法不是“喂”他们，而是想办法使他们学会多动脑筋“自己飞起来”。

(3）不要损伤他们的自尊心。

能力低的人自卑感强，自尊心也很强。面对这样的下属，安排工作时不要损伤他们的自尊心，需要批评时也要婉转，否则容易使他们产生敌对心理，或从此自暴自弃、破罐子破摔。

(4）让他们先出成绩。

安排工作时，找一些相对比较容易的工作让他们干，完成得好，出了成绩，哪怕是小小的成绩，你都要立即表扬鼓励，让他们从自己的成功中看到希望，增强信心。随着其能力的不断提高，对他们的要求也应不断提高。相信过不了多久，他们的能力就会有很大的提升。

(5）必要时给点压力。

对于能力低的下属，给他们开“小灶”是必要的，但也不能因此而娇惯他们，让他们过于轻松。特别是当他们的能力有了一定提高之后，要时常给点压力，或是用语言“点”一下，或是用别人的事例“激”一下，或是在工作上适当“加点码”，使他们把压力转化为内在动力。

相信在你的帮助下，这些下属会有很大的进步，也会因此对你心怀感激，而更加努力地工作的。

关心下属的家庭则可事半功倍

人生最大的两件事就是家庭与事业。工作固然重要，但是家庭对个人来说却是更重要的。一个人的家庭往往更能影响到工作，所以，用人者要赢得下属的拥护，一定不要忘了关心下属的家庭。从人性而言，你如果能把关心下属的家庭作为施恩的一种方式，便会取得事半功倍的效果。

小白是刚调到某研究所的助理研究员，母亲做胆结石手术住进了医院。一次聊天中，他偶然和所长谈起此事，所长马上表示要到医院探视其母亲，小白顿时激动得眼睛湿润了。他对一个朋友说："我在某校干了8年，校领导没去过我家里一次，我到这个所不到半年，所长'五一'节去了我家一次，这回一听说老太太病了又去看。人心都是肉长的，我能不认真工作吗?"

可见，让下属充满激情地去工作，就要适当地关心下属的家庭。对此，日本麦当劳的董事长藤田田为我们做出了示范：

每一位下属的太太过生日时，都会收到藤田田让礼仪小姐从花店送来的鲜花。事实上，这束鲜花的价钱并不昂贵，然而太太们心里却很高兴，"连我先生都忘了我的生日，想不到董事长却惦记着送鲜花给我。"藤田田经常都会收到类似的感谢函及电话。

除此之外，日本麦当劳每年都在大饭店举行一次联欢会，所有已婚的从业人员必须带着"另一半"出席。席间，除了表彰优秀的下属外，董事长藤田田还郑重其事地对太太们说："各位太太们，你们的先生为公司做出了很大的贡献，我已经给予了各方面的奖励，但有一件事我还要请求各位太太们帮忙，那就是好好照顾你们先生的身体。我希望把你们的先生培养成为一流的人才，帮助他们实现人生的梦想，从而促进你们家庭的和睦，可是我无法更多地、更细致地兼顾他们的健康，因此，我把照顾先生们身体的重任交给了你们。”

听了这番话，哪一位太太内心不存感激呢？而这种感激自然会变成支持与鼓励，让下属能更好地为单位服务。

一般情况下，下属会遇到一些来自家庭的问题，比如，经济方面的问题、子女方面的问题、长辈方面的问题、夫妻之间的问题、家庭其他成员相互关系方面的问题、邻里关系问题、突发事件等等，这些问题常常会给下属带来困扰，如果处理得不好，就会直接影响到下属的工作情绪；而如果用人者能及时伸出援助之手，解除他们的后顾之忧，他们能不拥护你的领导，卖力地为单位工作吗？

用人者要关心下属的家，最好还能经常走访下属的家庭，并做到“一报”、“三访”。

“一报”，即向家长报告下属的情况。除了必须让家属掌握下属情况，以便让家属一起帮助其改正错误、缺点外，主要是报告下属的优点和工作成绩，让家属觉得自己脸上有光，觉得自己的亲人更加可爱可敬，觉得自己要更好地支持自己的亲人搞好工作。值得注意的是，讲下属的优点和成绩一定要实事求是，这样才能由衷地赞赏，也才能调动家属的感情。下属的成绩有大有小，优点有多有少，除了某些出人意料的以外，他们的家属自己心中大致有数。哪怕是很小的成绩、很少的优点，受到领导的肯定和赞许，家属也会感到高兴；如果说过了头，家属反会觉得不自在。如果下属存在较严重的错误或者较多的缺点，当然也必须告诉家属。因为下属的错误、缺点如果被动地让家属发现，往往会招来埋怨，产生隔阂。由下属自己或者用人者主动告诉家属，则可以得到家属的谅解、关心和帮助。但也必须实事求是，缩小了起不到应有的作用，扩大了会导致反感甚至绝望。切忌用“告状”的方式，只能用关心和商量的口气，共同寻求进行挽救和共同帮助改正的办法。

“三访”，即访情、访苦、访贤。

访情，就是了解下属的家庭情况。访情的目的一是进行帮助，二是增进与家属的感情。每作一次家访，一定要了解下属家里各方面的情况，家庭人口、家庭人员关系、家庭经济状况、家庭存在的主要问题等等。

了解家庭情况时，要因人而异，掌握分寸，详略有别，适可而止。家庭经济状况本来是家访要了解的主要内容，但如果你已经知道该下属属于宽裕型的家庭，就不必问其他成员每月的工资收入，还有什么其他收入，有哪些家庭困难等。同时，属于对方隐私的问题，最好也不要细问。

访苦，实质就是慰劳辛苦。下属的工作好、成绩大，都离不开家属的帮助。或者是帮助解决工作中的某些难题，或者是大部分或全部负担了家务，或者在精神上给予了很大鼓励。用人者对他们说些感谢的话、赞赏的话、表扬的话会使家属感到自己的劳动受到肯定，受到尊重，支持自己亲人工作的热情会更高。

访贤，就是在家访时赞赏家属的贤德，绝大部分的家属不是自己的下属，即使是自己的下属，对于家庭问题，也大都不宜介入，更不能随意地批评，只能采取另一种形式——赞赏。每个人都有自己的优点和长处，每个人都可能在同一问题上，有时做得很对，有时做得很不对。对下属的家人，回避其缺点和错误，回避其做得很不对的地方，只赞赏其做得好的地方，可以取得很好的效果。

到下属家家访，证明你们不仅正式的“公交”关系好，私交也很好，下属会有受宠若惊之感。心灵的距离一下子拉近了，许多在办公室不好说的话在家里可以敞开心扉谈，即使以前双方有些不愉快，现在也全冰释了。用人者的家访虽然关心的是下属的小事，但一定会让下属感到莫大的欣慰与鼓励，他们也会站在公司的角度，重视和执行公司的“大事”，这是一种相互的回报。

我们是有着领导干部看望部属的好传统的，遗憾的是，近些年来，只听说部下提着大包小包去领导家中探望，很少听说领导屈尊下驾的，这个好传统有失传的可能。除了社会风气的原因，还可能有部分领导对家访意义了解不够的原因吧。希望所有的用人者都充分认识家访的意义，做做这笔“吃小亏占大便宜的买卖”，效果肯定错不了。

第七章
暗箱操作术：笑里藏刀背后手段

一个人的用人水平与其做人做事的方式有很大关系。性格直爽、真诚待人本没有错，但如果身处复杂的用人环境中，仍胸无城府，让人一览无余，就很难得到下属的尊重。只有懂得暗箱操作，背后施手段，才能把握进退的主动权，在用人过程中左右逢源。

不懂得藏心是一件相当危险的事

身居管理位置的人，最忌别人一看你的脸色、一听你的言辞就知阴晴寒暑、雨雪风霜。兵法云：兵不厌诈，虚则实之，实则虚之，能而示之不能，战而示之不战。如果你不能推行诡道，不懂得心藏九天玄机，就难以做到含而不露。如此，便会显现三大弊端：一是你的部属可洞悉你的心思，从而施展反操纵术，把你操纵于手心之中；二是你的观点、主张、决策、布置很容易被对手掌握，那样，你就只有等着葬送自己；三是容易得罪上司和同事，为自己的仕途平添许多障碍。

在现实生活中，只要你稍一留心就会发现，和我们交往的每个人，或多或少地都要隐藏自己，其区别无非是时间和程度不同罢了。如果我们让自己一览无余，处处都表现出自己真实的一面，必将给自己带来诸多麻烦。从人性的角度来看，不懂得藏心不仅不是什么好事，相反地，还是相当危险的事。

巴顿就是这方面的反面教材，他口无遮拦爱放大炮、胸中毫无城府，不但使上司颇为难堪，自己也失去了不少人缘，被同事们称为“和平时期的战争贩子”。

1925 年，巴顿到夏威夷的斯科菲尔德军营担任师部的一级参谋。一年后，他被升为三级参谋。他的工作主要是负责对战术问题和部队的训练提出建议并进行检查，但由于胸中没有城府，他经常得罪别人。1926 年 11 月中旬，他观看了第 22 旅的演习，对这次演习非常不满。他直接向旅指挥官递交了一份措辞激烈的意见书。他的这种做法是纪律所不允许的，因为他只是一名少校，无权指责一名准将指挥官。这样一来，他便招致了上司的非议和怨恨。

但巴顿并没有因此把心“藏”起来，仍然照“露”不误。1927 年 3 月，在观看了一场营级战术演习后，他又一次大发其火。他指责营指挥官和其他人员训练无素，准备不足，没有达到预定的目的。虽然这次他很明智地请师司令部副官代替师长签了名，但其他军官心里都很清楚，这又是巴顿搞的鬼，所以联合起来一致声讨巴顿。众怒难犯，师长没有办法只好把这位爱放大炮的参谋从三级参谋的位置上撤下来，降到二级。

不懂得藏心，只会给自己带来麻烦。一个人即使是天才，若丝毫不懂得收敛，也是很难立足的，而且会招致厄运。崭露锋芒是正常的，但应认清形势，把自己的位置摆正才能做到自我保护。当年刘备寄曹操篱下，青梅煮酒论英雄之际，难道一个雷鸣电闪果真能吓得刘皇叔酒杯掉落吗？这也不过是刘备藏心的一种表演罢了。倘若此刻曹操看出端倪：此公日后将割据蜀国与我一争高低，那刘备死在临头了。

运用藏心术的好处除了最基本的自保外，还在于让对手充分暴露，并且让他无法搞清自己的意图。攻之，可乘其不备；击之，可自由安排。也就是说，藏而不露的根本目的不在于藏而在于露。你必须看准时机，在该露的时候毫不犹豫，立刻行动；同时，在藏的时候，也并非被动地四处躲藏，而是藏中有露，时而藏时而露，神龙见首不见尾，这样才能保证他日时机一到，你能一击必成。

含而不露才会让下属毕恭毕敬

很多杰出的用人者都是和蔼可亲的，但在他们慈眉善目的背后往往隐藏着超强的用人手段和不可名状的管理权谋。这就像我们常说的：平静的海水往往比波澜壮阔的海水更为可怕。

所以，如果你希望人们注视你、尊重你，就应当含而不露。你越是大事张扬、暴跳如雷，下属就越是不怕你；相反地，你越是默不作声、含而不露，下属就越是对你毕恭毕敬。

寓言故事《黔之驴》中，老虎被驴一开始的声势所震慑，但渐渐地就发现这只不过是驴的“日常工作习惯”而已。于是老虎心中暗喜，内心盘算着驴“技止此尔”（就这点儿本事了），于是便来饿虎扑食，驴便一命呜呼了。

谨慎的沉默乃是精明之人庇护之所。心中一有事情就全力张扬，决不会得到属下的尊重，还会招来评头论足。倘若它们还有什么美中不足之处，则他的不幸还会加倍。

李强是一家大公司的一个分公司的经理，脾气相当暴躁，经常在办公室里大发雷霆，动辄扬言要把某某人开掉。一开始大家都挺害怕，于是做事便都很小心谨慎。但后来大家渐渐地发现发脾气只不过是他的“日常工作习惯”而已，并不能产生什么实质性的变化，于是大家便继续我行我素。李强看到大家这种没把他放在眼里的情形，于是便恼羞成怒发起更大的脾气。就这样，大家渐渐地都习以为常了，感觉到这位经理发一发脾气只不过是为了彰显他的地位，并没有实际性的意义。真正的哪一天他不发脾气了，大家反倒感觉很奇怪。

在实际工作中，有很多用人者都喜欢自觉不自觉地在下属面前要一要威风，大事张扬，以此来显示他是个领导。许多用人者认为，用人就要对下属吆五喝六，指挥周围的人，否则用人就失去了乐趣。

随着时代的进步，这种高压式的管理方式已经逐渐被淘汰了，下属已不再是用来赚钱的工具，现代用人者在下属管理之中更注重加入一些人性化的东西。面对下属的错误大发雷霆并不是什么好办法，有时适当的沉默、宁静可以起到“此时无声胜有声”的作用。

通常来讲，当你批评下属时，他的情绪波动是很大的。每个人都有自尊心，成年后更是觉得面子是很重要的。也许你的大发雷霆只是想劝导他一番，并无他意，但是无形中你却伤害了下属们的自尊心，让他们觉得颜面挂不住，索性产生了“破罐子破摔”的心理，那你的大发雷霆岂不是得不偿失？不要到处都充满你的斥责声，在你的适度批评之后保持一个沉默的空间，让下属有时间冷静地想想自己的所作所为，相信这更是一种对当事人的威慑。一方面，下属会因为你的“点到为止”感谢你为他们保留了颜面，另一方面也显示出了你宽广的胸怀。你的默不作声并非是对错误的迁就，而是留给了对方一个自省的余地，这样做要比大发雷霆好得多。

所以，最好不要第一次就用尽自己的全力，真正聪明的用人者从来都不轻易让下属看出他的底细。让别人猜测他会不会发火，要比一开始就发威而且一成不变更有效，自己也更能获得属下的尊重。

使自己看起来“深不可测”

真正聪明的用人者从来都不轻易让下属看出他有多大的智慧和勇气，因为他们知道，只有这样才能更好地获得别人的尊重。没有人看得出你才能的极限，也就没有人对你感到失望，你的权威就没有人去动摇。

下属对领导感到神秘莫测，就会产生一种畏惧感，所以，如果你想要受到他人尊敬，你就不应该让任何人了解你的底数（或者说是深度）。如果人们无法知晓一条河流的确切深度，他就会对这条河流产生一种敬畏之情。如果一个人的缺点不为他人所知晓，他就会一直受到人们的尊敬。小心翼翼地保持一种深藏不露的状态，可以维护你在他人心目中的声望。

这一条原则告诉我们，如果你并非真的深不可测，你至少要把自己装扮成深不可测的样子。我们应该记住希腊先哲的一句话：“半藏半露比一览无余要好得多。”因为如果我们只显露一半，则藏匿起来的另一半在他人的心目之中会比它的实际大小要大。

一定要让所有的人了解你，而又摸不清你的底数。出奇制胜往往最令人心悦诚服；过分显露既无用也无趣。不急于表态可让人揣测不已，尤其在你的地位至关重要足以引起人们期待的时候，神秘就是靠其深不可测而使人肃然起敬。即使你必须道出真相，也最好避免将一切和盘托出。

建立深不可测的神秘形象有个非常简单的方法，那就是绝不要解释你所做的某件事。

有时候，你会遇到人们对你以非常少的时间能完成许多的事惊服不已的事情，这时候他们会感到诧异。如果是这样，让他们去诧异吧。绝不要向他们解释你已开了一个星期的夜车，你要做的只是微笑不语。假若有人惊奇为什么你突然瘦了20磅，别告诉他们你是在做运动或节食，所要做的仍然是微笑不语。你能在3日以内拟出一项重要的行销策略计划，其实你只是将5年前早就拟好的那份计划拿出来，按照目前的市场状况改写了一下。但别人问起来时，你绝不要解释——仍然是微笑不语。

可见，如果你希望别人注视你、敬仰你，就应当效法“神灵”，含而不露。想要在管理领域干出一番成就的用人者，即使你并非深不可测，也可以先从外表上让自己显得深沉稳重，腹有良谋。

作为一个用人者，你应该把这条原则作为自己处世艺术的首选：运用你个人的技巧对一种场合进行权衡。这是一条非常重要的权谋，它可以使你为人所知，却不为人所懂；可以使你不断地进步，不断地树立更高的理想，不断地提出更高的期望。

不过，我们希望你不要将这种手段运用在其他事情上。毕竟，让人随时心生警戒并非是什么好事。头脑太聪明、个性太精明的人，通常都很难应付。由于脑子整天转个不停，不论什么事情都会事先预计好，让人有松懈不得的感觉。同时，一发现别人有什么缺点，便会立即指出来，即使没有当场表明，也会让对方觉得：“这个人不知道有什么企图！”警戒之心乃油然而生。在普通交际场合中，这种结果不利于我们与别人建立起密切的关系。

在向下属安排任务时，你也应当让你的下属对状况完全了解，并不断地提供给他们新的资讯；要下属做什么，必须解释明白，否则不利于他们正确地贯彻执行；但有关你自己，你要像魔术师一样，不要轻易地解释你所做的事，你只要多用微笑，就能让人觉得你深不可测。

切勿随便交出自己的全部真心

身处复杂的权力场中，最需要的是让人们摸不透自己的心思。在具体工作中，如果一个用人者对自己毫无掩饰，随随便便就交出自己的全部真心，处处都表现出自己真实的一面，必将给自己带来诸多麻烦。

只要你稍一留心就会发现，在现实社会中，除了禽兽和野蛮人，根本不会有毫无掩饰的“透明人”。为此，用人者在工作和生活中，一定要记得适当地戴上面具。至于什么场合应该戴什么面具，就像戏台上唱什么角色该穿什么戏服一样，是不可能一成不变的。就职场而言，我们有如下建议：

（1）不可轻易动真感情。作为一个领导人，社交活动不免与自己所在的单位有关。下班之后，与同事、下属或上司一起喝杯酒，聊聊天，不但有助于日常工作，还可能知道与工作有关的信息。因此，单位举办的各种聚会，自然要积极参加，就是与同事及上司打上一两场“社交麻将”也很有必要，但有一点要时刻切记：不可轻易动真感情。

在权力和利益场上，只有在大家都放弃了相互竞争，或明知竞争也无用的情况下，才会有友谊的存在。如果你轻易地交出真心，甚至动了真感情，只会自寻烦恼。

（2）掩盖自己的“野心”，以便保护自己。蓝领与白领阶层不同的地方之一，是蓝领向上的流动性不大，升迁的机会不多，因此，蓝领工人打的是正规战术，集体讨价还价，争取共同的利益。而白领阶层则大多都有个别拼搏的机会，获得升迁是单打独斗的结果，甚至要通过“踩着”别人的肩膀往上爬的方式才能达到目的，因此，白领之间不但没有蓝领的那种同志感情，往往还互相猜忌。这种生存竞争环境，犹如深入敌后、孤军作战的游击队。而游击队斗争的最高原则是“保存自己。消灭敌人”。作为用人者，多为白领阶层，但许多力争上游的用人者，很注意将对手打倒，却往往不善于保护自己，这是不足取的。正确的做法是：一方面要友好竞争，另一方面更要在众人的竞争中保存自己，在势孤力弱的情况下，就要夹紧尾巴，千万不要露出自己全力拼搏、一心往上爬的“野心”，以免成为众矢之的。

虽然也有“不招人忌是庸才的说法”，但在一个小圈子里，招人忌者是蠢材。聪明的用人者，往往在积极争取往上前进的同时，还能很自然地摆出一副“只问耕耘，不问收获”的超然态度，其秘诀就是善于用面具盖住“野心”的缘故。

（3）在单位里不可随便乱说话。在现实社会中，任何一个单位都不是真空般一尘不染，正人君子有之，奸佞小人亦有之；既有坦途，也有暗礁。在复杂的环境下，不注意说话的内容、分寸、方式和对象，往往容易招惹是非，授人以柄。

事实证明，人只有先求安身立命，适应环境，然后才能设法改造环境，顺利地走上成功之道。因此，说话小心些，为人谨慎些，避开生活的误区，使自己置身于进可攻、退可守的有利位置，牢牢地把握主动权，无疑是对自己很有好处的。

“架子”可使心机不被窥破

用人者处于各种矛盾的焦点上，他若想实现自己的目的，就必须懂得掩藏自己，使自己的心机不被窥破。如果下属很容易就揣摸到上司的心理，他就很可能用之来达到自己的某种目的，从而危及或破坏用人者意图的实现。而不暴露自己的一个好办法，就是体现出与下属的等级，使自己保持一种上司的状态，这就是通常所说的“架子”。

说起“架子”似乎很是让人讨厌，认为是脱离群众的表现，但实际上，它既然存在就必然有其内在的理由或者说合理性。

《现代汉语词典》对“架子”一词的解释是：自高自大、装腔作势的作风。这的确是人们对“架子”的普遍印象和产生反感的原因。但从另外一个方面来看，“架子”绝不仅仅是一个消极、负面的东西，而是有着它积极而微妙的意义，成为许多人领导和管理下属的一种十分有效的艺术性方法。

许多领导正是通过有意识地“摆架子”，使下属认识到权力等级的存在，感受到领导的支配力和权威。而这种权威对于领导巩固自己的地位、推行自己的政策和主张是绝对必需的。如果领导过分随和，不注意树立对下属的权威，下属很可能就会因为轻慢领导的权威而怠惰、拖延甚至是故意进行破坏。所以，领导通过“架子”来显示自己的权力，进而有效地行使权力是无可非议的，对于领导很好地履行自己的职责也是必要的。

“摆架子”会给领导带来威严感，会给下属这样一种印象：即他可以随时行使他的权力来达到自己的目的。威严感会使领导形成一种威慑力，使下属感到“服从也许是最好的选择”，而“不服从则会给自己造成不利”。

从一定意义上说，用人者必须是一只狐狸以便识别陷阱，同时又必须是一头狮子以便使豺狼惊骇。如果被人认为是轻率浅薄、软弱怯懦、优柔寡断的人，就会受到他人的轻视。他应该努力在行动中表现出伟大、英勇、严肃庄重、坚韧不拔。

有“架子”的领导就仿佛是一座云雾缭绕、幻象纷呈的大山，看上去高深莫测，不可捉摸。其实，这种掩盖心机的效果正是树立权威的需要。

领导的“架子”还是一种避免打扰的防范性措施。你性情太随和，人人都以为你好说话，所以，鸡毛蒜皮的事都来找你定夺，你把“架子”摆起来了，就可以有效地避免这些小事的烦扰，从而集中精力去谋大事。所以，“摆架子”应该是领导艺术的一部分，有利于用人者对政务的决策。

“摆架子”还有利于丰满领导的高大形象，它有时是一种自信和自尊的体现，使用人者有一种鹤立鸡群的威信，从而唤起下属的敬佩。当然，下属中腹有良谋者也会偶然发现领导的装腔作势，但却不愿拆穿这个西洋镜。因为无论是谁，都要实现自己的人生价值，而中国人素以获得权力为“荣耀”，不摆一点“架子”，怎么能显示出领导的高大形象呢？

所以，用人者的“架子”绝非是一个简单的道德问题，它还包含着相当的领导艺术的奥妙，更有着心理学上的微妙含义。群众都有服从权威的倾向，而用人者通过得体的“架子”表现出来的自信心、意志力、傲视群雄的态度以及凌驾于众人之上的气势则有助于增加自己的权威，更能从形象上唤起别人的敬佩和好感。最重要的是，没有神秘就不可能有威信，因为对于一个人太熟悉了就会产生轻蔑之感。

当然，凡事都不可过犹不及。一方面，一点“架子”不摆，可能会被人瞧不起，工作起来难以服众；另一方面，你“架子”摆得太足，与人离得远远的，也会有负面影响。所以，用人者“摆架子”一定要把握好度，这样才会让自己的管理职能充分得到发挥。

与下属没有距离就不能树立权威

法国前总统戴高乐说过：伟大的人物必然会与别人产生距离，因为没有距离就不能树立权威，没有与世俗的距离就不能产生威信。可见，只有保持一定的距离才能树立权威，赢得下属的尊敬。

有些用人者认为，越平易近人，越和下属打成一片，越能赢得下属的尊敬，但结果却往往适得其反。为什么呢？孔子曾说："临之一庄，则敬。"意思是说用人者不要和下属过分亲密，要保持一定距离，给下属一个庄重的面孔，这样才可以获得他们的尊敬。

当然，用人者为顺利展开工作而注重同下属保持亲密关系固然重要，但一定要避免与下属私交过密。因为用人者一旦与下属失去距离感必然会难以随意支配下属。人与人之间的感情往往束缚人的心灵，从而使你对下属难以采取公事公办的态度。比如前一天晚上刚刚在一起推杯换盏的下属第二天却迟到了，对此上司会在批评与默许之间左右为难。如果默许，自然会引起别的下属的不满；如果批评，这位下属难免会不服管教，或者暗地里说："哼，昨天还和我称兄道弟的，今天就翻脸不认人了。"

作为一个用人者，请你回想一下，你是否经常与你的下属共同出入各种社交场合？你是否与你的某一位知心的下属无话不谈？你的下属是否当着其他人的面与你称兄道弟？如果已经出现了上述几种情况，那么危险的信号灯已经亮了，你需要立即采取行动，与你的下属保持一定的距离，不可太过于亲密。

俗话说得好：有距离才有美。适度的距离对你是有好处的。即使你再"民主"，再"平易近人"，也需要有一定的威严。与下属之间的关系过于亲密，会使人觉得你与他的关系已不再是上下级的关系，而是哥们儿了。

于是，其他下属也开始对你的命令不当一回事。

有些领导者宽厚仁慈，试图建立一种与下属的“亲人式关系”，这种良好的心愿往往在实际运用中屡屡受挫。与下属不分彼此、交情深厚，下属就可能恃宠而骄，难免散漫，执行力不强，工作易受阻碍；也因为没有了距离，下属会对领导者的生活习性、个性爱好等了如指掌、全面掌控，难免被一些下属投其所好，甚至会瞄准用人者的弱点巧言令色、步步为营，让用人者权力被架空；也不排除某些下属会仗着与用人者的“交情”，狐假虎威、发号施令，不分里外、上下、轻重场合，对用人者失去应有的尊重与敬畏之心，严重损害用人者的形象与威望。同时，用人者若经常与一部分人打成一片，难免会忽视其他人，厚此薄彼，显然不利于工作的开展；也可能会偏听偏信，被误导视听，阻塞了进谏之路。正直忠诚者被拒之门外，别有用心者却近在身旁，久而久之，难免不出现问题，给企业发展造成危害。

在日常的管理中，你是否会听到下属这样议论你：头儿这些天是怎么了，前天还与我们有说有笑地吃晚饭，今天就把我叫到办公室训了一顿。一会儿把我们当朋友，一会又要做我们的主管，真没想到他会这样对待我们，太令人失望了。

还有一些用人者也曾有这样的经验，你与某位下属关系密切，甚至把他当作知己，下班了一起去吃饭、消遣，工作中，他遇到什么困难，也会指点一下；但是当有职位空缺的时候，你选择了另外一个更适合的下属，这就导致这个和你关系好的下属怒不可遏，会质问你为何不提拔他，他还会因为生气而以迟到早退、工作散漫对你进行报复。本来亲密的关系，也在一夜之间落到冰点。落得这样的收场，用人者本身也得负一点点责任，因为你没能让他明白“公事与朋友是两回事”这一戒条。

作为一名用人者，如果你一方面想当下属的好朋友，另一方面又想当好上司，同时想扮演好这两个角色只会让你吃力不讨好。你的下属会对你的“两面派”行为怀恨在心，而上司则会怪你办事不力，你只好两头受气。

可见，与下属关系过于亲近，并不利于你的工作，反而会带来许多不易解决的难题。作为一名用人者，必须善于把握与下属之间的远近亲疏，使自己的领导职能得以充分发挥，这一点必须重视起来。

学会保留，别把话都说到嘴上

什么事该说，什么事不该说；什么话要全说，什么话要有所保留，这里面大有学问。在现实生活中，愚蠢的人什么都说，还什么都说不清；聪明人是该说则说，不该说则不说。在管理领域里，说话艺术不仅体现着一个领导为人处世的智慧，也体现着他的用人水平。善说者不是把心里的话都抖搂出来，而是把该说的都说到嘴上，不该说的则适时留半句。

在日常生活中“说话留一半”的古训早已深入人心。比如，在恋爱中，聪明的女孩永远坚持“说话留一半”，永远让你觉得意犹未尽，似有似无的甜而不会觉得腻。为什么？因为适当的距离产生美，空隙产生爱。不仅是男女之情需要“说话留一半”，用人者在用人的过程中也需要如此。

“说话留半句”是水平，也是一种用人权谋术。即使要讲的是真话，但是也需要看场合。如果是在不利于别人接受真话的场合，你对他说了真话，反而对他来说是故意给他丢丑。这时候最好的办法是旁敲侧击，或者说一半留一半。对方明白就行了，不必说得清清楚楚，让其他人也听到和听明白。

“说话留一半”往往表现为“藏而不露”、“犹抱琵琶半遮面”、“顾左右而言他”，从表达方式上看，能产生含蓄美、朦胧感、神秘性；从结果上看，可以大事化小，小事化了，并维护自己的威信。

（1）“说话留一半”可能出现在新闻里。一些报道往往只不过是事实片段，被采访的领导有时回避、舍弃、删减了某些不便或不愿直说的信息，字里行间每每有弦外之音、潜在之词，给人以想象的空间。

（2）向下属安排工作也要说话留一半。汇报工作，跟领导说话一定要说清楚；向下属安排工作，就不能说得太明白了，凡事事无巨细是用人者的大忌。

在安排工作的时候，不把所有的话都说完，下属们走出办公室的时候，往往是一脸狐疑，但是又不敢发问，于是干完工作来找领导的时候，总是小心翼翼的，生怕领导批评他们没有领会领导的意图。

这样做，一是可以调动下属的积极性，促使其努力工作；二是可以充分利用下属的聪明才智和创造性；三是可以建立领导的权威。

当然，对于那些必须明确交代的事项，用人者则应交代清楚要点，以免出现问题。

（3）别告诉下属结果。有一种很多人都非常熟悉的游戏——黑白棋。在整个棋局结束的时候，它不会像别的游戏一样跳出一个“you win”或者“you lose”的字样，而是不管胜负就显示“game over”，胜负让你自己去判断。

有些人喜欢让下属知道上级是怎么评价他的工作的，以增强下属的责任心和成就感。其实，如果在下属询问某项工作结果的时候，你故作神秘地应对，则可让下属们觉得神秘，觉得上级工作不好对付从而不敢随便交差。因此，有时候把话都说出来可能还没有“留半句”的效果理想。

无论什么事都要故作镇定状

遇事能否保持镇定，是衡量一个人的心智与城府高低深浅的重要标准。任何一个组织都会遇到一些出人意料的事件，而这些事情有的会给人以强烈的冲击，让一般人处在恐惧或狂喜之中。一名优秀的用人者应处处显得从容不迫、成竹在胸，即使内心再慌乱或再高兴，也要故作镇定状，这样才能控制住事态。要达到这一目的，可采用：

（1）心理控制法。

很多突发事件，都会对人们心理产生相当大的冲击与压力，使大部分人处在强烈的冲动、焦躁、恐惧或狂喜之中。所以，用人者首先应控制自己的情绪，冷静沉着，以“冷”对“热”、以“静”制“动”，镇定自若。在这个过程中，做一件悠然自得的事以显得镇定自若就很有效。

公元382年，由氐人建立的前秦统一了北方，对东晋的威胁日益严重。前秦皇帝符坚在统一北方的次年，就决定调士卒九十余万人攻打东晋。东晋疆场多有失误，诸将相继败退。

面对强敌压境，东晋以谢安之弟谢石为征讨大都督，以谢安侄子谢玄为前锋都督，率北府兵8万人迎击秦军。将军刘牢之以精兵5000人袭击梁城垒（今安徽怀远），歼秦军1.5万人，掳获大批粮草器械，取得首战胜利。在谢安的统帅下，晋军连获胜利。

符坚率领的号称百万之师驻在淮淝之间，京城建康上下震动。谢玄去向谢安神色问计，谢安坦然毫无惧色，回答说：“已经另外有旨。”然后沉默不语。谢玄不敢再说。谢安命令驾车去山野别墅，聚集亲朋来，便和谢玄下起围棋来，并以别墅赌胜负。谢安的棋艺平时劣于玄，这天谢玄恐惧，便旗鼓相当而胜不了谢安。谢安对他的外甥羊昙说："我赢的别墅给你。"接着，谢安就在山野到处游览，至天黑才回谢府，派谢玄去淝水。

谢玄奉谢安之命进军淝水东岸，与西岸的苻融军相对峙。当时，苻坚派投降的原晋朝旧臣朱序至晋营，劝说谢石投降。谢玄乘机要他和苻坚相约，建议秦军自淝水西岸小退，晋军愿到淝水西岸决战。苻融企图乘晋军半渡之时，加以邀击，全歼晋军于淝水中，于是便令士兵稍退。可是秦军内部复杂，又不愿意作战，特别是汉人心向南方。因此，一旦退却，不可复止。秦军以为前方被击败，于是奔逃溃散，自相践踏，死伤遍野。晋军乘势猛攻，秦军大败。

当谢玄军打败苻坚后，送来驿书时，谢安正与客人下围棋，看完信后，随手放在床上，也没有露出喜色，照旧下棋。客人问他淝水消息，他慢慢地回答说："小儿辈已经打败贼寇了。"棋局结束，谢安回到内室。由于内心太高兴了，跨过门槛时竟连屐齿折断都不知道，被后世传为佳话。

"淝水之战"中，谢安作为这次战役的总指挥，压力之大，可想而知。因为这一战的胜负，不仅仅是一场战役的胜负，而是关系到整个国家的安危。史书没有记载谢安是否害怕，而是记载了他很高兴。由此可以推断在他平静的表面下也一定有担忧与恐惧，但他却均用下棋做掩护，外示镇定，控制了局面。让下属也随之平静，也让他们更敬畏他。

作为用人者，当你遇到变化时，也可以借用下棋、阅读、听音乐等平常喜欢的爱好让自己悠然自得，并用这种行为去暗示影响下属们。

（2）组织控制法。

对于一些突发性的危机事件，运用组织控制法是指在组织内部迅速统一观点，使大多数人有清醒认识，稳住自己的阵脚，以大局为重，避免危机扩大。

①注重效能，标本兼治。正因为处理突发事件的首要目标是迅速果断地行动，控制局势，这就必然要求突发事件的决策指向要针对要害问题，达到"立竿见影"的效果。首先治"标"，为此而采用的决策方式可以是特殊的，在治"标"的基础上，再谋求治"本"之道。

②打破常规，敢冒风险。由于突发事件前途扑朔迷离，犹如处于瞬息万变战场的军队，需要强制性的统一指挥和凝聚力量。同时，在突发事件决策时效性要求和信息匮乏的条件下，任何莫衷一是的决策分歧都会产生严重的后果。所以，对突发事件的处理需要灵活，要改变正常情况下的行为模式，由用人者最大限度地集中决策，使用资源，迅速作出决策并使之付诸实施。

③循序渐进，寻求可靠保障。在处理突发事件时，用人者固然要有冒险精神，但也要倾向于选择稳妥的阶段性控制的决策方案，以保证能控制突发事态的发展。用人者在信息有限的条件下采用反常规的决策方式，并对决策后果风险进行预测和控制时，需回避可能造成不必要波动的方案，同时注意克服急于求成情绪。因为突发事件的表象固然可以迅速得到控制，但其根本的处理则需要在表象得到控制的阶段上进一步决策，做到既要及时应变，又要循序渐进，寻求可靠保障。

总之，无论发生了什么事，用人者都不能自乱阵脚。时时显得镇定自若不仅有利于控制局势，也有利于获得下属的钦佩，从而使自己用人更为得心应手。

采取行动前先隐藏真实意图

在采取行动之前，如能先把自己的真实意图隐藏起来，经过深思熟虑和充分的调查与准备，做起事来就会有条不紊；做事时下的功夫越深，获得的成果就越大。

作为一个用人者，有许多信息都需要从下属的报告中得来，然而，这些信息到底是不是与实际情况相符？下属有没有从中弄虚作假？如果不加调查，恐怕是很难知晓的。

实际上，在中国传统思想的影响下，或者说从人性的角度看，下属很有可能为了自身的利益对身居高位的人隐瞒一些实情。那么，如果你是这个身居高位的人怎么办？是大发雷霆还是见一个处理一个？正确的做法是：要先用藏心术掩盖自己的意图，等调查清楚了再作结论。这样，一方面可以了解到实际情况，避免没有根据的行动；另一方面也能辨别下属们的品行，同时可给人们敲响警钟，使下属在今后的工作中不敢再弄虚作假。

公元前356年，田因齐登上了齐国国君的宝座，这就是中国历史上著名的齐威王。在最初几年里，齐威王将国家交给几个卿大夫治理，结果不但国内弄得一团糟，韩、赵、魏、鲁、卫等国也经常来进攻。齐国丧师失地，连吃败仗，国势更加衰弱。

为了使齐国富强起来，齐威王决定从整顿吏治入手。于是，他假装不理国政，沉湎于酒色之中，经常作彻夜之饮。实际上，他明察暗访，细心调查全国各地的官员为政的情况。掌握了详细的真实情况后，他开始行动了。

一天，齐威王传令将全国72个县令长官都召集到国都临淄开会，并在大殿外烧了一锅开水。他先点名叫出即墨县的大夫，对他说："自从你到了即墨，天天有人告你，说你怎么怎么不好。我就打发人去即墨调查。他们到了那里，看到地里长着绿油油的庄稼，人民都挺安分守己，脸上透着光彩，好像不知道有什么苦楚，有什么纷争似的。这是你治理即墨的功劳。你专心一意地为百姓，一点儿不来跟这儿的大官们套近乎，也不送礼给他们，他们就不说你的好话。像你这种老老实实、勤勤恳恳、不吹牛、不拍马屁的太守，咱们齐国能找到几个？我加封你一万家户口的俸禄。"那些状告他的人一听，觉得脸上火辣辣的，脊梁骨直冒凉气，恨不得钻到地底下去。

齐威王又把阿城的大夫叫上来，对他说："自从你到了阿城，天天有人夸奖你，说你怎么怎么能干。我就打发人到阿城调查。他们到了那里瞧见地里乱七八糟地长满了野草，老百姓面黄肌瘦，连话都不敢说，只能暗地里叹气。这都是你治理阿城的罪恶。你为了欺压人民，装满自己的腰包，接连不断地给我的手下人送礼，叫他们好替你吹牛，把你捧上天去。像你这种专仗着贿赂，买动人情，巴结上司的贪官污吏，要是再不惩罚，国家还成体统吗？来人，把他扔到大锅里去。"武士把阿城的大夫烹煮了。吓得旁边那些得过阿城的大夫好处的人，也两腿直哆嗦，屁滚尿流。

这时，齐威王又把那些平时不分青红皂白、颠倒是非的十几个人叫出来，骂道："我在宫里怎么知道外面的事情呢？你们就是我的耳朵、我的眼睛。可是你们贪赃受贿，昧着良心，把坏的说成好的，把好的说成坏的。你们好比扎瞎了我的眼睛，堵上了我的耳朵。我要你们这些臣下干什么？把他们都给我烹煮啦！"这十几个人吓得跪倒在地上，苦苦哀求。齐威王就挑了几个顶坏的，下锅烹煮了。

齐威王的举动令齐国朝野及邻国为之震惊，——原来，他在沉湎于酒色的幌子下，对朝廷内外的官员进行了详细的考察。从此谁也不敢再弄虚作假了。

正因为他善于藏心，才摸清了真实情况，从而有根据、有针对性地打击了歪风，换得了齐国的强盛局面。试想，如果齐威王不是一开始不动声色，而是在没掌握充分证据的情况下大发雷霆，别说一鸣惊人，最终恐怕连自己的位子也坐不稳。

不要轻易让人看见你“卸妆”

领导的位置看起来舒服，但坐上去可就没那么惬意了。上上下下多少双眼睛都在盯着你的一举一动，一旦你出现了某些不该出现的行为，或者你的某些秘密和缺陷被别有用心者知晓，就等于将小辫子直接塞到下属的手中。这对你来说，可是非常不利的。当你在指挥下属时，他们会在背地里说：“他干的那点事我都知道，还好意思命令我！”当你因为下属违反了某项制度而要对其实施惩罚时，他们就会拿着你的把柄或明或暗地要挟你。这样一来，你名为顶头上司，实则等同于他们手中的傀儡。

人是一个复杂的多面体。一般说来，每个人都有光彩的一面，也都有相对阴暗的一面。有个寓言故事说，每个人身上都挂有两个袋子，一个袋里装有优点露在身前，另一个袋里装有缺点藏在身后。不管这是不是人性的弱点，但把自己光彩的一面显示给大家，把阴暗的一面隐藏起来，这是我们每个人的本能。

要想避免被动，用人者就要在平时注意自己的言行，善于把自己的“缺点”和隐私隐藏起来，不要让人看见你“卸妆”，以防授人以柄。

(1) 自己的事情不要随便跟外人说。每个人都有自己的秘密，都有一些压在内心里不愿为人所知的事情。即使你跟某个下属感情不错，也不要随便把你的事情、你的秘密告诉对方，这是一个不容忽视的问题。

你的秘密可能是私事，也可能与公司的事有关。如果你无意之中说了出去，很快这些秘密就不再是秘密了。它会成为公司上下人人皆知的故事。这样，对你极为不利，至少会让这个和你感情不错的下属多多少少对你产生一点“疑问”，而对你的形象造成损害。

还有，你的秘密，一旦告诉的是一个别有用心的人，他虽然可能不在公司进行传播，但在关键时刻，他会拿出你的秘密作为武器回击你、要挟你，使你在管理工作中陷入被动。因为一般说来，个人的秘密大多是一些不甚体面、不甚光彩甚至是有很大污点的事情。这个把柄若让人抓住，你就可能成为这个人的傀儡。即使没这么严重，那至少也会使你在处理与他相关的事情时“投鼠忌器”。

（2）家庭住址最好与公司地址距离较远。虽然每天上班还要来回坐车，但却可以有效地把公事、私事分别开来。用人者在与自己的亲戚朋友之间私人往来时，留给他们的个人地址，应该是家庭住址，而不是办公地址；留给他们的电话号码也应该是家中的而不是办公室里的。这样你那些亲朋好友在找你的时候，可直接找到家中。

（3）不可把过多的私人关系卷入办公室。用人者的一些重要的私人关系，不宜向下属、同事透露。如果用人者的亲人、朋友过多地出入于他的办公室，也会造成单位里的人对你的不信任。

公是公，私是私，二者不可过于混淆。一些与工作无关的私人交往，或者不易于公开的私下交往，最好到自己家中，而不宜在办公室密谈。

（4）管好自己的私人用品。一些生活小用品也向他人传达了一定的信息。细心的下属们不仅会根据和你来往的人，也会根据你的日常用品来判断你的行为。《红楼梦》里有一段精彩的描写，贾琏外出住过一段时间后，他的妻子王熙凤替他整理行李，特意吩咐家人：“不光要看少了什么，更要看多出来了什么，譬如指甲、头发、香袋之类。”这把贾琏唬了个半死。果然平儿翻出了一绺女人的头发。幸好平儿救驾，替他掩藏了起来，才没有打翻王熙凤这只醋坛子。

因此，用人者要管理好自己的生活用品，个人物件最好不要带到办公室里。带到办公室里的必需品也要注意保管好，比如，一些药品、私人信件、书籍等等。

（5）一些私人活动，也要以远离公司为妙。比如，你请别人到饭店吃饭，席间要谈一些重要的私事，如果不巧碰上你的下属，可能场面很尴尬。如果下属知趣，他可能跟你打过招呼先行告退；或许他装作没有看见你（那也许是真的）。但他一旦看见你，就一定会着意于你的举动。这时你可以对一些事情避而不谈。

另外，用人者的洗浴、整容等个人活动，也以远离公司为妙，以免与公司熟人发生“撞车”的可能。

(6) 要注意和身旁常接触的人搞好关系。在工作中与你接触多的人，窥探你秘密的机会就多，也容易介入你的私生活。不要与他们有一种敌对的关系，如果你能与他们保持友好状态，你的一些小缺点他们也容易接受而且还会自觉地维护你的个人形象。

以上所述，并不是说让用人者与下属在下班后不接触，只不过是说，世界是复杂的，用人者要保护自己的隐私，维护自己的外在形象罢了。

总之，常化妆的女人不要让人看到你卸妆，用人者也要切实保护自己的隐私。这有助于维护自身的形象和权威，有利于你更好地去用人管事。

第八章
合理授权术：抓大放小能放能收

用人不是“做事”的方法，而是“让人做事”的艺术。要知道，下属有权力才有执行能力。士兵有开枪的权力，才能奋勇杀敌；推销员有选择客户的权力，才能卖出货物。如果用人者把权力死死握在手中，那么权力的效力也就无法得到释放。

权力握在手中只是一件死物

从表面形式上看，管理是上级对下级的一种权力运用，但是如果简单地这样理解，那就错了。因为现代管理不是权力专制的表现，而是权力调控的表现。

权力是一种管理力量，权力的运用则是有法度的，而不能是用人者个人欲望的自我膨胀。因此一个高明的用人者，首先要明白这一点：自己的工作是管理，而不是专制。也就是说，用人者不是监工，因为监工即是专权的化身。把自己当作监工，往往大权独揽，把所有的下属都看成是为自己服务的。这样的用人者，永远成不了好领导。或者说，监工式的管理已经与现代公司“以人为本”的思想相去甚远。也许监工式的管理一时有用，但不可能时时有用。牢记这一点，“以人为本”的管理会对用人方式带来益处，至少不会招致下属的心理抗拒，容易使双方形成平等、融洽的人际关系，从而创造一种良好的工作气氛。

从另一方面讲，手中有了权力才有工作的能力，这是一条颠扑不破的真理。士兵有了开枪的权力，才能奋勇杀敌；推销员有了选择客户的权力，才能卖出货物。如果用人者把这些权力死死地握在手中，而不将其授予下属，那么这些权力的效力也就无法得到释放。

正确使用授权技巧能激发下属的进取心，使他们获得工作的满足感。当你将一项重任托付给他人时，你就已表示出对他的信心，这有助于他建立自信。

如果下属们认为你为他们的成长提供机会，他们可能会被激起斗志，全身心投入到工作中去。他们认为，你确实对他们的事业发展感兴趣，而不是不闻不问。他们会格外努力地去成功完成你授权的任务，他们希望让你和他们自己都满意。

有些用人者不喜欢把重要的事务交给下属，担心出差错。其实这种担忧是多余的，用人者如果真正地下放给下属一些权力，让下属承担一定的责任，多为下属制造一些机会，会在很大程度上激发下属的潜力，完成你认为他们完不成的工作。即使一个下属出了差错，你的部门和公司的整个运营状况也不会受到太大的影响，下属自动自发地承担责任的心理反而会更加强烈。

有才能的下属在得到权力的光顾之前，一般都会有怀才不遇的感伤，但得到权力以后，他们一刹那间爆发出来的能量会让他周围的人感到有点不可思议，但是这是非常正常的。司各特爵士说："获得引导而无虑于会迷路的人，可以放心大胆地冒险前行。"一位管理学家说过："我相信部属具备必需的技能和设备，能推动我授权执行的任务，于是我得以专心思考策略问题。"一点权力的施予，不但是用人者的自我松绑，而且更是一种本质的需要。

给下属一点权力吧！这是最丰厚的奖赏。就像下属过生日时送上一个大蛋糕，这就是领导者普照在下属身上的温暖阳光——如果用人者可以自诩为太阳的话。

适当的一点权力加在适当的人头上（这种"适当"就是领导应具有的天性），就是世界上最精明的管理，从而产生最快的运作效率。如果用人者吝惜这点微不足道的权力而放弃信任、冒险精神，那么，没有人能预料你的下场会是多么糟糕。

那么，为什么对某些用人者来说把工作委派给别人去做是件如此困难的事呢？下面就是可能的原因。

（1）如果你把一件可以干得很好的工作分派给别人做了，也许不如你精细。求全责备的思想作怪会让你以为把工作派给别人做，不会做得像自己做得那般好。

（2）如果让别人来做你的工作，也许你会担心他们做得比你好，而最终会取代你的工作。

(3) 如果你放弃了你的职责，你将无事可干。因为害怕把工作派给别人做了之后就无事可干了。所以那些握有些小权的人，哪怕是芝麻绿豆大的小事也不愿放手让别人去干。

(4) 你没有时间去教别人如何接手工作。

(5) 没有可以托付工作的合适人选。

如果你确确实实想要把工作分派下去，那么，在你花一点时间作一番努力之后，所有上述的这些困难都是可以克服的。你要对付的第一件事也许就是自己对此事所持的推诿态度。

如果你确实有理由担心，因你的下属在工作上出了差错之后，你就会失掉你的工作；或者，在你工作的地方，工作氛围相当糟糕，你担心工作不会有什么起色，这时候，你就得和你的上司——如果有的话——谈谈这些情况，从而在分派工作这件事情上得到他的支持。

如果确实还没有可以托付工作的人选，而你自己又已经满负荷运转，那么，也许你就该考虑一下是不是该再雇用一个人。要知道，如果你把所有的权力都握在手中，那它只能是一件死物，而体现不出应有的效力。对于你自己来说，筋疲力尽只能是必然的结局。

放些权力下去，才能收得人心上来，其实这是一个很简单的道理，也是一种等价交换。对一个用人者而言，彻底改变监工身份，有时候并不是简单说说而已。这种观念的转变，要靠自己的实际工作来体现，真正做到由专权而放权的角色转换。切忌误以为专权就是大权，放权就是失权；相反地，放权能够赢得下属的诚信，会使下属更加尊重你的权力，而使你的权力从本质上更有效应。专权只能迫使下属表面服从，却赢得不了人心。现代公司主张“把监工赶出权力层”的说法，就是对专权与放权关系的精辟概括。每一位有志于管理革命的用人者，应当切记这种说法的意义。

事必躬亲绝不是好办法

在生活中，我们常常看到总经理办公室的灯总是很晚了还没有熄，吃饭时间他还在办公室工作；平日里，我们常常听说某公司老总终日总有忙不完的事情，仿佛陷入了一个大漩涡，怎么转也转不出来，不知自己哪天才有“出头之日”。终日忙忙碌碌的老总就是好老总吗？非也。老总的肩膀不是起重机，不可能也不应该将所有的问题都自己扛。

用人者就是一个坐在帐篷里运筹谋划的将军，下属则好比是上阵冲杀的士兵。用人者将所有的问题都自己扛则好比统帅跑出军营跨上战马披起盔甲代替士兵去上阵冲杀。

在很多组织里面，也常常有类似于这种管家婆角色的用人者。这样的领导事必躬亲，大包大揽，属于“将军”的事他干了，属于“士兵”的事他也干了，吃苦受累，任劳任怨，但结果居然听不到下属的一句好话，而净是不绝于耳的指责与埋怨。

对这种角色的用人者，可以用一句话概括：吃力不讨好！

吃力不讨好也就罢了，更严重的是，这种事必躬亲的用人者的所作所为，对组织却是有害无利。因为他的大包大揽，下属索性站在旁边什么也不干，助长了懒惰之风，使生产和工作效率大大降低；并且，一个人包打天下，顾此则失彼，一个不小心就会使组织陷入漩涡，无法自拔！

这种类型的用人者十分可悲，因为他什么也没有得到；相反地，竭心尽力，日理万机，但万没想到却害了自己的单位；同时也十分可怜，因为谁也不同情他的处境，无论是他的下属还是上一级的领导。

一个高效率的用人者应该把精力集中到少数最重要的工作中去，次要的工作甚至可以完全不做。人的精力有限，只有集中精力，才可能真正有所作为，才可能取得有价值的成果，所以不应被次要问题分散精力。他必须尽量放权，以腾出时间去做真正应该做的工作，即组织工作和设想未来。

什么叫做用人者？通俗的说法是："用人者就是自己不干事，让别人拼命干事的人。"用人者要通过别人来进行工作，即使用人者自己可以更好、更快地完成工作。问题在于你不可能亲自去做每一件事情。如果你想使工作更富有成效，就必须向下属授权。

用人者最主要的任务是去展望未来——而这种事情往往是不能授权给别人的。他的任务不是去忙于监督那些日常工作，更不是亲自去做那些琐事。放权的重要性或许就在于，必须集中精力去思考那些只能由自己去做的事情。就像总统只考虑重大的宏观问题一样，用人者只思考企业的大问题和未来的方向，并提出必须优先考虑的事项，制定并坚持标准。

一名用人者，不可能控制一切；你协助寻找答案，但本身并不提供一切答案；你参与解决问题，但不要求以自己为中心；你运用权力，但不掌握一切；你负起责任，但并不以盯人方式来管理下属。你必须使下属觉得跟你一样有责任关注事情的进展。而把管理当作责任而不是地位和特权，正是用人者能够进行真正的、有效授权的基本保证。

那些事必躬亲的用人者往往会有这样的想法：他们应该主动深入到工作当中去而不应该坐等问题的发生；或者他们应当向下属们表示出自己不是一个爱摆架子或者高高在上的领导。这些想法确实值得肯定，但是用人者用不着选择事必躬亲，因为这样做不仅没有任何好处，还会让用人者付出很大的代价。如果你有着事必躬亲的倾向，那么下面几点建议应该会对你有所帮助。

（1）学会置身于事外。

实际上，团队里的有些事务并不需要你的参与。比如，下属们完全有能力找出有效的办法来完成任务，那用不着用人者来指手画脚。也许你确实是出于好意，但是下属们可能不会领情。更有甚者，他们会觉得你对他们不信任，至少他们会觉得你的管理方法存在很大问题。当出现这种情况时，你应当学会如何置身于事外。这里有一个小小的窍门：在你决定对某项事务发布命令之前，你可以先问自己两个问题："如果我再等等情况会怎么样"以及"我是否掌握了发布命令所需要的全部情况。"如果你觉得插手这项事务的时机还不成熟或者目前还没有必要由自己来亲自做出决定，那么你应当选择沉默。在大多数情况下，事实上也许根本不用你费心，你的下属们就会主动地弥补缺漏。通过这样缜密的考虑，你会发现也许有时你的命令是不必要的，甚至会使情况变得更糟。

（2）恰当地授权。

当组织发展到一定阶段，随着管理事务的日益增多，用人者已经无法将所有的问题都自己扛，这就需要授权。从某种意义上说，授权是管理最核心的问题，也是简单管理的要义，因为管理的实质就是通过其他人去完成任务。授权意味着用人者可以从繁杂的事务中解脱出来，将精力集中在管理决策、经营发展等重大问题上来。通过授权，你可以把下属管理得更好。让下属独立地去完成某些任务有助于他们成长。因此，恰当地授权非常重要，这样可以得到授权的最大好处，并将风险降到最低。

（3）弄清楚究竟哪些事务你不必"自己扛"。

既然明白了事必躬亲的弊端，那么下一步你必须明确授权的范围，也就是说究竟哪些事务你不必"自己扛"。根据组织的实际情况，授权的范围肯定会有所不同，但这其中还是有一些规律性的东西。在授权时，下面几个因素值得考虑：

①责任或决策的重要性。一般说来，一项责任或者决策越重要，其利害得失对于团队或整个企业的影响越大，就越不可能被授权给下属。

②任务的复杂性。任务越复杂，用人者本人就越难以获得充分的信息并做出有效的决策。如果复杂的任务对专业知识的要求很高，那么与此项工作有关的决策应该授权给掌握必要技术知识的人来做。

③组织文化。如果组织里有这样的传统或者说背景，即管理层对下属十分信任，那么就可能会出现较高程度的授权。如果上级不相信下属的能力，则授权就会变得十分勉强。

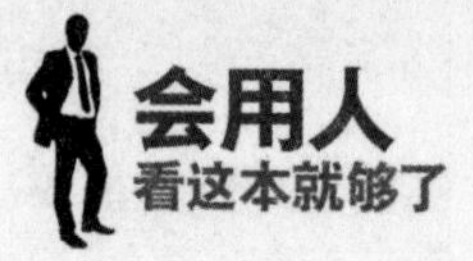

④下属的能力或才干。这可以说是最重要的一个因素。授权要求下属具备一定的技术和能力。如果下属缺乏某项工作的必要能力，则用人者在授权时就要慎重。

克林将军告诉我们，作为一名伟大的将军，他的成功有很大一部分来自有效的分工带来的“简单管理”。“我对很多方面都放任不管。”这就给了他的部下很大的自由空间去决策。每一个用人者都应该深刻地领悟到此言的含义：授权于下属，不仅可以使你从繁忙的工作当中解脱出来，更可以增强下属的工作积极性。这一箭双雕的手段，是每位用人者都应学会使用的。

把主要精力放到事关全局的大事上

身为用人者，一定要很累吗?

“是啊，上上下下那么多的事务要处理，岂能不累?”

如果你的回答是这样的，我们对此深表遗憾，你离高效用人者的标准还差很大一段距离。

“可是我为什么总是这么累呢?不是我愿意，的确是有太多太多的事情需要处理。”面对我们的结论，很多用人者都感到很冤枉。

这可以理解。在竞争日益激烈的市场中，每个人都承受着不同内容、不同程度的压力，这些压力总是来自方方面面。作为一个用人者经常会感到“累”，这多是因为用人者“事必躬亲”或追求“尽善尽美”，唯恐出现这样那样的问题而终日处心积虑。可是上帝好像故意和这种人逗着玩一样，越是这样，这些人管理的组织往往越是有麻烦。不是这儿有风，就是那儿起火。不亲自处理又不放心，结果是奔波劳累之极而收效甚微。这样，就需要科学的管理艺术了。总的来说，要想实现轻松、高效地管理，有这么几项是应该遵循的。

（1）分级管理，不要乱插手。组织发展到一定规模后，要进行必要的分级管理。用人者不要一竿子插到底，那是“出力不讨好”的事。对下属的管理要在明确责任和奖罚的基础上，让他们有职有权。即使碰到问题，只要不是事关大局的问题，就让所属的部门自己去处理和解决。这样，用人者只要管理几个人就能维持组织的正常运转，而且能够充分地调动下属的积极性、创造性、主观能动性和高度责任感。用人者还可以有更多的时间去研究组织的发展方向或重大决策。

（2）多思考多观察，少说话少动手。这是高效用人者必须掌握的原则。人的精力是有限的，你是用人者，所以你不要故意拿自己当苦力使唤。你的主要任务是多观察多思考，切忌大事小事都要“事必躬亲”。只有站在一旁观看，才能真正“旁观者清”而避免“当局者迷”；才能更公正、更有效地判断是非曲直；才能真正看清哪些事情是应该坚持的，哪些事情是需要改进的。即使你比你的下属干得还要好，也不要事事都亲自去干，必要时给他们示范一下即可。作为一个元帅如果必须亲自去冲锋陷阵，作为一个教练如果必须亲自到运动场上去拼搏，不能说明这支军队的强大和运动队的水平很高，而是说明他将寡兵弱，可能离失败为期不远了。正像演戏一样，如果用人者在台上又唱又跳，让职员们在台下指手画脚地挑毛病，这样的情景就有点“本末倒置”了。因此，用人者要多当裁判员少当运动员，多当导演甚至观众而少当亲自登台的演员。

（3）大事聪明，小事糊涂。作为一个用人者，首先要分清什么是大事，什么是无关紧要的小事。凡是关系到组织发展和生死存亡的大事，一定要慎重对待，绝不可等闲视之。而大事往往不是每天都发生的。对于那些鸡毛蒜皮的小事，要让下属按照分工自己去解决。不要陷于繁琐的事务之中而不能自拔，被那些管不了也管不好的小事搅得晕头转向而影响了大的决策。当然，也要敏锐地观察和分析一些小事的起因和影响，不要因小失大。但是，一般情况下，不必亲自去处理。

（4）要心胸开阔，不要小肚鸡肠。“泰山崩于前而不惊，无故加之而不怒”是古人称道的大智大勇。用人者也要培养自己处变不惊的心理素质，以对付复杂多变的环境。对下属，既要严格要求，又要适当容忍。不要听风就是雨，也不要时时盘查，事事追究。必要的时候，也要睁只眼、闭只眼，看见权当没看见。只要不影响企业的重大利益，对一些事情不必去兴师动众地深查深究。水至清则无鱼，人至察则无友。尤其是下属管理人员，还要适当照顾他们的“面子”，以便今后更好地替你办事。人都有犯错误的时候，甚至会有“一念之差”。如果企业的用人者没有容人之量，很难形成一个“团结战斗”的集体，也很难调动一切可以调动的积极因素。要知道，如果养活一班没有缺点的“圣人”是什么事情也干不成的。

（5）要谨慎行事，不可为所欲为。企业的管理制度在颁布之前一定要慎之又慎，颁布之后不要朝令夕改，即使出现一些这样那样的问题也不必手忙脚乱。有些问题可能会越问越麻烦，随着时间的推移不少问题会自行消失和解决。中国很多事情都是无为而治，改革开放初期，农村基础组织瘫痪的几年间正是中国农村经济发展最好的几年。企业管理也是如此，你越想管细管严，管得滴水不漏，反而会越乱。很多时候是有心栽花花不成，无心插柳柳成荫。

（6）不要做一个吹毛求疵的完美主义者。很多用人者，都想把自己管理的单位办成一个非常完美的组织。实际上，这是不可能的。要知道，世界上的万事万物，完美都是相对的而不是绝对的。过分的完美无缺了，往往就要走向反面了。一个由来自四面八方的群体组成的组织，要想一点问题都没有，那是不可能的。

古人云：宁静致远，虚怀若谷。用人者只有摆脱繁琐的事务，才能站得高，看得远；才能从更高的角度正确地权衡管理上的利弊得失；才能更好地考虑发展大计和重大决策。当然了，用人者要有一定的理论知识和实践经验，要十分熟悉所管的人和事，还要有一定的度量和胸怀。这样，才能“熟中生巧”、“艺高人胆大”，从而实现轻松管理。

隐身幕后也不错

用人者的主要任务是做好决策，把握好做什么、什么目标、哪里做、何时做、谁来做；是想办法找正确的人做正确的事；是激励部下去做，而不是代替部下去做。管理实际上是对人的管控，而控制的最高境界是隐身幕后的无为式用人。

早在两千多年前，老子就曾教导用人者要无为而治。做到了无为，实际上也就是有为。不仅是有为，而且是有大为。

《庄子》中有一段阳子臣与老子的问答。有一次阳子臣问："假如有一个人，同时具有果断敏捷的行动与深入透彻的洞察力，并且勤于学道，这样就可以称为理想的官吏了吧？"

老子摇摇头，回答说："这样的人只不过像个小官吏罢了！只有有限的才能却反被才能所累，结果使自己身心俱乏。如同虎豹因身上美丽的斑纹才招致猎人的捕杀；猴子因身体灵活，猎狗因擅长猎物，所以才被人抓去，用绳子拴起来。有了优点反而招致灾祸，这样的人能说是理想的官吏吗？"

阳子臣又问："那么，请问理想的官吏是怎样的呢？"

老子回答："一个理想的官员功德普及众人，但在众人眼里一切功德都与他无关；其教化惠及周围事物，但人们却丝毫感觉不到他的教化。当他治理天下时不会留下任何施政的痕迹，但对万物却具有潜移默化的影响力。"这就是老子"无为而治"的至理名言。

老子所提倡的"无为"与"清静"有三个方面的内容：

（1）不要实行令下属负担很重的任务。

（2）应该尽量少施行命令或指示。

（3）对下属的各种活动尽量避免介入或干涉。

“无为而治”的道家政治哲学主要是说，统治者应尽量克制欲望，不要劳民扰民，对政事少干预，顺其自然，垂拱而治，这样做就会收到“无为而无不为”的效果，使社会得到大治。后来，他们进一步把这一原则用在君臣关系方面，于是便发展成一套颇具特色的帝王统御学。

这一帝王统御学的内容，首先是指君主不要亲自处理政务，而是指挥臣下干一切事情，使自己处在虚静无为的地位，垂拱而治。君主逞能恃才，事必躬亲，其实并不表明君主的聪明，反倒表现出君主的无本事和低能。法家也认为，如果人君亲自处理一切政务，这是代臣下蒙劳负任，而臣下反而无所事事，享受安逸。这样，君主就把自己降到臣下的地位了。另外，君主处处争先逞能，容易把自己的一切长短优劣都暴露给臣下，而使君主失去主动权，处于被动的尴尬地位。君主的职责是用臣，而不是代臣下办事。善于任用和指挥天下最有才智的人为其尽力，这才是最高明的统治艺术。

可见，“无为而治”的更深一层意思是用人者要懂得分离职权，为下属创造一个宽松的环境。

如果用人者事必躬亲，连细枝末节、鸡毛蒜皮的小事都要过问、干涉，不但会打击下属的士气，而且自己也会累得挺不住。

身为用人者，为员工下属创造一个舒适宽松的工作环境是他的责任；日常的工作要交给其他人去办，将职权分离出去，如此一来，自己才会腾出精力构思经营大计。大权独揽，事必躬亲的领导，是不会坐稳“官位”的。

那么，这是不是说用人者对一切都不管而无所事事呢？事实绝非如此。无为是管得少不是不管，是要抓住管理的关键。这个关键是用人者的角色定位，做自己职责范围内的事，不越权管理、不越级管理，通过管理人的思想管好人，通过用人而管好事。这要求用人者透过复杂的表面现象，洞察问题的本质，化繁为简，使管理简单化，最终实现无为而治。

正确授权需经过充分准备

凡事预则立，不预则废。即使你已经下定了授权的决心，也不要轻举妄动。兵法云："大军未动，粮草先行。"就是指在行动之前，要先做好准备工作。授权于下属绝不是简单地把工作和权力交给下属，而是必须要经过周密考虑、精心准备，以免出现差错。那么，具体应怎么准备呢？

总的来说，用人者在实施授权之前，至少应做好下面四种准备：

（1）培育授权气氛。

授权不单是个过程，它还包括了人与人之间关系的变化。这种新的气氛基于合作与广泛的沟通，下属在一种被信任的心理环境和组织气氛中充分发挥其才华。要让下属充分地意识到，组织在经历一次变革，这次变革将要带来的，不仅是一些细微的变化，而是组织的全面改变：人际关系、决策方式、工作方式的深刻变化。所以，用人者需要在待授权的组织内创造一种适于授权的气氛。

用人者此时的角色是帮助各项授权前奏活动，倡导组织内部的改变。授权必然面临困境，但作为用人者，必须积极地倡导授权，不能因受到组织现行机制的围困而气馁不振。作为用人者，你的远见与魅力正是对于弱小而有生命力的事物抱着坚定而乐观的信念，并以热烈的情绪去感召下属，促成管理的变革。

（2）选取授权任务。

在正式开始授权之前，用人者要做的第一步工作是对必须完成的任务按照责任的大小，进行分类排队，不同类的工作对应不同的授权要求。你得到的结果应当是一张“授权工作清单”：

①必须授权的工作。这类工作你本不该亲自去做，它们之所以至今留在你的手中，只是因为你久而久之习惯去做；或是你特别喜欢，不愿交给别人去做。这类工作授权的风险最低，即使出现某些失误，也不会影响大局。

②应该授权的工作。这类工作总体上是一些部属完全能够胜任的例行的日常公务，下属们对此有兴趣，觉得有意思或有挑战性，而你却一直由于疏忽或其他原因而没有交给他们去做。

③可以授权的工作。这类工作往往具有一定的难度和挑战性，要求下属具有相当的知识和技能才能胜任，你由于不放心而长期躬亲为之。事实上，只要你在授权之外，特别注意为受权的部属提供完成工作所需的训练和指导，把这类工作交给下属，可以有机会让他们提高自己的才能。

④不能授权的工作。每个组织的工作之中，总有一些工作关系到组织的前途、命运、声誉，直接影响你的业务拓展，这类工作一旦失误将要付出沉重的代价；或者这类工作除非你本人无法完成，这类工作是不可授权的，必经你亲手为之。

（3）任务标准化。

我们经常能听到授权受挫的用人者这样抱怨他的下属：“当我把工作交给他们去做时，他们总是频繁地回来请示这该怎么做、那该怎么做。”

“我告诉他事情是这样的，他却似乎总是难以理解。”

“他们的工作报告总是不能令我满意，我总是不能得到期望的结果。”

出现这样的结果是因为，这些用人者没有很好地理解，把一件工作留给自己做与交给下属做对这件工作本身的要求是不同的。你交给下属的任务必须是标准化了的任务，标准化的涵义包括下面几点：

①任务是明确表述的，有清晰的目标与方向。

②任务完成的程序具有相对稳定的模式，完全没有思路的任务不适于授权。

③完成任务所需的条件是相对明确的，任务完成者知道如何寻求配合和帮助。

④任务的完成有相对明确的评估标准，以确定任务完成的质量。

用人者将公司或部门的工作任务标准化，其意义远不止在于授权的需要，它对于公司的科学管理的提升具有非凡的意义，是公司走向正规化、走向成熟、走向制度化管理而非用人者主观化管理的必经之途。

（4）准备承担责任。

你已经下定决心实施授权，大量细琐的前期铺垫也已经完成，你即将跨越授权之门，但是有一个问题你必须真正意识到，这就是：责任。

在实施授权之后，用人者的工作量减少了，但肩上的担子却不会因此而减轻，相反地它只会加重。在实行授权之后，用人者不仅对尚未授权移出的职权负有全部责任，而且对于已经授权移出的职权也负有同样的责任。

作为用人者，你应懂得对下属人员授权和仍要对下属人员的最终行为承担责任是两回事。就如饭店经理必须依赖厨师搞好饮食供应，但经理仍要对饭店的饮食供应承担最终责任一样。

如果接受职权的下属在工作中出现失误，这个失误必然同时记在用人者的账上，尤其是当涉及本公司、本部门之外的公司或部门时。这一点，对于用人者来说是十分重要的，而也只有作好了承担最终责任的准备，授权的大幕才能真正拉开。

找准可以授予权力的下属

授权的时候，最让用人者发愁的当是授权给谁的问题了。授权者当然都想授权给一匹“千里马”，而不想授权给一匹“病马”。

用人者要警惕的一点是，不要让那些削尖脑袋、投机钻营的人骗取权力，以达到其不可告人的目的。如果想要使授权“高效多产”，其成员必须要经过精挑细选。

那么，用人者应该把权力交到什么人手里呢?

(1）上司不在时能负起留守职责的人。

有些部属在上司不在的时候，总是精神松懈，忘了应尽的责任。例如，下班铃一响就赶着回家；或是办公时间内借故外出，长时间不回。

按理，上司不在，部属就该负起留守的责任。当上司回来，向他报告他不在时发生的事以及处理的经过；如果有代上司行使职权的事，就应该将它记录下来，事后提出详尽的报告。这样的下属是可以授权给他的。

(2）准备随时回答上司提问的人。

当上司问及工作的方式、进行状况，或是今后的预测，或有关的数字，他必须当场回答。

好多部属被问到这些问题的时候，还得向其他员工探问才能回答。这样的部属不但无法管理他的下级与工作，也难以成为用人者的辅佐人。被授权的部属必须掌握职责范围内的全盘工作，在领导提到有关问题的时候，都能立刻回答才行。

(3）致力于消除上司误解的人。

用人者并非圣贤，也会犯错误或是发生误解。事关工作方针或是工作方法，用人者有时也会判断错误。

用人者的误解往往波及部属晋升、加薪等问题。碰到这种情况，有能力的部属不会以一句“没办法”就放弃了事，他会竭力化解上司的这种误解。

（4）代表他负责的团队。

对部属而言，部属是他所在团队的代表人。他是夹在上司与员工之间的角色。从这个立场而言，部属必须做到：把上级的方针与命令彻底灌输给员工，尽其全力实现上级的方针与命令。随时关心员工的愿望，洞悉员工的不满，以员工利益代表人的身份，将他们的愿望和不满正确地反映给上级，以实现员工的合理利益而努力。

夹在上级与员工之间，往往使部属觉得左右为难，但是，他务必冷静判断双方的立场，设法取得调和。

（5）向上司提出问题的人。

高层用人者由于事务繁忙，平时很难直接掌握各种细节问题，因此，部属必须向上司提出所辖部门目前的问题，同时一并提出对策，供上司参考。

（6）忠实执行上司命令的人。

一般说来，用人者下达的命令无论如何也得全力以赴，忠实执行，这是部属必须严守的第一大原则。如果部属的意见与上司的意见相左，当然可以先陈述他的意见；陈述之后领导仍然不接受，就要服从上司的意见。

有些部属在自己的意见不被采纳时，抱着自暴自弃的态度去做事，这样的人没有资格成为上司的辅佐人。

（7）适时请求上级指示的人。

部属不可以坐等上司的命令，他必须自觉做到请上司向自己发出命令，请上司对自己的工作提出指示。适时地积极求教，才算是聪明能干的下属。

（8）作上司的代办人。

接受权力的部属必须是上司的代办人。纵然上司的见解与自己的见解不同，上司一旦有新决定，部属就要把这个决定当作自己的决定，向员工或是外界人作详尽的解释。

(9) 知道自己权限的人。

绝不能混淆职责界限。如果发生某种问题，而且又是自己权限之外的事，就不能拖拖拉拉，应该立刻向上司请示。超过顶头上司与更高一级领导交涉、协调，等于把上司架空，也破坏了命令系统，应该列为禁忌。非得越级与上级联络、协调的时候，原则上也要先跟顶头上司打个招呼，获得认可。能做到这一点的人，才可以授权给他。

(10) 向上司报告自己解决问题的人。

接受权力的部属，自己处理好的问题如果不向上司报告，往往使上司不了解实情，做出错误的判断或是在会议上出洋相。

当然，不少事情无须一一向上司报告，但是，原则上可称之为“问题”、“事件”的事情，还是要向上司报告。

报告的时机因其重要程度的不同而有所区别。重要的事，必须即刻提出报告；次要的或属日常性事务，可以在一天的工作告终之时，做扼要的报告。

(11) 勇于承担责任的人。

有些部属在自己负责的工作发生错失或延误的时候，总是找出许多的理由。这种将责任推卸得一干二净的人，实在不能授权给他。

部属负责的工作，可说是由上司赋予全责，不管原因何在，部属必须为错失负起全责。他顶多只能对上司说一声：“是我领导不力，督促不够。”如果上司问起错失的原因，必须据实说明，而不是找一大堆借口辩解。有些部属在上司指出缺点的时候，总是把责任推到他的下级身上，说：“那是某某干的好事。”把责任推给下级，并不能免除他的责任。一个被授权的部属必须有“功归大家，失败由我负全责”的胸怀与度量才行。

(12) 提供情报给上司的人。

部属与外界人士、其他员工等接触的过程中会得到各种各样的情报。这些情报有些是对公司不利的，部属必须把这些情报谨记在心，并把它提供给用人者。

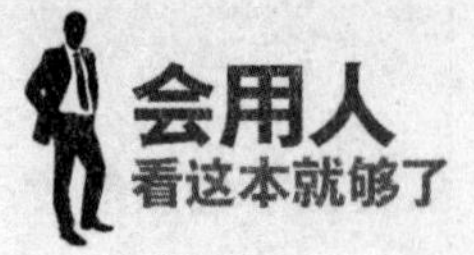

向领导作某种说明或报告的时候，有些部属习惯于把它说得有利。如此一来，极易让领导出现判断偏差，尤其是影响到其他部门，或是必须由领导做出某种决定的事。诚实可靠的部属在说明报告时必然遵守如下原则：

①不可偏于一方。

②从大局出发，扼要陈述。

(13）不是事事请示的人。

遇到稍有例外的事、员工稍有错失或者旁人看来极琐碎的事，也都一一搬到上司面前去请示，这样的部属令人不禁要问：授权给他到底和不授权有什么区别？

能干的部属对领导没有过多的依赖心。事事请求不但增加了领导的负担，部属本身也很难成长。如果他拥有执行工作所需的权限，就必须在不逾越权限的情况下，凭自己的判断把分内的事处理得干净利落。这样的人才值得用人者把更多的权力交给他。

把握授权时机，留心授权细节

古语有“不到火候不揭锅”之言，现代又有“细节决定成败”之励，授权同样需要这两点。

一位决心授权的用人者，在解决了以上这些授权的观念性问题之后，就要进入授权实战了。也许此时在你的脑海中已经形成一个授权的操作方案，那么现在要做的，是选择一个适当的时机，切入授权。这个时机的选择对于授权的效果可能会有显著的影响。

这种时机既可能是一些特殊的事件，也可能是一些司空见惯的现象再次出现时。把握这种时机，恰当地授予权力，能让部属切实感到授权之必要，或避免授权进入过程的生硬。

有效的授权者常在下列情形出现时授权：

（1）用人者需要进行计划和研究而总觉得时间不够。

（2）用人者办公时间几乎全部在处理例行公事。

（3）用人者正在工作，频繁地被员工的请示所打扰。

（4）员工因工作闲散而绩效低下。

（5）员工因不敢决策，而使自己的部门或企业错过赚钱或提高公众形象的良机。

（6）用人者因独揽大权而引起上下级关系不和睦。

（7）单位发生紧急情况而用人者不能分身处理另一件事情时。

（8）部门的业务扩展，需要成立新的管理层时。

授权的时机成熟后，就是你运用授权手段的时候了。这时你应该注意到的便是授权的细节问题了。

在授权的过程中，存在许多细节，如果能对这些细节给予充分的注意，授权会取得良好的效果。我们把这些细节归纳为以下七个要点：

(1) 用人者心态的自我调适。

许多用人者不敢把权力授予下属，这主要根源于他内心对个人权威和职位缺乏安全感，根源于对授权缺乏领悟。决心实施授权的用人者首先必须进行心态的自我调适，勇敢地面对自己内心潜在的对授权的恐惧，建立起自信心。

(2) 自上而下协调一致的授权。

用人者应使自己控制的范围内，自上而下对于授权有深刻理解，由你自己开始做起，一直推行到最基层。每一阶层的人员都应了解：为了企业、部门和全体员工的共同成长，你必须容许下属做决定。如有错误，亦应妥善处理。为了授权能够获得成功，你必须做好付出犯错误的代价的准备，并以此作为全体职员追求进步的成本支付。管理学家统计，假如允许新进的管理人员在低层次的管理工作中犯错误，则他们往往会在错误中学习，反而可以避免以后犯更大的错误。在数量上，后者的进益远大于前者的支出。对企业和员工来说，这是“双赢”的行为。

(3) 训导受权者。

授权不是一种单向的管理手段，而是用人者与员工之间的互助合作。授权行动只有同时得到受权者的认同，才能真正顺利推行，获得成功。事实上，授权正是训练员工的一个好方法。应该引导受权者认识到，接受授权是个人追求进步的一个过程；让他们了解到，这新得的权力和附带的责任，会使他们日后成为好的主管。受权不仅意味着接受了一份任务，更意味着得到了一个舞台。在这个舞台上，他的全部才华将得到充分展现，他得到了一个脱颖而出、受人瞩目的机会。

(4) 让受权者明白要达到的效果。

授权的用人者应该在员工前方树立一个具有诱惑力而又清晰可见的目标，让受权者明白上司期望的结果是怎样的。用人者应要求受权员工把行动计划写出来，让他们认清自己该如何达到预期效果，并需要哪些协助。

通过这种形式，用人者可以确切地了解受权员工对期望绩效的认知程度。

（5）用人者应了解员工的能力。

优秀的用人者不是依据员工的技术和现在表现出的能力来分派职务，而是以他们的工作动机和潜在能力来决定。许多用人者无法充分利用员工的潜能完成任务，这是很失败的管理，更是人才的浪费。用人者应时刻记住：员工是你宝贵的财富，你没有理由不深入地了解你的员工。

（6）事先确立绩效评估的标准。

用人者在授权的同时必须把绩效评估的标准订立出来并公之于众，这有利于协助员工和用人者双方适时地衡量工作的成果。在“以人为导向”的企业里，考核标准不是由用人者单方面制定的，而是由参与其事的所有工作成员共同协助制定出来的。何况自己只是一个用人者。因此，用人者应具有额外的自由来衡量自己的进度，并修正自己的计划。当然，你须负起全部的责任。

（7）用人者给予适时的帮助。

授权的用人者对受权的员工负有的责任包括两个部分：其一是监督员工达到预期目标；其二便是在员工需要帮助的时候，及时提供协助。用人者在对企业政策的理解、信息的拥有量上占据优势。有效的授权者会向员工提供咨询、讨论及各种协助，当然，你不应去干涉员工的具体行动方式。

从古至今，英明的用人者做事无不恰到好处地把握住时机与细微之处。用人者也应该在时机与细节上提高自己，让自己不断提高。

把权力与责任“捆绑”下放

用人者在授权时一定要注意责权统一的原则，把权力和责任“捆绑”下放，做到权责相应。

下属履行其职责必须要有相应的权力，但同时，授予下属一定的权力时必须使其负担相应的责任。有责无权不能有效地开展工作；反之，有权无责会导致不负责地滥用权力。责大于权，不利于激发下属的工作热情，即使处理职责范围内的问题，也需要层层请示，势必影响工作效率；权大于责，又可能会使下属不恰当地滥用权力，最终会增加领导干部管理和控制的难度。所以，用人者在授权时，一定要向被授权者明确交代所授权事项的责任范围、完成标准和权力范围，让他们清楚地知道自己有什么样的权力，有多大的权力，同时要承担什么样的责任。

这一点非常重要。只有当知道自己可以做哪些事情之后，你才可能进行这项工作。在开始进行这项工作之前，首先花费些时间弄清楚这一点。其他人也许希望知道些什么？我可以获得其他人的帮助吗？我可以自由支出经费吗？是否有一些工具和设备可以为我所用？我需要获得哪些批准以进行此事？总之，在一开始，你就要让所有的人都明白自己的权力和责任的限度。

总的来说，要实现把权力与责任“捆绑”下放，使授权和授责达到最佳效果，应灵活掌握以下基本原则：

（1）要明确。

授权时，必须向被授权者明确所授事项的责任、目标及权力范围，让他们知道自己对什么人和事有管辖权和利用权，对什么样的结果负责及责任大小，使之在规定的范围内有最大限度的自主权。否则，被授权者在工作中摸不着边际，无所适从，势必贻误工作。

（2）员工参与。

如果让员工参与授权的讨论过程，授权的效率会更高。首先，只有员工对自己的能力最了解，所以让他们自己选择工作任务可能会更有好处；其次，在员工的参与过程中，员工会更好地理解自己的任务、责任和权力；第三，员工参与的过程是一个主动的过程，对于自己主动选择的工作员工自然会尽全力将它做好。

（3）要适度。

评价授权效果的一个重要因素是授权的程度。授权过少往往造成用人者的工作太多，员工的积极性受到挫伤；过多又会造成工作杂乱无章，甚至失去控制。授权要做到下授的权力刚好够他完成任务，不可无原则地放权。

（4）责权相符。

权与责务必相统一、相对应。这不仅指有权力也有责任，而且指权力和责任应该相等。如果员工的职责大于他的权力，员工就要为自己一些力所不及的事情承担责任，自然会引起员工的不满；如果员工的职责小于他的权力，他就有条件用自己的权力去做职责以外的事情，从而引起管理上的混乱。

（5）要有分级控制。

为了防止员工在工作中出现问题，对不同能力的员工要有不同的授权控制。能力较强的员工控制力度可以少一些，能力较弱的员工控制力度可以大一些。控制并非想如何控制就如何控制，为了保证员工能够正常工作，在进行授权时，就要明确控制点和控制方式，用人者只能采用事先确定的控制方式对控制点进行核查。当然，如果用人者发现员工的工作有明显的偏差，可以随时进行纠正，但这种例外的控制不应过于频繁。

（6）不可越级授权。

越级授权是上层用人者把本来属于中间管理层的权力直接授予下级。

这样做会造成中间管理层工作上的被动，扼杀他们的负责精神。所以，无论哪个层次的用人者，均不可将不属于自己权力范围内的事情授予下属，否则，将导致机构混乱和争权夺利的严重后果。

（7）可控原则。

授权不等于放任不管，授权以后用人者仍必须保留适当的对下属的检查、监督、指导与控制的权力，以保证他们正确地行使职权，确保预期成果的圆满实现。权力既可授出去，也可以收回来。所有的授权都可以由授权者收回，职权的原始所有者不会因为把职权授予出去而因此永久地丧失了自己的权力。职权的收回能够保证改组的顺利，因为公司免不了要改组，而改组的过程中不可避免地要涉及职权的收回和重新授予问题。

充分授权与有力监控同等重要

权力是一把“双刃剑”，用得好，则披荆斩棘无往不利；用得不好，则伤人害己误事。成功的用人者不仅应是授权高手，更应是控权高手。

用人者授权，不是把权力放下去以后就撒手不管了，授权之后必有的一步便是控制。授权要有某种可控程度，不具可控性的授权就不是授权，而是用人者弃权。

授权就像放风筝，既要放，又要有线牵。光牵不放，飞不起来；光放不牵，风筝或飞不起来，或飞上天失控，并最终栽到地上。只有倚风顺势边放边牵，放牵得当，才能放得高、放得持久。风筝线的韧性足够好，才可能随时将风筝收回，否则，不是放出去了收不回来，就是收回来后又不敢再放出去，则放风筝的乐趣全无。所以，用人者在下放权力的过程中一定要有一条可靠的“风筝线”。这条“线”就是足够的控制力，不要超出了自己力所能及的控制范围，使授权与控制结合起来。

如何做到既充分授权又不失控制呢？下面几点颇为重要：

（1）牢牢把握不可下放的权力。

有些权力是用人者必须牢牢把握的，切不可下放，否则，只会让自己处于不利地位。比如：

①人事任免权。特别是对直接下属和关键岗位的人事任免权，用人者必须保留。而且人事方面的决定（评估、晋升或者开除）通常来说是很敏感的，而且往往难以做决定。

②关系协调权。用人者必须保留对直接下属之间相互关系的协调权。

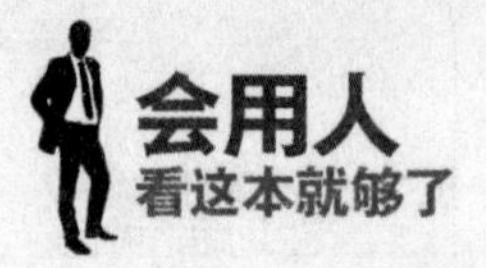

协调下属之间的关系是非常重要的，也是其他下属所不能替代的。

③机密的事务。分析你公司里工作的分类和薪级范围看上去很花时间，这似乎是首先可授权的工作，但由于牵涉到很多的利益，所以应该是用人者自己去做，不适合授权。

④培养直接下属。作为一名用人者，培养你的直接下属不仅有利于你的工作的展开，而且也是你的职责。

你的下属应该在他们的成长和发展过程中得到你的帮助，他们依赖你的经验、你的判断来辨别对他们成长有帮助的工作。这不是你该授权的工作，虽然你可以从他人那里得到一些帮助，但这是你的职责。

⑤危机问题。危机总会不可避免地发生。假如发生危机，用人者应亲自坐镇，制定应对方案，很多事都应该亲力亲为，这不是你该授权的时刻。当处于危机的时候，要保证自己在现场起领头的作用。这样，有利于稳定人心，避免事态进一步恶化，为解决问题赢得宝贵的时间。

（2）评价授权风险。

每次授权前，用人者都应评价它的风险。如果可能产生的弊害大大超过可能带来的收益，那就不予授权。如果可能产生的问题是由于用人者本身原因所致，则应主动校正自己的行为。当然，用人者不应一味地追求平稳保险。一般来说，任何一项授权的潜在收益都和潜在风险并存，且成正比例，风险越大，收益也越大。

（3）命令追踪。

有些用人者在授权之后，常常忘记自己发出的指令，而对于已发出的命令进行追踪是确保命令顺利执行的最有效方法之一。

命令追踪的方式有两种：

第一种，用人者在发布授权指令后的一定时期，亲自观察命令执行的状况；第二种，用人者在发布授权指令的同时与下属商定，命令下达后，下属应当定期呈报命令执行状况的说明。

在进行命令追踪时，用人者必须明确追踪的目的：

①控制命令是否按原定的计划执行。

②考虑有无足以妨碍命令贯彻的意外情况出现。

③考核下属执行命令的效率。

④反思、检讨本人下达命令的技巧，以便下次改进命令下达的方式。

基于这样的目的，高明的用人者在命令追踪中，会把目光集中于：

①下属所履行任务的质与量。

②工作进度和工作态度。

③下属是否有发挥创造性的余地。

④命令是否是合适的，有无必要对命令本身做出修正，或下达新命令取而代之。

⑤下属是否确切地了解命令的涵义，并按命令的精神完成任务。

（4）监督进度。

授权使用人者的控制发生了微妙的变化，因为授权，用人者对工作及局面的控制实际上是退后了，这反而使控制在授权中的地位得以凸显；而且必须使自己的控制技巧更加高明，才不至于使工作陷入失控状态；同时，因为授权，用人者得以从具体繁琐的事务性工作中腾出时间来，其中的一部分将被用来命令追踪和监督委派出去的工作，这几乎成为用人者对这些工作负责的唯一有效的形式。

一个优秀的用人者会根据授权，对自己的控制技术作细致的挑选和改进，以适应授权这种特殊的管理形式。照搬一般性的而非授权中的控制技术，往往适得其反。

授权中的控制技术包含：

①监督工作进展，尽量避免干涉下属的具体工作。

②以适当的方式提出意见或提醒。

③确认绩效，兑现奖惩。对于出色的工作要给予充分的鼓励，对于不足的工作提出意见。精神推动如果结合物质奖惩，效果会更好。

（5）尽量减少反向授权。

下属将自己应该完成的工作交给用人者去做，叫做反向授权，或者叫做倒授权。发生反向授权的原因一般是：下属不愿冒风险，怕挨批评，缺乏信心，或者由于用人者本身“来者不拒”。除去特殊情况，用人者不能允许反向授权。解决反向授权的最好办法是在同下属谈工作时，让其把困

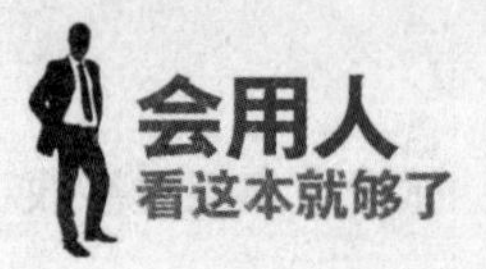

难想得多一些、细一些，必要时，用人者可以帮助下属提出解决问题的方案。

（6）审查并改进授权的技巧。

尽管有些企业的用人者们也实行了授权，但是，由于他们没有正确掌握授权方法，没有按照授权的基本程序去授权（或是未能选准授权对象；或是授意不明；或是忽视必要的追踪检查等），因此，效果并不佳。可见，实行有效的授权，掌握正确的方法也是十分必要的。不掌握正确的方法，而要想取得好的效果，是绝对不可能的。因此，用人者需要不断地学习授权技巧，并在授权的过程中注意审查和改进自己的授权技巧，不断地提高自己的授权能力。

无数事实证明，用人者超脱一切，任何事都不闻不问就能轻松自如地驾驭员工、把工作做好是不可能的。正确的做法是：在保证有效监控和牵制的前提下，将不必由自己掌握的权力交给下属，这样才算真正领悟了授权的实质。

给予的“地位”不妨虚实结合

无论何时何地，人们都希望有自己的地位。最有效的方法莫过于让那些优秀的下属担任高一层的工作。因为无论什么工作，哪怕让他担任个小主管，他都会觉得已确立了地位，干劲就会更足。

有许多低层的员工，虽然他们很优秀，但他们从不考虑工作的全局，觉得想休息就不去上班；而一旦职位高升，反而会认为“工作第一”。许多基层员工总是对上司抱有敌对心理；而一旦赋予他某种责任，他反而会改变态度，热心督促属下工作。

每个人都希望自己的地位节节攀升。你若经常置某个员工于某个地位上，他会渐渐地降低工作意念。因此，你必须让他成为实力更高的人，使他能得到较高的地位，然后在日常工作中加以训练和指导。如此一来，使他们体会到在组织中地位高升的实在感，那才会使他们有干劲。同一组织内，有不少员工都有着丰富的经验，这些人之所以意志高昂，是因其在工作岗位上有种无法动摇的地位，使他们自豪、有信心，使周围的人们尊重他们。

当然，有时并没有领导职位，故只有退而求其次，可让他当个指导者，指导后进人员，或者干脆建立责任制度。比如，向来不管家中财务的人，一旦叫他管理财产，他反而会收敛贪玩个性，一改常态，专心负起重任来了。人无论在家中或组织内，只要在团体中确立了地位，就会觉得责任感加重，有奋发向上的意念。

你可对年资满一年以上的员工说：“你们现在已是企业的中坚分子，工作纯熟，因此我要你们来指导新员工。要知道，这是一项很重要的工作，希望你们好好地干。”这些人一旦担任指导者，清楚了自己的地位，工作起来就格外地富有热忱。

由此看来，给予下属“地位”完全可以虚实结合。你并非一定要赋予他某种实实在在的权力，只要使他在感觉上，认为有人依赖他、拜托他，使他感觉自己俨然是位经验老到的人，就可以使其自认已确立地位了。也就是说，只要让他专门负责某件事，使其独当一面，就会达到这种效果。

地位不仅仅是一份更得体的薪水和一张更宽阔的办公桌；为了地位，很多人也不会在乎为了工作长期加班。地位表明的是一种认可、一种身份，身份变迁直接关系一个人的荣辱兴衰，决定着其积极性的涨落。

当一个职业经理人被邀请参加只有经理人才能参加的俱乐部的时候，他会体会到比获得薪水还要开心的感觉。当一个用人者成功地率领团队取得了公司销售竞赛的第一名时，他的奖金不一定比某些金牌销售员高，但他却表现出用人者的沉醉。

正如我们刚刚提到的，地位当然不仅仅是职位，地位应该是一种认可，是一种荣誉和一种尊敬，他带来的是满足与责任。

事实证明，象征地位的头衔即使没有实在的权力，也能刺激人，能鼓励人们更加努力地工作，也能赢得人们的忠心和热诚。

三十个不同行业的工会的倡导者、美国劳工协会的缔造者塞缪尔·冈珀斯，在刚刚开始开展工作时，他感觉到十分艰难。工人们大部分都是毫无组织的，而当时他既没有钱，又得不到足够的外界帮助。

有一天，他灵机一动想出了一个计划。他自己创造性地设立了一个“民间委任状”，授予那些愿意组织工会的人。在一年中，以这种方式被委任的人就有 80 人之多。美国劳工协会会员的数目从此开始激增。

没有几个领袖能比拿破仑更清楚“地位”的价值了，也没有人比他更能明了人类对于这种极具诱惑力的东西的渴望是多么迫切了。为了使那些拥护他的人都能牢固地团结在他新创的帝位之下，拿破仑对赏赐毫不吝惜，创立并封赐了许多崇高的头衔和荣誉。他创制了一种勋章，并且立刻将 1500 个以上的十字勋章授予他的臣民；他重新启用了法兰西陆军上将的官衔，将这一高位封赠给了 18 位将官；同时给优异的士兵授予“大军”的光荣头衔。很多头衔尽管是虚的，但它们仍然具有非常特殊的功效。

由此来看，给个头衔，给个位置，对人的激励是非常大的。这个小小的“授权”权谋，能给你的工作带来很大的动力，其作用是不可小视的。

让普通工作显得“异常重要”

授权的一个比较典型的标志就是领导所给的任务异常重要，但反过来，显得异常重要的任务未必就是授权。因此，用人者不妨在“重要”与“授权”之间做点文章，让“异常重要”的工作给下属授权的感觉。

人的精力虽然不是无穷的，但是有时也会发挥出超越自身极限的奇迹般的力量来。人在重要的工作中的紧张感，对自己的信心，对重要工作的坚决果断，坚持到底的热情，不怕困难必须成功的毅力，这一切融合在一起的时候，就会爆发出巨大的威力，干出原先想不到的成就。

相反地，如果一个人觉得自己的工作不重要，会在很大程度上影响其积极性。曾听不少人说：“现在的工作分工愈来愈细，也愈来愈单调，若长期如此，越干越没兴趣。”也有的人说：“我们不知道这项工作的意义，做起事来也缺乏干劲。”可见，一个人如果认为自己的工作不重要，或者对工作的重要性认识不足，就看不到工作的价值，也激发不起他们工作的热情，更无从谈起激发其潜力。

所以，用人者要让你所有的下属，包括刚刚加入这一群体的新员工都明白，你希望他们能完成“异常重要”的工作任务，充分发挥他们的水平。这样，你就能够轻而易举地把各项困难工作安排给合适的员工来完成。

工作的重要性有两重含义：一是在组织内被全体员工公认是一项重要工作；二是从整个社会来看是一项重要的工作。

在企业内部，将工作细分后，个人所承担的工作的重要性也就削弱了。用人者要善于授权，并赋予工作以重要意义，从而增强员工的荣誉感和使命感。

授权不一定非要给员工一个实在的职位或某种权力。正如上文说的那样，地位不一定是实实在在的，同样，任务的重要性也不一定真的那么重要，你只需让员工觉得重要就可以了。

有人说："我从事工作一段时间后，了解到工作的重要性，就下决心将工作做好，并深切体会到认识工作的重要性与工作意念有密切关系。"

可见，用人者要激发员工的工作热情，激励员工干好工作、做出成绩，除了交给员工真正重要的任务外，还要让员工认识到普通工作的重要性。

一位饭店经理叫一位男服务生到一个房间关窗户，在这位男服务生可能埋怨不应该叫他去做只需女服务员做的事之前，经理以非常慎重的态度告诉他：

"那个房间里的窗帘价格非常昂贵，你现在必须赶快去把窗户关好，否则待会儿台风刮来，窗帘如果损坏，那将是我们相当严重的损失。"

这位男服务生听完之后便飞奔而去。

经理的高明之处在于，他让那位男服务生认为自己负担的责任不仅是关窗户而已，而是要他去保护价格昂贵的窗帘。

请各位务必铭记下面的规则——让对方知道他必须如此做的理由；让对方认为他担负的某项任务是异常重要的。

第二次世界大战期间，美国的一些兵工企业，把飞行员和坦克手请到工厂做报告以告诉工人们，他们制造的产品怎样支援了战争。有一家盲人工厂生产的螺帽，远销世界各地，通用性很强，飞机、轮船以及各种机械都可以装配。该厂的用人者将这一信息传递给大家，大大地提高了员工对自己劳动价值的认识，增强了他们的工作兴趣和积极性。有了成就，就会产生一定的满足感，为了获得更大的满足感，就会做出更大的成就，这是一种良性循环。

让普通工作显得"异常重要"虽然只是授权中的一个小小的权谋，但它能激励起员工的自信、勇敢和热情，继之以勤奋的工作，包括体力工作和脑力工作。一旦员工尝到了在重要的工作中获得成就的甘果之后，就能够调动自身内在的潜力和干劲，迸发出更强的要求进取的欲望。果真如此，你所领导的组织当然也就会立于不败之地。

第九章 以私钓人术：了解欲望树立目标

每个人都有欲望。当这种欲望在短时期内不能达到，或只凭他个人力量无法实现的时候，欲望往往会变成愿望，变成美梦。当领导的，要有一双火眼金睛，善于发现和利用部属的愿望，使之成为他们的驱动力，及时许愿，使之为你效力。

把团队的管理目标与员工的个人目标统一起来

目标管理是企业管理的重要内容，目标是一个企业的努力方向。在实现之前，它只是一盏可望而不可即的明灯；但是，这个目标订立得越合理，实现它，使之由虚转实的可能性就越大。如果把一个企业、一个团队的目标与员工的个人目标有机统一在一起，目标则成了虚与实的完美结合体。

管理大师彼得·德鲁克发现，一项既定的目标，即使是十分科学的，要他人来认知和认同也是十分困难的。然而，如果一项管理目标不能被下属所接受，并转化为下属自己的目标，那么这项目标的实施就会遇到障碍。只有那些实现了“上下同欲”的目标，才能充分调动执行者的积极性、主动性和创造性，使管理目标得到切实有效的贯彻和执行。怎样才能做到这一点呢？德鲁克认为，请下属参与目标的制定是有效的手段之一。

目前在西方的许多企业中都实现了目标管理。德鲁克指出，目标管理的精髓就在于实现了组织目标和个人目标的完美结合，而其中最关键的一环就是：请下属参与目标的制定。这种原则在管理学中是至为重要的。在一起制定目标的过程中，因为各个下属部门或个人都会根据自己的需要，从自己的利益出发，提出对即将制定的目标的种种建议或见解，争论是不可避免的。但就在这一过程中，用人者却可以洞察到目标的确立应遵循什么样的原则才能更为下属所认同，而不至于使提出的目标高高在上，不合民意。另外，在这一过程中，正确的意见得到阐述，偏执的意见也会得到自我修正，实质上也是一个教育、说服和发动的过程。

对于下属来讲，他们需要的是一种实在的“主人翁”的感觉。请下属参与目标的制定，亲身的体验使他们认识到了自己主人翁的地位，认识到目标决策的科学性，从而自然而然地产生了与用人者一致的看法。相应的，主人翁的责任感也就油然而生了，促使目标付诸实施也就会成为他的自觉行动。特别是在一些大型的组织中，因为不可能每个人都参与目标的制定，所以派代表参与成为最切实可行的办法。如果代表们对决策目标产生了认同，那么他们就不仅会身体力行，而且会以极大的热情对目标进行宣传，使目标得到更深层面的认同，以至得到衷心拥护。此时，因为这项决策目标在情感上得到了下属的认同，下属就会自觉地把它化成自己的目标，那么，目标的实现就不仅仅是依靠其科学的内容对下属的感召，更重要的是下属为实现目标而自觉的努力。

请下属参与目标的制定，无疑会有许多问题产生，如浪费时间、议而不决、与用人者初衷背道而驰的意见占了上风等等，但这些问题不是原则本身的错误，而是操作上的不当造成的。用人者与下属一起制定目标时，一定要注意以下几个方面。

（1）限定主题

在共同确立目标的开始，用人者要提出自己对目标的设想，为参与者指明方向，提供思路，防止参与者将一些无关紧要的事情也扯进来，分不清主次，或扯到另外的问题上去，导致浪费时间，偏离决策目标。但用人者提出的对目标的设想又不宜十全十美，有时即使用人者有能力把目标设计得十全十美，也要在提出目标最初的设计方案中有所疏漏。因为只有下属觉得一个十全十美的目标，是在自己的批评和建议下形成的，才会对目标产生更强烈的认同感。如果宣布的目标已经无可挑剔，参与变成了上传下达，那么共同制定目标就没有什么意义可言了。

（2）协调纷争

在共同制定目标的过程中，因为各部门和个人都是从不同的利益角度出发而提议的，因此，争论是不可避免的。两军对垒、三足鼎立、吵得不可开交的事情会时常发生。如果此时用人者缺少统揽全局的艺术，就会导致议而不决，甚至矛盾激化。用人者在完善目标，对各方达成一定程度的妥协，使目标在更为广大的范围内得到接受时，一定要清楚即使强行执行的正确目标也比自愿执行的错误目标更行之有效。

（3）信息共享

共同参与目标的制定是要创造一种广开言路、百花齐放的氛围。但用人者常常会发现在这些观点中有些明显不合时宜、漏洞百出或没有见地与深度，不是纠缠于鸡毛蒜皮枝梢末节，就是在下属中形成一种占上风的错误倾向，结果就只能是时间的浪费或用人者与下属间的尴尬和僵局。解决这个问题的方法在于：必须给下属提供充分的事实资料，以使其制定目标时有所依据。这就是信息共享。信息共享应该成为一种体制以纠正仅在猜想或推测上打圈圈的争论，以及只根据一些表面的证据和极不充分的情报便作出决定等现象。

没有什么比员工把企业目标作为个人目标能产生更大的生产力的了，这等于抓住了提高用人成效的“七寸”。在这个虚与实的结合点上，一切问题都变得容易解决。

让人看到达成愿景的过程

规划愿景的同时，有必要让人看到达到愿景的过程。

团体中的领导者，必须能确实掌握大家的期待，并且把期待变成一个具体的目标。

大多数的人并不清楚自己的期待是什么。在这种情况下，能够清楚地把大家的期待具体地表现出来，就是对团体最具有影响力的人。

在企业的组织之中，只是把同伴所追求的事予以具体化并不够，还必须充分了解组织的立场，确实地掌握客观情势的需求并予以具体化。综合以上两项具体意识，清楚地告之组织必须达成的目标，这样才能在团体之中取得领导权。

在进攻意大利之前，拿破仑还不忘鼓舞全军的士气："我将带领大家到世界上最肥美的平原去，那儿有名誉、光荣、富贵在等着大家。"

拿破仑很正确地抓住士兵们的期待，并将之具体地展现在他们的面前，以美丽的梦想来鼓舞他们。

如果是以强权或权威来压制一个人，这个人做起事来就失去了真正的动机。抓住人的期待并予以具体化，为了要实现这个具体化的期待而努力，这就是赋予动机。

具体化期待能够赋予动机的理由，就在于它是能够实现的目标。例如，盖房子的时候，如果没有建筑师的具体规划就无法完成。建筑师把自己的想法具体地表现在蓝图上，再依照蓝图完成建筑。

同样的道理，组织行动时也必须要有行动的蓝图，也就是精密的具体理想或目标。如果这个具体的理想或目标规划得生动鲜明而详细，部下就会毫无疑惑地追随；如果领导者不能为部下规划出具体的理想或目标，部下就会因迷惑而自乱阵脚，丧失斗志。

善于带领团体的人，能够将大家所期待的未来愿景，着上鲜丽的色彩。这愿景经过他的润饰后，就不再是件微不足道的小事，而变成了一个远大的理想和目标。

或许你会认为理想愈远大就愈不容易实现，也愈不容易吸引大家付诸行动，其实不然。理想、目标愈微不足道，就越不能吸引众人的高昂斗志。所以，领导者如何带领下属就很重要。没有魅力的领导者，因为唯恐不能实现，所以不能展示出令部下心动的愿景。下属跟着这样的领导者，必然不会抱有梦想，工作场所也像片沙漠。大家都没有高昂的斗志，就算是微不足道的理想也无法实现。

当然，即使是伟大的愿景，如果没有清楚地规划出实现过程，亦无法使大家产生信心。因此，规划愿景的同时，还必须规划出达成愿景的过程。

规划为达成目标必经的过程，指的就是从现在到达成目标所采取的方法、手段及必经之路。

目标的达成是最后的结果，由于要达到最后的结果并不容易，所以要设定为达成最后结果的前置目标（以此为第一次要目标）。要达成第二次要目标也不容易，所以要设定达成第二次要目标的前置目标（第三次要目标）。要达成第三次要目标也不容易……就这样一步一步地设定次要目标，一直连接到现在。

为达成最后的结果就必须从最下位的目标开始，一步一步地向前位目标迈进，次第完成每个目标。

这一步一步展开前置目标的过程，就称为“目标功能的进展”。

此“目标功能的进展”中，最下位的目标必须设定在最接近目前的状况，且尽可能的详细而现实。也就是说，最下位的目标必须是可以达成的。达成了最下位的目标后，再以更高层的目标为目的。

达成目标的过程或手段，规划得愈仔细愈好。愈上位的目标，其过程或手段就愈概略。只要从下位目标一步一步地向上爬，最后目标定可以达成。

像这样把由眼前的现状到达成目标的过程中，每一阶段都规划成一幅幅的展望，“目标功能的进展”若能一步步地实现，达成最后目标的效果就愈显著。

通过提升精神档次来提高员工的工作成效

凡是在精神方面缺乏进取的人，都会成为平庸者。用人者应当注重员工的精神培训，引发他们对更高目标的渴望。

松下电器公司是全球驰名的电器公司，松下幸之助作为这个公司的创始人则是商界用人制胜的典范。松下公司有两个有意义的纪念日，一个是1918年3月7日，这是松下幸之助与他的夫人、内弟一起制造电器双插座的日子；另一个是1932年5月，他将这一年命名为“创业使命第一年”，并定为松下公司正式纪念日。

松下幸之助认为，人在思想意志方面，有易动摇的弱点，因此，要使松下人为公司使命和目标奋斗的热情干劲持续下去，必须有戒条以时时提醒和告诫自己。这便产生了有名的松下精神七条，即产业报国精神，光明正大精神，和亲一致精神，奋斗向上精神，礼貌谦让精神，适应形势精神和感恩报德精神。自1937年确定这七条以来，松下幸之助便相应地确定了一套对员工进行松下精神教育培训的有效方式。

（1）惯例性活动

一是反复诵读和领会。每天上午8时，松下公司遍布各地的8万多员工同时诵读松下精神，一起唱松下公司歌。其意在牢记公司目标和使命，用松下精神鞭策自己。二是开展10分钟演讲。每隔一个月每人都要在其所属团体中通过自己的演讲说明松下公司的精神同社会的关系。三是隆重举行新产品的出厂仪式。员工分乘大卡车，满载出厂新产品分赴各地有交易关系的商店。四是进行“入社”教育。将新员工轮换分派到许多不同性质的岗位上工作。专业人员，都要由基层做起，每一个人至少要用3~6个月时间在装配线或零售店工作。

（2）管理人员的教育指导

松下哲学认为，在现代商战和开展企业营销问题上，归根到底是人的问题；人是最为宝贵和尊贵的。人的优秀品行同商战制胜、企业经营的成功密切相关；要从平凡人身上发掘不平凡的品质。松下非常重视用他的这种哲学影响教育员工。他要求每个员工都要有新目标，每天都要有新成就。只要将奋发向上的精神化为具体的要求反复诉说，就一定会收到好的效果。

松下在进行教育指导上注意培养骨干力量。公司每月举行一次干部学习会，相互交流、相互激励、勤勉律己。他放手让下属干工作，做决定，决不去干预部门的工作。

松下的另一着是要求各级管理人员必须学会培养自己与职工之间的信任感，相互沟通思想感情，为员工树立榜样，用其特有的经验和精神影响员工。

（3）系统教育与自我教育

松下最早提出“经营即教育”，并认为“培养人和开发人的潜在能力问题，是企业经营的第一要义”。为达此目的，松下将松下精神、业务知识、工作技能一起作为人才培养的基本内容，并于1934年创办了职工训练学校，1972年又开设了特别培训中心，以后又创办了一所现代化高等学校，用以对国内外工作人员进行轮训教育。同时，松下特别倡导自我教育。教育员工根据松下精神自我解剖，确定目标，经常提出并回答如下问题：我有什么缺点？我在学习什么？我真正想做什么等等，从而让员工在剖析后设置自己的目标，拟定自我发展计划，在强烈愿望驱使下自我激励，思考如何创新。

（4）奖励和重用

松下历来重视用奖励、提拔重用等手段激励培养松下精神。他喜欢带领访客参观工厂，会随便指着一位员工说：“这是我最好的主管之一。”他认为这样做会形成一种好的气氛和工作创新环境。他还重视奖励提出意见和建议者，并对每一个建议进行评分，给予金钱报酬和团体奖励。对于下属的意见、建议，即使一时难判正确与否，他都会说：“很好，让我们试试吧！”用以鼓励员工的进取精神和关心企业的行为。而对犯错误的人的批评、责难、处罚，也被松下认为是一种“训练”，是为将来做准备，同样成为培养人才、发扬松下精神的措施。

松下的人才教育培养方式对松下公司发展产生了巨大的推动力量，成为使设备、技术、结构和制度运转的活的因素。一种企业内在的力量，产生了巨大的凝聚力、导向力、感染力和影响力，对于松下在商战中长期处于不败之地起到了支柱作用。松下这种虚虚实实的管理方式在今天仍有很好的借鉴意义。

兑现许诺，树立影响力

现代领导方式的发展趋向表明，靠威吓欺诈等传统手段已不能适应社会要求。

而遵守诺言，待人信诚，是领导者影响、号召员工的方法之一。

从心理学上分析，守信的重要性在于它关系到员工对领导者的期望。领导者一言既出，承诺了一件事，员工即对领导者产生了期望。如果承诺不能兑现，员工便会厌恶，随之领导者也就失去了影响力。可见，关系到一个人未来前途的许诺是一件极为严肃的事情，它将在多年中被一字一句地牢牢记住。因此，领导者绝不要应允任何自己不能兑现的事，并确实使所有的员工都认识到，领导者从不许诺任何不能兑现的事。

古人云，“君子一言既出，驷马难追。”“言出则必行，行必果。”这是做人的学问，也是你处理好周围人际关系和树立自己威信的方针。

不少领导所做的最糟糕的事就是爱许诺，可他们却又偏偏不珍惜这一诺千金的价值。他们在听觉与视觉上满足了员工的希望之后，又留给了人们漫长的等待与终无音讯可循的噩耗。

诺言如同激素，最能激发人们的热情。试想你在头脑兴奋的状态下，许下了一个同样令人兴奋的诺言：若超额完成任务，大家月底将能够拿到40%的分红。这是怎样的一则消息啊——情绪高亢的人们已无暇顾忌它的真实性了，想象力已穿过时空的隧道进入了月底分红的那一幕。

接下来人们便掰着指头算日子，将你的许诺化为精神的支柱投入到辛勤工作之中去了。到了月底，人们关注的焦点还能是什么呢？而你此时最希望的恐怕就是有一场突如其来的大运动，将人们的注意力统统引向另一个震荡人心的事件；最好是员工们就此得了失忆症，在见到你时，问你的都是："我是谁?"这样的问题。

难以实现的诺言比谣言更可怕，虽然，谣言会闹得满城风雨，沸沸扬扬，但人们不久就会明白事实的真相，但你的未实现的承诺骗取的是人们真心的付出。就如你让一个天真的孩子替你跑腿送一份急件，当孩子跑回来索要你的奖赏时，你已遛之大吉。那孩子可能会由此而学会了收取定金的本领。一旦你的员工有了这样的心态，那你在组织中就是一个彻底的失败者。你的权威没有了，难得的信任也消逝了，赤裸裸的雇佣关系会让你觉得自己置身于一个由僵硬的数字符号构筑的组织环境之中。

你的命令虽然不是圣旨，但你的承诺却有着沉甸甸的分量。对于你不能实现的诺言，最好今天就让雇员失望，也不要等到骗取了雇员的积极性后的明天让他们更失望。

当然，这里要劝的还是你要拥有许下诺言并勇于承兑诺言的守信作风。想想田间耕耘的老农，他从绿油油庄稼看到了来年收成的希望，你的许诺也会让你的员工感觉到将要收获的是一个沉甸甸的未来。诺言的承兑让所有等待了许久的人有一种心满意足的喜悦，更坚定了他们的未来就在自己手中的信念；你也将成为众人关注的热点，伸向你的不再是讨要报偿的大手，而是热情的、助你成就的有力臂膀。

组织的人际关系会在这个核心的作用下，产生出诚信、团结的气象。

满足下属欲望，不能一步到位

在很多人看来，生存的价值就在于升官发财，因为这不仅是事业有成的标志，而且会带来数不清的好处。所以利用高官厚禄来驾驭下属，历来是掌权者手中的法宝。

有这样一则寓言，说的是一个车夫为了使拉车的驴子跑得快些，就将一把鲜嫩的青草拴在驴的前面，恰巧离驴的嘴巴有半尺远。驴子为了得到那把绿茵茵的青草，便拼命地向前跑，可无论怎样用力，那把青草怎么也到不了嘴里。

当然，车夫完全可以在拉完货后，将那把已经有些发黄的青草丢到驴子脚下，任其去品尝胜利所带来的喜悦。可在权力场上毕竟是粥少僧多，官位有限不可能随意授人；再说如果封得太滥了，“官”自然贬值，也就不值钱，失去了诱惑力。

太平天国后期，太平军在湘军与淮军的夹击下处境日益艰难，为了挽回败局和鼓舞士气，天王洪秀全采取了“封王”的招术。据统计，洪秀全先后分封了两千七百多个王，从大小文臣武将到亲朋故友，甚至一个并不怎么起眼儿的人，都如愿以偿戴上了“王帽子”。然而时间一长，这一招也就不那么灵了。

人都有这样一个通病，就是对太容易得到的东西不珍惜，只有自己千辛万苦争来的才格外看重。“封王”不但没有达到齐心协力挽回败局的目的，反而导致了太平天国内部秩序的严重混乱。大家都是“王”，谁也不服谁，彼此离心离德。谭绍光被“八王”出卖就是最明显的例证，客观上加速了太平天国的覆亡。

南宋初年，面对着金人的大举入侵，当时号称名将的刘光世、张浚等人，只会一味地避敌逃跑，而不敢奋起反击。这一方面因为他们天生患有“软骨病”，另一方面因为他们官已高、位已尊，以为即使立了大功，也没有更大的升迁。没有了前面的那把“青草”，他们便安于现状，什么国家利益、民族利益，此时对他们已经没有太大的意义了。

当时岳飞虽然已崭露头角，毕竟还没有太大的名望和地位。当时，只有他在和金人进行着殊死的战斗。有个叫郡缉的人便上书朝廷，推荐岳飞。那封推荐书写得很有意思：

“如今这些大将，都是富贵荣华到了头，不肯再为朝廷出力了。有的人甚至手握重兵威胁、控制朝廷，很是专横跋扈，这样的人怎么能够再重用呢？

“驾驭这些人，就好像饲养猎鹰一样，饿着它，它便为你搏取猎物；喂饱了，它就飞掉了。如今的这些大将，都是还未出猎就早已被鲜汤美肉喂得饱饱的，因此，派他们去迎敌，他们都掉头不顾。

“至于岳飞却不是这样，他虽然拥有数万兵众，但他的官爵低下，朝廷对他也未有什么特别的恩宠，是一个默默无闻的低级军官，这正像饥饿的雄鹰准备振翅高飞的时候。这时如果让他去立某一功，然后赏他某一级官爵，完成某一件事，给他某一等荣誉，就好像猎鹰那样，抓住一只兔子，便喂一只老鼠，抓住一只狐狸，就喂它一只家禽，以这种手段去驾驭他，使他不会满足，总有贪功求战之意，他必然会为国家一再立功。”

虽然说这位郡缉将岳飞看成一个贪功求利的人，实在是对我们伟大民族英雄的曲解、贬低，但是，他在推荐书中所涉及到的两种封官手段，却可以为用人者领导下属提供很好的参考。

一是分割封官的过程，不能一步到位。封官如同商品交换一样，“得一兔则饲以一鼠，得一狐则饲以一禽”。立小功封小官，立大功封大官。要有意识地把封官的过程拉得特别长，使臣下的官欲永远处于饥饿状态，永远不会有满足感，这样他才会总有立功的源动力。

二是封官不仅不能一步到位，而且最好永远也不要到位。一个人官做大了，立功进取的意志便懈怠了；一旦官做到了头，不但立功进取的意志消失，甚至还可能滋生野心。从历史上看，那些官职到了极限的人，如王莽、曹操、司马昭等人，最后不是都变成了篡权者吗？

杂技团里的猴子为了获得吃的，通常都是非常听话地表演各种绝活儿，赢得阵阵掌声。有经验的驯猴师都知道，猴子吃饱了就不听话了，所以他们什么时候都不给猴子吃饱。贪功求利，乃是人性的致命弱点，如果能够对症下药，“画饼充饥”，让下属永远带点饥饿感，便可使下属乖乖听命于你。当然，在下属取得成功后，你尽可以根据他们的表现好坏，撕下一块“饼”给他们吃，而且“饼”的大小也可以不一样。但千万要牢记：切不可把整张“饼”都给他们！

诱导许诺，使用一点“骗术”

所谓诱导许诺，是指用迂回的方式，先诱使对方说出自己所需要的承诺，然后再直陈其事。诱导术是高明的艺术性的“骗术”，它本身是以严谨的推理和正确的逻辑来说服对方的，具有很大的艺术性。对于下属，领导者应该先让对方说话，对于下属的要求，一般不做承诺，而要看对方做事的结果，然后再做具体的处理。

传说中国古代有一个理发师给一位宰相理发修面，干了一会儿，理发师忽然停下手，两眼直愣愣地看着宰相的肚子发呆。宰相好生奇怪，问：“你不好好修面，却光看我的肚子，是何道理？”理发师答道：“人们常说宰相肚里能撑船，我看你的肚子并不大，怎么说能够撑船呢？”宰相被逗乐了，说道：“那是说宰相的气量大，对一些小事，能够容忍而不计较。”听到这里，理发师一下跪倒在地，哭着说：“小的该死，方才修面时不小心把大人的眉毛给刮掉了。您的气量大，请您恕罪！”宰相听说理发师把自己的眉毛刮掉了，怒火中烧，刚要发作，但想起刚才自己说的话，怎么能为这件事给理发师定罪呢？于是，只能按下怒气，说：“去把笔拿来，把眉毛画上去算了。你起来吧，下次可不准这样了。”

在这个小故事中，理发师实际上是用诱导承诺的方法来保全自己。

一般情况下，许诺应该是自己能够做到的，而且是符合公平原则的，所以应先观察条件是否成熟再做出决定，这是重要的。为一时之好恶而许诺的人，必然会使自己处于被动的局面。

清代的李鸿章最初投入到恩师曾国藩的门下时，希望恩师能够让他独当一面，而曾国藩只让他做了个随军的文案。后来，李鸿章有功，曾国藩也只是对其表扬而没有任何许诺。只是到了最后的关键时刻，他才根据李鸿章的才能当机立断，让他去组建淮军。这是不诺之诺，较之那种早期的允诺更让李鸿章喜出望外。

许诺可以激励下属努力工作，但只有在条件成熟时，确实可以兑现的承诺，才可以取得预期的效果。否则，可以试用诱导许诺的办法，自己先不许诺言，等下属自己先开口，只要你把事情做好，或提高了工作效率，那些该有的诺言就会自然而然地实现。如果能够让下属体会到领导者的这种用心，要比当面许诺更有效。

谱好承诺三部曲

领导最常见的是下属们在工作之前反复地请求和请示，这些请求和请示或者为了让你提供必需的资金，或者是让你给提供某种有利条件，或者是请求某种提升的暗示。总之，他们都盼望着你对这些问题敢于承诺。

领导如何才能做到恪守承诺，按时做你说过要做的事情，不妨听听我们的“三部曲”：

步骤一，在作出任何承诺之前都要深思熟虑。如果不能完全肯定自己能够实现，那就不要承诺。承诺要有把握，要保证它能够实现。当你说：“干完这件事，我给你加薪。”你心里就要确保这个承诺能兑现。

步骤二，按时实现自己的承诺。

步骤三，如果发生了使你不能实现承诺的事件，那该怎么办？这是你在发出承诺时可以合理预见的吗？如果是，那你为什么不做好准备，并据此许下承诺？如果不是，那么，一旦知道自己无法实现承诺，就应该开诚布公地与接受你的承诺的人重新进行商洽。这件事要尽快做，不要等到火烧眉毛。如果人们知道你一般总能恪守承诺，而在无法实现时也会尽可能地和他们来进行协商，他们就会相信，你是一个值得依靠、可以信赖的领导。

值得注意的是，有的主管在面临下属的请求时，不仅暗示可以满足要求，而且还收受下属的礼品，这种做法实在有损你的形象。一方面使自己陷入被动，另一方面也使人家知道你的品德有问题。所以绝不要轻易收受礼品，也不要让人家觉得你已经答应。要让所有人知道你的公正无私和高风亮节。这种做法实际上是一剂预防针，保护你不受到下属或他人“拉你上船”的干扰。以你的实际行动——比如拒收贿赂、公私分明和精明细致，告诉员工们，你是一个什么样的人，而这些与承诺没有直接关系。

一般说来，只有当别人认为你的立场模棱两可或偏向于他们一方时，才会主动前来邀你“上船”；而当他们知道了你的“本质”之后，往往就不会采取这类“自投罗网”的措施，而且在许多时候他们还不得不因为你的出现而大大收敛。所以把一个刚正不阿的你展示给别人，无论是对公司还是对你个人来说，都是一条上上之选。

作为一个领导者要想让下属心服，就必须努力满足下属的内心期望；而领导者一旦不能满足大家的期望，很快就会被拉下马来。

让员工对未来充满希望

企业的目标是吸引人才的磁力，也是保住企业员工的强心剂。用人者要不断地向员工提出目标，凝聚人气，让员工永远充满希望从而使企业顺利成长。

确立目标是用人者的重要工作。1969 年 7 月 20 日，太空人驾驶的美国太空船——阿波罗 11 号成功登陆月球，创下人类历史上具有划时代意义的伟大壮举。在此之前，登陆月球只是人类的梦想而已。这次登陆月球的成功，可以说是众多科学家和有关人士呕心沥血的结晶。需要指出的是，这项举世瞩目的阿波罗计划，是从 1960 年美国总统肯尼迪的声明开始的。当时肯尼迪总统向世界宣告，至 20 世纪 60 年代末，美国一定要把人类送上月球，从而确立了人类登陆月球的目标。由于许多人的智慧和力量不断地向着这个目标集中，人类登陆月球这一目标终于伴随着阿波罗 11 号的升空而实现，可见确立目标是件很重要的事情。

确立目标是用人者的必备素质。用人者本身不一定要具备该项事业的知识和技能，但提出目标却是用人者的工作。这项工作除了用人者本身以外，不能靠他人来完成。企业管理是一门综合性工作，既要有文化知识，又要有社会知识，用人者只有具备多方面的综合素质，才能确定适合企业发展的目标。为了确保目标切实可行，用人者平时就要培养能够确立目标的意识。有目标才有动力，目标确立之后，针对这个目标，有知识的人贡献知识，有技能的人贡献技能，大家心往一处想，劲往一处使，才能成就事业。如果肯尼迪总统未曾提出过目标，即使很有才华的人，也有无从发挥之感，各种人才的力量也会因分散而削弱。所以，用人者应该基于自己的知识或经验，确立一个最适合企业发展的目标。明确的企业发展目标是调动员工积极性的有效手段。员工越了解公司目标，归属感越强，公司越有向心力。

不断提出适合企业发展的目标，让员工对未来充满梦想，是松下先生的重要经营谋略。松下担任社长时，常找机会向员工畅谈自己对未来的设想。1955 年，他宣布了自己的“五年计划”，计划用五年的时间，使松下电器公司效益从 220 亿日元增加至 800 亿日元。这种做法不但让员工看到了光明的前景，也震惊了整个企业界。同行纷纷改变政策，向松下电器公司看齐。当然，这样做到底有多少效果，是无法一概而论的，况且也有被其他公司获悉自己计划内容的反作用。

松下明知这些问题却果断地发表了它，一方面是为了让员工有坚定的目标与期待，另一方面是由于他确信这是经营者的必备素质和应有做法。此后，他又陆续向员工提出，采用每周五天工作制，并把工资提高到西方发达国家水平的目标，同时请大家共同努力去实现。这些做法，从经营策略上说，可能遭遇很多批评，同时在推动事业时，也多少有不利的一面，但松下认为，让员工彻底了解经营者的经营方针和信念，完全可以超越这种不利。五年后，松下先生在员工面前发表的“五年计划”以及实现与西方发达国家相等的薪资劳动条件的承诺，都一一实现。从此员工士气大振，与松下先生一道，构筑起松下电器王国。

也许有人会说，松下电器之所以能够把梦想变为现实，完全是因为松下电器公司的经营一直都很顺利的缘故。如果经营状态不那么理想，松下先生的目标就不可能实现。实际上，企业经营顺利时，需要制定愿景目标，把企业做大做强；经营出现困难时，更需要制定改进目标，凝聚人气，走出困境。战后的松下电器正处于惨淡经营之中，但松下先生却不曾因此放弃为公司制定目标。由于目标明确，松下电器才能在很短时间内就走出困境，续写昔日辉煌。

适时提出企业发展目标，是用人者的重要职责。无论面临何种困境，用人者都要让员工对未来充满希望，给他们以美好的梦想。这样，员工们才会乐于留下来。

提出愿景并激励他人为此奋斗

杰克·韦尔奇是一位强硬的公司愿景拥护者。在他的著作《杰克：在领导一个伟大的公司和伟大的民族中我所学到的东西》中，他是这样说的："每当我有了一种想运用到这个组织中去的观点或者信息的时候，我从来都说不够。我在每次会议和每次考察中都会一次又一次地对它进行重复。我总是觉得我必须说到极至，好让大量的人们理解并追随这种观点。"

韦尔奇说："管理人，像罗斯福、丘吉尔和里根等人，他们有办法激励一些有才干的人，让他们把事情做得更好。而用人者呢，总是在复杂事务的细节里打转。这些人在'进行管理'的同时，'把事情弄得复杂'。他们往往试图去控制和抑制，把大量的时间浪费在琐碎的细节上。用人者就是那些可以清楚地告诉人们如何做得更好，并且能够描绘出愿景构想来激发人们努力的人。"

在被问到"你如何确保自己成为一个不进行微观管理的梦想家式用人者"的时候，韦尔奇这样回答：

明文写下愿景；免深陷细枝末节；雇用并提升那些最有能力将愿景转化为现实的人；

用人者——你可以从罗斯福、丘吉尔和里根中任选一人为例——清晰地说出如何可以将事情做得更好，以此激励手下。

韦尔奇是这样解释员工的力量和真正的管理艺术的：不可能有哪项业务能够离开替补席上的运动员。真正的管理艺术来自一个人的愿景的质量，以及此人激发他人尽情施展的能力。最好的经理人并不用威吓胁迫进行管理（“我是老板，你得照我说的去做”），他们通过感召他人产生施展抱负的愿望来管理（“这是我为我们的未来设置的愿景，这样做你就能帮助它成为现实”）。

比如，他的关键性文化创意“群策群力”计划就是特别为确保每一名员工对企业应当如何运转都有发言权而设计的。通过引领员工为共同目标的奋斗，能有效地减少官僚主义、独断专行等阻碍员工才智发挥的障碍，为员工创造一个可以尽情施展的理想环境。

还有，上世纪80年代初，GE是一个工业革命时代遗留下来的庞然大物，韦尔奇坚信它一定可以成为市场上高价值的供应商、高效率运营的公司。为了达到这个愿景，韦尔奇不断加强公司的学习能力和适应变化的能力，从而推动了公司的改革，使GE成为了全球最成功的国际企业之一。

韦尔奇上任伊始，就提出数一数二的战略愿景。他说：“我们要能够洞察到那些真正有前途的行业并加入其中，要在自己进入的每一个行业里做到数一数二的位置——无论是在精干、高效，还是成本控制、全球化经营方面。不这样做，上世纪80年代的公司将不会再出现在人们面前。我们必须做到数一数二，因为如果我们对一项业务的长期竞争力没有有效的解决方案，那么终将有一天业务会陷入困境，这只不过是时间早晚的问题。”

韦尔奇认为GE的各项业务都要力争在市场占有率、在竞争力上达到业界数一数二，否则就要处理掉。追求数一数二，这正是GE的新战略愿景。在此后的20年里，这一愿景就像一面旗帜，指引GE从当年的美国十强之一，变成世界第一；从当年的大而有些僵化的“超级油轮”，变成最具活力的企业——“会跳舞的大象”。

凡是成功的企业，都拥有一个激动人心的“共同愿景”：

通用电气——“使世界更光明”；

IBM公司——“无论是一小步，还是一大步，都要带动人类的进步”；

苹果电脑公司——“让每人拥有一台计算机”；

AT&T公司——“建立全球电话服务网”；

福特汽车公司——“让每一个人都能拥有汽车”；

联想电脑公司——“扛起民族微机工业的大旗”；

……

在 1933 年松下电器公司的创业纪念日讲话中，松下幸之助详细阐述了实现企业共同愿景的设想。其著名的 250 年计划即是从这里开始：

“从今天起，往后算 250 年，作为达成使命的期间。把 250 年分成 10 个阶段，再把第一个 25 年分成三期。第一期的 10 年，当作建设时代；第二期的 10 年，当作活动时代；第三期的 5 年，当作是贡献时代。以上三期，即第一阶段的 25 年，就是所在的各位所要努力的时间；第二阶段，有我们的下一代，用同样的方法重复实践；第三阶段，也同样有我们的下一代，用同样的方法重复实践。依此类推，直到第 10 个阶段。换句话说，250 年以后，要把这个世界变成一个物质丰富的乐土。

“如上所述，我们的使命，既任重又道远。从此刻起，我们要把这个远大的理想和崇高的使命，当作我们松下电器的使命。你们应该要自觉、勇敢地承受使命。若某人没有这种自觉的意识，我不得不认为他是与我们松下电器无缘的人。我们并不希求很多很多的人，我们需要的是，有使命感的人团结起来，朝着目标前进，这才是有意义的事。

“在此我必须声明一句话：我们的使命重大，理想崇高，因此，有时我不得不以严峻的态度要求你们。可是对各位的辛劳，一定会重重地酬谢。

“松下电器从未设立过创业纪念日，也未曾举办过纪念典礼，可是今天我要指定五月五日是我们的创业纪念日。以后每逢这一天，一定要举行隆重的典礼来祝贺。我要把今年取名叫‘命知’创业第一年，以后应当是命知第二年、第三年，依此类推，直到‘命知’250 年。‘命知’的意义就是‘知道生命’的意思。过去 15 年，只是胚胎期；今天，新的生命终于诞生了。释迦牟尼在母亲胎中怀孕了三年三个月的时间，所以他会有异于常人的不平凡的创举；松下电器在母亲肚子里，呆了整整十五个年头，我们应该有超越释迦牟尼的表现，完成我们的任务才行。”

听了松下幸之助关于共同愿景的演讲，全体松下员工无不为之斗志昂扬，宣誓为之奋斗终生。

正是在“要把这个世界变成一个物质丰富的乐土”这个共同愿景的指

引和感召之下，松下电器公司成为了当今世界上数一数二的跨国公司，并且为人类文明的进步和发展做出了卓越的贡献。

我们再来看看福特公司是如何做的。一百多年前，亨利·福特说他的愿景是：“使每一个人都拥有一辆汽车。”很多人认为他疯了，但是，当他离开这个世界时，他的T型车在美国卖出了1500多万辆，他的梦想已在今天的美国社会完全实现。在他的墓碑上刻着这样一句话：“在他来到这个世界时，人们骑着马；当他离开这个世界时，人们开着车。”

正是亨利·福特伟大的愿景激励着福特公司的员工，为着一个伟大的梦想而奋斗，使福特公司成为今天世界上第二大汽车公司，也造就了福特公司这一伟大的团队。

在韦尔奇看来，用人者应能为他们公司的发展做出愿景规划，而且思想与行动统一，还必须能够向本单位的人清楚地描述这个企业，并通过讨论、倾听与诉说来获得一个普遍接受的共识。这样，每一位成员就可以根据达成的共识，朝着成功的目标迈进。

一个企业必须有一个明确的往何处发展的愿景，这样员工才能知道为了到达什么样的方向和目标学习什么。一个人要想使自己的人生之路走得更好，也要为自己树立一个长远的目标。

第十章
认同赞扬术：好下属是夸出来的

赞美是一种不可思议的推动力量，它有着促使某种行为出现和强化的趋向。如果你想在某方面改进一个人，只需告诉他那种特点他已经具备了即可。作为一个用人者，你必须深谙赞美的妙用，以让下属们心甘情愿、美滋滋地去做那些你想要他们做的事。

得到肯定是人类的普遍需求

在生活中，大多数人希望自身的价值得到社会的承认，希望别人欣赏和称赞自己。甚至在一定程度上，能否获得称赞，以及获得称赞的程度，便成了衡量一个人社会价值的标尺之一。

每个人都希望在称赞声中实现自身的价值，这是人类的普遍需求。回忆我们自己的成长经历，谁没有热切地渴望过他人的赞美？心理学家威廉·詹姆士曾说："人类本性最深的企图之一是期望被人赞美和尊重。渴望赞美是每个人内心里的一种最基本的愿望。我们都希望自己的成绩与优点得到别人的认同，哪怕这种渴望在别人看来似乎带有虚荣的成分。"

天底下所有的人在付出心力之后，都不希望别人无动于衷，而是至少对自己的付出有一点感激的心情。不论是经理还是普通职员，无论是父母还是子女，无论是教练还是运动员，尽管每个人表面上看起来好像都很独立很知足，可是骨子里，我们谁都需要别人的肯定，来确定自己存在的价值。

你的下属也不例外。他们都想要得到领导的欣赏，需要得到别人包括团队同事的肯定，需要别人知道自己的价值、自己的优点。

某饭店有一位总台小姐，工作勤勤恳恳，任劳任怨，深受顾客的好评。但有一天，她突然交上了辞职报告。这家饭店的工资待遇在当地算是比较好的，而且她也一直努力地在工作，问她为什么要辞职不干呢？她说："没意思，干好干坏还不是一样的吗？饭店付我很多的钱，这是事实；可是当我把工作做得很好时，我希望上司能向我表示点什么，让我知道他很重视我的存在，可我从来得不到。现实情况是，每当我把事情办砸了，就会听到上司的声音；相反地，如果我把事情办好了，我却什么也听不到。”

也许这就是为什么许多企业留不住好员工的一个原因。许多做领导的永远不会对他的下属说一句称赞的话，他整天只是不断地板起面孔来督促着下属，以致团队里暮气沉沉，毫无活跃的景象。这样的团队，决不会有长期的发展。

优秀的用人者懂得，下属取得成绩时，最想得到的就是上司对他的一句表扬与鼓励的话语。当感受到自己的表现受到肯定和重视时，他会表现得更加出色。他觉得一切都是自己主动的，自己的继续努力也是主动的，此时的工作在他眼中会是一片灿烂与美好。

大文豪马克·吐温曾说过：“一句美妙的赞语可以使我多活两个月。”他直接道出了整个人类在精神上的需要——赞美。如果有一天你对下属说：“公司对你的工作很满意，你安心努力做下去吧！”他会觉得这一句话比你给他加工资还要感到高兴。得体的赞美，会使你的下属感到很开心、很快乐。它是促进他人继续努力的最强烈的兴奋剂，也是一种博取好感和维系好感的有效方法。以温言轻语来褒奖他人，会让对方产生接纳的态度。在赞美的过程中，双方的感情和友谊也会在不知不觉中得到增进。

所以，当你想让你的下属把工作干得更好，最好不要老是站在用人者的地位来严肃地教训他；留心他的工作，找到一点点值得称赞之处时，就紧抓住它来鼓励对方，那么你一定会得到满意的收获。

赠人金银不如送人良言

人们在实践过程中总结出“赠人金银莫如送人良言”的经验，英国著名的哲学家和法学家边沁也认为“善言必然导致善行”。“良言一句三冬暖”，用人者适度地赞美员工，也会激发他们择善而从，不断地提高自己。这并非偶然的个别现象，而是一种普遍的行为。

称赞是一根魔棒，可以给平凡的生活带来温暖和欢乐，可以给人们的心田带来雨露甘霖，给人带来鼓舞，赋予人们一种积极向上的力量。称赞不仅可增强人们的自信心，还具有延长生命的功能。心理学家认为：使一个人发挥最大能力的方法是赞赏和鼓励。巧言赞扬是付费最少、收益最大的用人权谋术，不能不令人称道。

美国玫琳·凯化妆品公司的创办人玫琳·凯，通过自己的努力掌握了出众的领导技巧。她说：“我们承认需要被肯定，所以我们尽可能给人们肯定。”

她正是如此身体力行的。不错，玫琳·凯送粉红色凯迪拉克豪华轿车、皮大衣、钻石和许多珍贵的奖品给业绩最好的推销员，但她更贵重的奖品是不值几毛钱的彩带。她要业绩好的工作人员站在台上来接受大家的欢呼赞美，来肯定这些业绩超群的人，并且亲自随时随地召见他们，给他们以言词上的鼓励。

她认为，最强有力的一种激励方式，是不需要花钱的，那就是赞美。你的赞美有助于你属下的成功，她称这为“用赞美使别人成功”原则。玫琳·凯明白，没有比赞美和肯定更能使人反应强烈的东西了，因此只要员工取得成功，哪怕是一点小成就，玫琳·凯也会不遗余力地大加赞美。她说："我认为你应该尽可能随时称赞别人，这有如甘霖降在久旱的花木上一样。"

著名的心理学家史金纳说，要想达到最大的诱导效果，你应尽可能在行为发生后立即加以赞美。用人者通过赞美可以达到以下效果：一是可以培养员工和提高员工的自信心、工作激情；二是可以保证工作质量，促进工作的顺利完成；三是可以体现一个用人者应有的个人修养；四是可以树立用人者的个人威信；五是可以创造良好的企业文化。

聪明的用人者从不吝惜自己真诚的赞美，并且注重创造一个充满激励的和谐环境，使其中的人们舒心开怀，个人的潜能得到最大的发挥。

赞美是一种有力的心理暗示

管理大师洛克菲勒曾经说过："要想充分发挥人的才能，方法就是赞美和鼓励。世间最足以毁灭一个人热情与雄心的，莫过于责备和批评。"

事实确实如此。实验证明，赞美是一种有力的心理暗示，它的力量是惊人的。

某足球队教练将该队队员分成三个集训小组，并在训练时做了一个心理实验。

教练对第一小组队员的表现大加赞赏，说："你们表现卓越，配合度非常高，太棒了！你们是一流的球员。"

对第二小组的人员说："你们也不错，如果你们运球速度快一点，步伐再稳一点，就更好了。"

对第三小组的人员说："你们怎么搞的，总是抓不到要领。靠你们，我什么时候才有出头之日呀！"

其实，这三个小组成员的素质、能力都一样，但是经过这样一个实验之后，结果第一小组获得最好的成绩，第二小组次之，第三小组最差。

由这个例子我们不难看出，赞美对行为有着不可估量的作用。哈佛大学专家斯金诺的实验也充分地证明了这一点。他认为，赞美不仅仅是奖赏，它是和一些行为的发生相联系的东西，它有着促使某种行为出现和强化的趋向。当动物的大脑接收到鼓励的刺激，大脑皮层兴奋中心调动起各个系统的"积极性"，潜在的力量能动地变成了现实，行为就发生了改变。

一句普普通通的赞美有时可以改变一个人的一生。不管是普通的人，还是一个伟大的人，都希望听到别人的赞美。赞美是真诚的鼓励，是对别人的鞭策。一句真诚的赞美可以激励一个人的一生，可以使他成就一番事业；一句不经意的讽刺、挖苦之言，有时会毁掉一个人的一生。

营销界估计没有多少人不知道卡耐基，可是关于他小时候的故事，也许并没有多少人知道。卡耐基小时候是一个公认的坏男孩。在他 9 岁的时候，父亲把继母娶进家门。当时他们还是居住在乡下的贫苦人家，而继母则来自富有的家庭。父亲一边向继母介绍卡耐基，一边说："亲爱的，希望你注意这个全郡最坏的男孩，他已经让我无可奈何。说不定明天早晨以前，他就会拿石头扔向你，或者做出你完全想不到的坏事。"

出乎卡耐基意料的是，继母微笑着走到他面前，托起他的头认真地看着他，接着她回头对丈夫说："你错了，他不是全郡最坏的男孩，而是全郡最聪明最有创造力的男孩。只不过，他还没有找到发泄热情的地方。"

继母的话说得卡耐基心里热乎乎的，眼泪几乎滚落下来。就是凭着这一句话，他和继母开始建立友谊；也就是这一句话，成为激励他一生的动力，使他日后创造了成功的 28 项黄金法则，帮助千千万万的普通人走上成功和致富的道路。

在继母到来之前，没有一个人称赞过他聪明。他的父亲和邻居认定：他就是坏男孩。但是，继母只说了一句话，便激发了卡耐基的想象力，激励了他的创造力，帮助他和无穷的智慧发生联系，使他成为美国的富豪和著名作家，成为 20 世纪最有影响的人物之一。

赞美比批评更能激发一个人的潜能和积极配合的愿望。每一位家长都有这样的经验，要你的孩子学好，与其用严厉的责备，不如用称赞鼓励。"你的字写得真好！"你这样对他说了，下一次他写得一定更好。这一方法同样可用于对待你的部属，这比用命令督促好得多。

赞美是贴近人的本性的激励方法。从经济学的角度来看，赞美是一种产出远远大于投入的投资。给人以赞美，甚至不需要做物质上的付出，但却可能得到超出想象的回报。没有一位员工愿意做一个平庸的人，每个人都希望力争上游，因此，用人者要善于使用赞美塑造和鼓励你的员工，使他们变得干劲十足。

赞美可有效唤醒对方的潜意识

赞美是一种鼓励，一种肯定。它可以让平凡的生活变得美丽，激发人的自豪感和上进心，把世间的不和谐的声音变成美妙的音乐。真诚地赞美员工，是现代管理理论中大力提倡、实践中多有应用的管理方法，但这通常是指一个员工确实有出色的表现的情况下。如果说员工在某些方面存在不足，仍然以肯定、赞赏对待他，这样做会是什么结果呢？

实践证明，这种“不真实”的赞美也具有非凡的积极作用。即使一个人本来不具备某种品质，如果送一顶“高帽”给他，可以奇迹般地唤起他的潜意识，随后，他就会真的具备了这种品质。

每个人都有维护自身荣誉形象的自我意识倾向，通俗地说，就是虚荣心。这是一个人希望实现自我价值需要的反映。它是一种与自信心、进取心、责任感、荣誉感密切相连的心理。

古人云：“水激石则鸣，人激志则宏。”善于引导他人的人，总是善于唤醒对方的潜意识。他们先给对方扣上一顶高帽子，以激起对方的虚荣心，然后如果他们不去按你所说的去做，就会有损自己的自尊心和形象。

有一位琴德夫人，她雇了一个女仆，并告诉她下星期一上工。之后，琴德夫人打电话给那女仆以前的女主人，得知她表现很不好。但当女仆来上工的时候，琴德夫人却说：“赖莉，我前几天打电话给你以前做事的那家太太，她说你诚实可靠、会做菜、会照顾孩子，但她说你不整洁，从不将屋子收拾干净。现在我想她是在说谎，你穿得很整洁，人人可以看得出。我打赌你收拾的屋子一定同你的人一样整洁干净。你也一定会同我相处得很好。”

她们后来真的相处得很好。女仆把屋子收拾得一尘不染，她情愿多费一小时打扫，而不愿意使琴德夫人对她的希望落空。

可见，如果你要在某方面改进一个人，就要做得好像那种特点已经是他的显著特性之一。莎士比亚说：“假定一种美德，如果你没有。最好是假定，并公开地说，对方有你要他发展的美德。给他一个好名誉会实现，他便会尽力去做，而不愿意看你失望。”

这种事例在日常生活中还有很多，也许当事人当初并不是有某项优点和长处，但因为这种“赞美”会使自己拥有它们。在用人者的实践中，下属的自尊、名声、荣誉、能力……都可以作为塑造的切入点。只要用人者运用得当，你真的可以让你的员工变成你想要的样子。

善于发现员工的“闪光点”

赞美具有非凡的魔力，即使有些赞美不是那么真实，也能起到很好的诱导作用，因此，用人者有必要把赞美这一用人权谋重视起来，并灵活运用到管理实践中去。

每个人都有他的优点，世界上虽没有十全十美的圣人，但也没有一无是处的人。这个世界就是因为每个人都能发挥其特有的才能才得以存在和发展的。

只要我们诚心待人，以一种赞赏的心情、正确的眼光来评估别人，一定会发现别人的某些优点。想想看，为人父母者，总认为自己的孩子是最优秀的，如果能以这种态度去评估自己的员工，就不难发现员工的优点。

长处人人都有，只是有的人发挥出来了，有的人还没有发挥出来。这就需要用人者用欣赏的眼光去发现他们闪光的一面，以此来激发他们的潜力。

近日看到一篇文章，说的是在韩国某大型公司里，有一个最被人忽视、最被人看不起看传达室兼做清洁工的人，在一天晚上公司保险箱被窃时，与小偷进行了殊死搏斗。事后，有人为他请功并问他的动机时，答案却出人意料。他说这是因为当公司的总经理从他身旁经过时，总会时不时地赞美他“你扫的地真干净”，“你对传达室的工作很负责任”，所以他想把自己的工作做得更好。

这个总经理很是了不起，他能在一个再平凡不过的员工身上找到闪光点，并及时表达出赞赏之情。虽然只是那么两句简简单单的话，却使这个员工受到了感动，并将全力用于工作上。

美国著名女企业家玫琳·凯曾说过：“世界上有两件东西比金钱和性更为人们所需——认可与赞美。”美国心理学家威谱·詹姆斯也有句名言：“人性最深刻的需要就是希望别人对自己加以赏识。”詹姆斯还发现，一个没有受过激励的人仅能发挥其能力的20%～30%，而当他受过激励后，其能力是激励前的3～4倍。因而在企业管理过程中，激励的存在，至关重要，任何员工都需要不断地得到激励。

有一句老话说：世界上不是缺少美，而是缺少发现美的眼睛。事实确实如此，任何一个人，即使是一个罪大恶极的死囚，也有他值得肯定的地方，何况是你通过若干招聘关口请进来的员工。用人者只要用心寻找，总能发现员工值得赞美之处。

寻找赞美点需要多角度。多一把衡量的尺子，就会多出许多好员工。如何看待一个人，固然有其客观标准，但与观察者看人的角度也有一定关系。用灰暗心理看人，从人的短处着眼，所看到的缺点自然多于优点，短处多于长处；用欣赏的眼光看人，从人的长处着眼，所看到的优点一定多于缺点，长处多于短处。

有一位培训公司的经理在检查新培训师的备课笔记时发现，一位营销培训师没有按公司规定写教学详案，却在很多地方用“简笔画”画出教学过程。经理当众表扬了这位培训师不墨守成规，备课独树一帜的做法，继而鼓励这位培训师用“简笔画”上出特色课来。经理的赏识，对这位年轻的培训师是莫大的鼓舞。三年下来，这位培训师的“简笔画”特色课吸引了学员、同行、专家的视线，从而成为当地的名师。

由此可知，看人的角度不同，得出的结果就不一样。如果从年轻培训师用“简笔画”备课中看到的是“不守规矩，不负责任”，那么，这位培训师非但不能脱颖而出，恐怕还会成为大会批小会宣的对象。

其实，每个员工都有不如别人的地方，也有胜过别人的地方，事物都是一分为二的，关键是用人者能不能、善于不善于发现员工的“闪光点”。

假如你一时没有看到值得称赞的地方，不用担心，只要继续寻找，你会发现有一些日常的行为也是需要引起你注意的。比如，许多员工日复一日认真地做着“分内之事”而从没有得到任何肯定，这时你可以夸奖他们的勤恳。的确，这些公内之事是员工应当做的，这也是他们得到薪水的原因，但是如果我们偶尔夸一夸这些例行之事，他们就会像上文中的那个清洁工人一样更加认真负责。

考虑一下组织内部所有的无名英雄，列出出色员工的名单，设想一下他们不是处在能引起注意和赞扬的职位上的情况；想一想那些特殊的员工，他们每天完成着自己的工作，如前台接待、资料员、打字员、收发室的工作人员、园艺工人、保安、餐厅服务员、司机等，然后，不必每天但应该时不时地为他们来上班而表示肯定，这非常重要。

能够看出员工值得肯定之处的用人者，才可能取得大的成就。光自己一个人能干，能做的事情是有限的，即使一个才能出众的人，也无法胜任所有的事情。唯有善于发现员工长处的用人者，才可完成超过自己能力的事情，事业才有前途。

用感恩之心在小事上发现美

许多员工虽然没有干成大事，却默默无闻地为单位付出了自己的劳动。从日出到日落，兢兢业业，几十年如一日，然而，很多用人者却熟视无睹。在他们的眼里，这些人仿佛不存在一样。正如上文提到过的那样，如果用人者能从微不足道的小事来夸奖员工一下，不仅会给员工以出乎意料的惊喜，而且可以使你获得关心员工、对员工体贴入微的形象。

一位服装店的职员发现新上架的一件衣服做工有问题，便及时把它转移到顾客看不见的角落里。值班经理看见后夸她为公司着想，维护公司的荣誉。这位职员听到后感到受宠若惊，到处赞扬那位经理眼快心细，自己的一点小成绩也逃不过她的眼睛，说在这样的公司工作才有价值感。

这位职员从经理的称赞中所获得的，不仅是表扬后的快乐，更多的是对这位经理的关心的感激，使她感受到自己生活、工作在一个温暖的集体之中，从而激发了她的工作热情，增强了责任心。

有一些用人者也知道从小事上赞美员工的积极作用，之所以没有从小事上称赞下属，是因为现实中有许多障碍，遮住了他们的视线。第一，分工不同，责任不同，使人们认为别人做的事都是“分内”的事，“应该”做的事，不值得大惊小怪。做不好应受批评，做好了就算尽责——在这种心理的驱使下，很多用人者不能正视别人的小成绩。第二，有部分用人者胸怀治国平天下的大志，对于“小打小闹”不以为然。认为那些事情没什么了不起，小菜一碟，形同虚无。第三，“习惯效应”。周围的一切对大家来说，太熟了。要么，就是区区小事，不足挂齿，不消说什么；要么，就是熟视无睹。每天我们在干干净净的办公室里上班，都认为这无所谓，脏了就该骂清洁工；快速准确地从档案室找到需要的材料，很难想起这是档案管理员的成绩，而一旦找不到则去责骂他们……他们在有些用人者眼里，是“隐形人”，下属、同事时时都在配合、支持他的工作，他却受之泰然。

由此看来，要能从小事上赞美员工，用人者首先应该有一颗感恩的心。只有懂得感恩，才能从小事上发现美，发现其重大意义。

单就小事而论，它不可能有多大意义，但如果心怀感恩，就会发现员工做的虽然是一件小事，但就是这些小事，才保证了公司的正常运转，为你提供了做大事的环境和条件。而且，有些小事还会引发重大的事情，或具有重大的意义。

一位警卫巡逻时发现公司仓库门口的灭火器坏了，及时报告给总经理。总经理派有关负责人买了新的重新放置好。一晃半年过去了，谁也没有把这件事放在心上。有一天，库房因电线短路突然起火，幸好被及时扑灭。忙乱中，经理想到的，首先是那位细心的警卫。如果不是他发现灭火器已坏，及时换置，库房恐怕已经完了，公司也保不住了。于是，经理当场表扬了这位警卫，并代表公司向他致谢，号召全体职工向他学习。事过半年，日夜繁忙的经理竟然还记得警卫的报告，着实让人感觉心里暖烘烘的。如果把事情割裂开来，这位警卫早就站在被人遗忘的角落里了，谁也不会发现其报告的重大意义。

一只小蛀虫可以毁掉一艘大船，一滴滴水珠可以拯救奄奄一息的沙漠跋涉者。小事，的确不小！所以，用人者要怀着一颗感恩之心，留心观察，细心思考，发掘潜藏于小事背后的重大意义，这样才能从小事上发现美，才能从小处赞美员工。

小事犹如一块块未经雕琢的璞玉，如果你不留心鉴别，它就永远埋藏于土层或山野中，人们很难发现其价值所在。那么，我们的企业便会如同山野般荒凉而无温情，置身其中，犹如繁华的沙漠。相反地，如果用人者用一颗感恩的心挖掘一滴水中的世界，那么，在小事上的赞美中，你所获得的不仅是良好的上下级关系，更有员工的冲天干劲和丰厚的企业利润。

赞美员工要“一碗水端平”

有一句谚语说：“一碗水端平。”用人者赞美员工实际上也是把奖赏给予员工，就像是给大家分蛋糕，这就要求公平、公正。

有的用人者不能摆脱自私和偏见的束缚，对自己喜欢的员工极力表扬，对不喜欢的员工即使有了成绩也看不到，甚至把集体参与的事情归于自己或某个员工，常常引起其他员工的不满，从而激化了内部矛盾。这样的用人者不仅不总结经验，反而以“一人难称百人意”为自己解脱，实在是一种失败。

说话做事要“一碗水端平”是做领导的前提。它不仅关系到你自身的形象，也和全体员工的工作积极性紧密相连。每一位用人者都应对这一问题给予足够的重视，切实做到公平公正。

要做到公正地赞美员工，用人者必须妥善处理好下面几个问题：

（1）不要拒绝赞美有缺点的员工。

在一般人心目中常常这样认为；受到用人者赞美的人应该是没有很多缺点的，受到赞扬应该把自己的缺点改掉，才能与领导的赞美相符，同事看了也提不出意见。

事实上，十指伸开都不一样长，员工也是各有长短。有的员工的缺点和弱点明显，比如工作能力差、与同事不和、冲撞领导等等。这些缺点一般都受到用人者的厌恶，用人者对这样的人也容易产生一叶障目的错误。常常看不到他们的成绩和进步，或者认为成绩和进步可以与缺点抵消，不值得赞美。

其实，有缺点的人更需要赞美。赞美是一种力量，它可以促进员工弥补不足、改正错误，而用人者的冷淡和无视则会使这些人失去动力和力量，无助于问题的解决。

陈某上班经常迟到，王经理看在眼里但没有说出来。一次，陈某上班来得很早，恰好在电梯口碰到王经理。王经理赞扬陈某道："来得很早啊！公司的职工都像你这样就好了！"当着那么多人，陈某当时可算露脸了，还谦虚了几句。后来，陈某觉得应该改正错误才能对得起王经理的抬举，从此，陈某不再迟到了。王经理发现陈某改过后立即表扬，收效甚好。

（2）要有赞美比自己强的员工的胸怀。

现代社会中什么能人都有，许多单位里也不乏"功高盖主"的员工。一些员工在某些方面也超过领导，从而使领导处于一种不利的局面，小肚鸡肠的人则容不下这些强己之处，对这些强人或超过自己长处的人不敢表扬，这也有失公正。

（3）对用人者自己喜欢的员工，赞美时要把握好分寸。

领导与员工交朋友很常见，每个用人者都有几个比较得意的下属，不仅工作合作愉快，而且志趣相投。赞美这样的员工也要不偏不倚，把握好分寸，不能表扬过分过多，也不要不敢表扬。

表扬过分过多，一有成绩就表扬，心情一高兴就夸奖几句，喜爱之情溢于言表，很容易引起其他员工的不满。这与其说是向着自己喜欢的员工，倒不如说是害了他。也有的领导怕别人看出自己与某个员工关系密切，因而不敢表扬，这都是错误的做法。

用人者喜欢某个员工无可非议，但要一视同仁，公平对待。该表扬的表扬、该批评的批评，不能搞差别待遇。对自己喜欢的员工可以作私下的朋友，相互帮助，相互促进；但感情归感情，工作归工作，在工作上还是严格要求、公平对待得好。

（4）不要把集体的功劳归于一人，也不要据为己有。

单位的工作成绩往往是员工和领导集体智慧的结晶，是齐心协力的结果。在评功论赏时要表扬集体，而不能归于一人，否则就有失公道。

有时把成绩归功于某一个员工，而没有表扬其他参与的员工，可能是不明真相。一次，某处处长出差回来，发现办公室整理得井井有条、窗明几净，当时只有小蔡在办公室，处长想当然地误以为卫生是小蔡干的，想表扬他一番。等大家回来后，处长大声表扬小蔡说："大家都要向小蔡学习，一个人把办公室打扫得干干净净……"结果大家都没有反应，小蔡站起来说："不是我干的，是大家打扫的！"这位处长非常难堪。他之所以表扬有失公正，主要是不明事实真相，单凭主观推断，认为小蔡平时表现不错，自己很喜欢他，这一次肯定又是他干的。事实上，小蔡没有参与这件事，处长没想到搬起石头砸了自己的脚。

有的用人者贪功心切，为向上司讨赏，汇报工作时往往把成绩据为己有。这种做法很不明智，其他领导可能把这样的信息反馈回来。如果这个领导与上司不和，那么其上司也可能调查取证，结果迟早会露馅。

赞美一定要讲究方式和技巧

身为管理人员，你也许非常明白赞美的巨大作用和重要意义，而且，你也一定尝试着对员工进行了很多的称赞，但你是否掌握了其中的要领呢？尽管赞美对激励员工很重要，但它不是总有效。某些场合，不当的赞美会让人觉得虚假。为了使你的赞美更有作用，请注意如下几点：

（1）抓住时机，不要雨后送伞。

工作当中，下属、同事的优点，随时都可能显现，而且，它是出于一个稍纵即逝的运动过程之中，个别时候还犹如昙花一现。所以，一个善于赞美别人的用人者，总是能抓住时机，奉献赞美，赢得对方和在场者的好感，起到一种征服人心的效果。

（2）选好赞美点。

赞美下属时，要具体地指出值得赞美的地方，才能让人真切地感受到自身的优越性，愉快地接受你的赞美。

赞美员工具体的工作，要比笼统地赞美他的能力更有效。首先，被赞美的员工会清楚是因为什么事情使自己得到了赞美，员工会由于用人者的赞美而把这件事做得更好。其次，不会使其他员工产生嫉妒心理。如果其他员工不知道这位员工被赞美的具体原因，会觉得自己得到了不公平的待遇，甚至会产生抱怨。赞美具体的事情会使其他员工以这件事情为榜样，努力做好自己的工作。

（3）赞扬要有新意。

①语言要新颖。简单的赞扬也是振奋人心的，但是如果多次单调重

复，也会显得平淡无味，甚至令人心烦。用新颖的语言，既能显示用人者语言运用的才能，也能使被赞扬者更快乐地接受。

②新鲜的表达方式。用人者要针对不同员工、不同场合、不同时间选择最恰当的方式。在选择赞扬方式时，既要考虑表达方式的新意，又要考虑员工的感受及最终的效果。

③独特的角度。要独具慧眼，善于发现一般人很少发现的“闪光点”和“兴趣点”；即使一时还没有发现更新的东西，也可以在表达的角度上有所变化和创新，这样才能起到事半功倍的效果。

（4）赞扬应该适度。

凡事皆有度。要做到赞扬适度需要注意以下两点：

①赞扬要有所保留。像“第一”、“最好”、“天下无双”之类的帽子千万别乱戴。

②有比较地赞扬。在每个人的不同时段，都会有不同的变化和新的发展，关键要看你如何去发现。作为用人者只要在工作中稍加用心，就会发现运用有比较的赞扬会起到非常突出的作用。

（5）要有一定的前瞻性和预见性。

赞美不仅要符合眼前的实际，而且要高瞻远瞩，具有一定的前瞻性和预见性。提升你赞美的高度，经得起推敲和时间的考验，这才是一位成熟老到的赞美者应有的水平。要达到这样的效果，需要注意以下几点：

①要把赞美的眼光放长放远，使自己的赞美能经受得住时间的检验。

②赞美别人要站在一定高度上。只有站得高，才能更充分地发掘下属的优点和成绩的意义。

③要注意考察下属的成绩或长处的影响范围，使你的赞美更加具体、贴切。

④要善于见微知著，从小事上发掘出重大意义，从眼前影响推测将来影响。

⑤要深入了解别人的真实能力和形势的发展趋势。

（6）背后赞美更有效。

背后赞美就是通过第三者在无意间转述自己对他人的好感或者赞美，

或者通过创造某种特定的环境条件让对方听到自己对他较高的评价。

直接称赞对方，或者通过第三者间接地来传达，其效果是不同的。直接称赞的话，如果现场有第三者在，有可能会引起这位第三者的嫉妒；即使是一对一面对面的称赞，或许有可能会被误认为是别有用心。相比较之下，通过第三者间接地来传达赞词，比较容易增添真实的味道，也比较容易让当事人接受。

这是一种至高的技巧，在人背后赞扬人，在各种赞美的方法中，要算是最使人高兴的，也是最有效果的了。

(7) 注意赞美的频率。

在一段时间里，你对同一个员工赞美的次数越多，那么赞美的激励作用力也就越低。因而，赞美不能毫不吝啬地随便给予。社会心理学家阿伦森的人际吸引水平变化规律说明，我们总是喜欢那些对自己的赞美不断增加的人。将自始至终都赞美自己的人和起初贬低自己但逐渐发展到赞美自己的人相比，我们更喜欢后者。我们要注意赞美的频率，也就是说要慎重地给予赞美。

表扬要有针对性

无论做什么事，都需要看对象，表扬也不例外。要想让表扬达到理想的效果，就要针对不同的对象采取不同的方法。

新员工和老员工在经历和心理上有很大差别，因此，表扬他们要有区别、有针对性，这样才能更好地发挥表扬的激励功能。

新员工有两个含义，一是新来你公司上班的员工，二是年轻的员工。

一方面，新来的员工往往从领导的话里来估计领导对他的印象及评价。因此，领导的表扬对他工作的开展至关重要，他会因为领导的表扬而增添许多自信，因为肯定而增加工作的热情。另一方面，新来的员工不可能像公司里的老员工那样对本公司的业务驾轻就熟，因此常会犯错。对此，用人者应该认识到，初学者开始时犯错误是情有可原的，找出其优点来加以鼓励，这样才可形成一种良性循环。

表扬新职员时应注意：首先，表扬内容简单明了，表达得不宜太繁琐，否则，不但使下属费解，而且常会使下属误会其中的意思；其次，表扬的内容要具体，不宜抽象；再次，表扬必须是真诚的，是发自内心的。最后，表扬时要注意对他们的称呼，不要常说“新人怎样”、“新人如何”。“新人”这两个字会让人，尤其是新员工感到不自在，会让他们觉得领导对他们还不够器重。

新来的员工大多是一些年轻人，而且，任何企业里也都有不少年轻人存在，即使他们不是新来的。对于这些年轻人，用人者也要善于运用表扬来激励他们。

对于一般的年轻下属来说，用人者对他们工作能力及才华的肯定，及对他们的工作态度、工作成绩的赞扬，都会满足他们的成就需要心理，激发他们对本职工作的热爱，提高工作的积极性。用人者在赞扬年轻下属时，在满足其成就需要的基础上，还要考虑到年轻人刚踏上社会，缺乏社会地位，力求平等的心理，在进行赞扬时，不可用一种居高临下的方式，也最好不要打官腔，要真诚而热情，要让下属感到你尊重他，尊重他所付出的劳动，重视他所做出的成绩。

老员工也有两层含义，一是已经在公司工作一段时间的员工，二是年老的员工。

作为已经在公司里工作了一段时间的老员工，他们与用人者相互之间已经比较熟悉了。对这些人的表扬，用人者一定不可以落在虚处，而是要真诚地指出他们工作中的优点，表扬他们给公司做出的成绩，激发他们的责任心和使命感。当然，对于老资格的职员，也不可一味地迎合与表扬，要懂得适可而止，否则，会造成老员工的骄傲心理。

对于老年人来说，对自己一生做出的成绩希望得到别人的认同的心理越来越明显。老年人奋斗了一生，为企业做出了无数的贡献，在他们的记忆中，有无数他们引以为自豪的东西，以及数不清的人生道路上的闪光点。只要用人者能把握老年人的成就认同心理，以表扬老年人的成就为契机，就能达到表扬的目的。

恰当地选择赞美之辞，才能说到对方的心坎上，所以，对老年人的称赞，无须太多，只要那么一两句就可以。只要说到点子上，老年人就会开心，就能达到良好的效果。

另一方面，用人者在表扬老年人时，要根据老年人不同的个性，慎用表扬的方式。对于喜欢开玩笑、心情豁达的老人，在谈笑风生中，皆可以实现对老人的表扬。有时用的词也许过于夸张，但只要能达意就行。对于生活作风严谨的老人，选用赞美之词就要慎重。要实事求是地赞美，不可选用易生歧义的词或过于贫乏的词语，用的赞词要简单明了。有时虽然也可以比较委婉，但绝不能以戏谑之语说出，否则会使老年人产生反感。

其实，不论新员工还是老员工，也不论是他们的现在还是过去，都有无数可值得赞美的东西。只要用人者有赞美员工的动机，善于发现员工的优点，语言运用恰当就会达到预期的目的。当然，这些赞美要因人而异，要显得自然，不留任何雕琢的痕迹。

选一个公开场合表扬员工

公开的表扬是满足一个人的自尊和使他感到自己很重要的有力手段。对于用人者来说，公开地表扬下属，将使你更有把握赢得支配他的能力。

公开地表扬下属，能增加他的工作热情，使他产生在以后的工作中做得更出色的愿望，从而更加努力地工作，以得到更大的嘉奖。同时，公开表扬还能在团队树立某方面的榜样，激发全体员工的斗志。可以说，正确地运用公开表扬的手段，可以取得双重的激励效果。

IBM 公司为了充分调动员工的积极性，往往采取一些令人意想不到的公开表扬的办法，让获得成绩的员工感到无比荣耀，从而使员工将自己的切身利益与整个公司的荣辱联系在一起。

例如，该公司有个惯例，就是为工作成绩列于 85% 以前的销售人员举行隆重的公开表扬庆祝活动，公司里所有的人都参加“100% 俱乐部”举办的为期数天的公开表扬联欢会。特别应该指出的是，公司的高级领导自始至终都参加，这更能激发起员工们的热情。

在中国企业中，海尔集团在如何激发员工积极性这点上同样别出心裁。中国没有多少企业有这么多的员工参与到技术创新中来，也没有多少企业由员工创下了这么多项技术革新的纪录。海尔在这一点上遥遥领先于同行业的众多企业，而这一切，都应该归功于海尔内部的浓厚的公开表扬氛围，它激励每一个员工的注意力无时无刻不在围着“技术”、“革新”而转。

海尔集团很注意及时给予优秀员工表扬和奖励，还将这些消息广为传播，或者通过分发到每位员工手中的《海尔人》，或者通过用人者公开的讲话，或者同事间的闲聊传开，使员工获得一种意想不到的荣耀。这在公司内形成了一种浓厚的氛围，激励着海尔内部成千上万的员工努力工作，勤奋钻研。自觉进行各项革新发明，成为了海尔发展的强大动力。

杨晓玲、高云燕、李启明都是普普通通的一线工人，但是，以他们的名字命名的那些专业工具，已被越来越多的海尔人视为是金钱不能替代的荣誉。他们的成功使一线工人的发明蔚然成风，他们的革新、创造给更多员工进行技术创新带来灵感，他们得到的赞扬也激发了他们的工作主动性和创造性。

海尔的员工除了在公司内部受到公开表扬外，有时还可能会得到各种新闻媒体的广泛宣传，例如，员工毛宗良的先进事迹。这样做还能引起巨大的社会反响，从而对促进海尔形象的塑造，为海尔赢得社会的理解，建立市场信誉以及取得更大的经济收益等起到极大的作用。

公开的表扬能加速员工个人和其他同事渴求成功的欲望。用人者当众表扬员工就等于告诉他，他的业绩值得所有人关注和赞许，从而激起他更大的干劲；同时，给那些已近精疲力竭、麻木不仁的员工以适当的刺激，可以鼓舞整个团队的士气。